地方应用型高水平本科院校建设系列丛书

安徽公共服务发展水平测度与实践创新研究

周冲　郭强　著

知识产权出版社
全国百佳图书出版单位
—北京—

图书在版编目（CIP）数据

安徽公共服务发展水平测度与实践创新研究 / 周冲，郭强著 . —北京：知识产权出版社，2024.8. —（地方应用型高水平本科院校建设系列丛书）. — ISBN 978-7-5130-9472-6

Ⅰ. D625.54

中国国家版本馆CIP数据核字第2024NZ0668号

内容提要

本书首先梳理了公共服务内涵、功能、发展历程及主要特征与时代意义；其次从公共服务发展水平测度与障碍度分析、公众对公共服务发展状况的感知分析、义务教育数字化教学能力和教学资源共建共享水平分析、社区生活圈实践探索及作用体现分析、人口结构变动背景下乡村公共服务发展分析等五个方面剖析了安徽省公共服务发展的现实图景；最后对安徽省公共服务发展的实践创新与主要启示进行了分析归纳。

本书可供公共事业管理专业和公共服务均等化研究领域的学生和科研人员使用，也可供政策制定者及其他人文社会科学从业人员参考。

责任编辑：郑涵语　　　　　　　责任印制：孙婷婷

地方应用型高水平本科院校建设系列丛书

安徽公共服务发展水平测度与实践创新研究

ANHUI GONGGONG FUWU FAZHAN SHUIPING CEDU YU SHIJIAN CHUANGXIN YANJIU

周　冲　郭　强　著

出版发行：知识产权出版社 有限责任公司	网　　址：http：// www.ipph.cn
电　　话：010-82004826	http：// www.laichushu.com
社　　址：北京市海淀区气象路50号院	邮　　编：100081
责编电话：010-82000860转8569	责编邮箱：laichushu@cnipr.com
发行电话：010-82000860转8101	发行传真：010-82000893
印　　刷：北京中献拓方科技发展有限公司	经　　销：新华书店、各大网上书店及相关专业书店
开　　本：720mm×1000mm　1/16	印　　张：18.75
版　　次：2024年8月第1版	印　　次：2024年8月第1次印刷
字　　数：218千字	定　　价：65.00元
ISBN 978-7-5130-9472-6	

出版权专有　侵权必究

如有印装质量问题，本社负责调换。

前　　言

公共服务关乎民生，连接民心。健全完善的公共服务体系对提升人民群众的获得感、幸福感、安全感，实现人的全面发展与社会的全面进步有着极其重要的作用。近年来，安徽省在教育、医疗卫生、养老、文化、社会保障等公共服务事业发展中取得了显著成就，但与人民日益增长的美好生活需要相比还存在差距，在满足人民群众的个性化、差异化、多样化的公共服务需求方面还有很长的路要走。为全面梳理安徽公共服务发展取得的成就，厘清安徽省公共服务发展面临的难题和制约因素，促进安徽省公共服务高质量发展，课题组以"安徽公共服务发展水平测度与实践创新研究"为题进行专项研究，展示安徽省公共服务发展的现实特征，提出推动安徽省公共服务持续提升的针对性举措。

本书内容共有9章。第1章导论，其主要内容包括研究背景、研究意义与研究目标、国内外研究现状及评述、研究思路与研究方法、研究资料与数据来源等内容。第2章公共服务发展历程及主要特征与时代意义，重点阐述公共服务发展历程、公共服务发展的政策体系梳理、公共服务发展的特征与时代意义。第3章安徽省公共服务发展水平测度与障碍度分析，主要对安徽省公共服务发展现状进行分析，测度安徽省公共服务发展水平和主要障碍因子。第4章公众对公共服务发展状况的感知分析，运用微观调查数据分析安徽公共服务供给状况和公共服务的均衡性与可及性水平。第5章安徽省义务教育数字化教学能力和教学资源共建共享水平分析，利用微观调研数据对小学和初中阶段教师的数字化教学能力和数字化教学资源共建共享水平进行分析，旨在提出推动义务教育优质均衡发展的对策。第6章安徽省社区生活圈实践探索及作用体现分析，展示安徽省社区生活圈的实践探索和建设水平，实证分析社区生活圈的价值体现，为推动社区生活圈建设提供决策依据。第7章人口结构变动背景下安徽省乡村公共服务发展分析，主要从人口结构变动层面分析教育、医疗、养老三大与民生密切相关的公共服务的发展问题。第8章安徽省公共服务发展的实践创新与主要启示，主要总结安徽省公共服务发展的实践创新和主要经验。第9章研究结论与政策建议，在总结前述章节内容基础上，提出推动安徽公共服务高质量发展的政策与建议。

目 录

第1章 导 论 ···1
  1.1 研究背景 ···1
  1.2 研究意义与研究目标 ··4
  1.3 国内外研究现状及述评 ··6
  1.4 研究思路与研究方法 ··19
  1.5 研究资料与数据来源 ··22
  1.6 本章小结 ···24

第2章 公共服务发展历程及主要特征与时代意义 ·······················25
  2.1 公共服务发展历程 ···25
  2.2 公共服务发展的政策体系梳理 ···27
  2.3 公共服务发展的特征与时代意义 ··39
  2.4 本章小结 ···44

第3章 安徽省公共服务发展水平测度与障碍度分析 ···················45
  3.1 安徽省公共服务发展现状分析 ···45
  3.2 安徽省公共服务发展水平测度指标构建与研究方法 ···········57

3.3　公共服务发展水平测度与障碍度分析 …………………………63
　　3.4　本章小结 …………………………………………………………84

第4章　公众对公共服务发展状况的感知分析 ……………………………85
　　4.1　数据来源与调查样本基本特征 …………………………………85
　　4.2　公共服务供给状况感知分析 ……………………………………90
　　4.3　公共服务均衡性与可及性分析 ………………………………107
　　4.4　本章小结 …………………………………………………………111

第5章　安徽省义务教育数字化教学能力和教学资源共建共享水平分析 …112
　　5.1　文献梳理与数据来源 ……………………………………………112
　　5.2　数字化教学能力和教学资源共建共享水平状况分析 ………114
　　5.3　数字化教学水平影响因素分析 …………………………………124
　　5.4　义务教育阶段数字化教学发展的实施策略 …………………128
　　5.5　本章小结 …………………………………………………………130

第6章　安徽省社区生活圈实践探索及作用体现分析 ……………………131
　　6.1　社区生活圈的公共服务发展价值及实践 ……………………131
　　6.2　文献梳理与研究设计 ……………………………………………134
　　6.3　社区生活圈建设水平测度评价 …………………………………140
　　6.4　社区生活圈建设水平对社会信任及居民生活幸福感的
　　　　 影响分析 …………………………………………………………142
　　6.5　本章小结 …………………………………………………………149

第7章 人口结构变动背景下安徽省乡村公共服务发展分析……150
7.1 安徽省乡村人口结构变化趋势分析 ……150
7.2 人口结构变化背景下安徽省乡村公共服务发展需要重点关注内容分析 ……156
7.3 人口结构变化背景下乡村公共服务发展的政策建议……158
7.4 本章小结 ……162

第8章 安徽省公共服务发展的实践创新与主要启示……163
8.1 安徽省公共服务发展的实践创新 ……163
8.2 安徽省公共服务实践创新的主要启示 ……181
8.3 本章小结 ……183

第9章 研究结论与政策建议……184
9.1 研究结论 ……184
9.2 政策建议 ……188
9.3 研究展望 ……192

参考文献 ……193

附录 ……208
附录1 城乡数字教育发展状况调查问卷 ……208
附录2 城乡居民公共服务满意情况调查问卷 ……212
附录3 安徽省"十四五"公共服务规划 ……219
附录4 安徽省"十四五"城乡社区服务体系建设规划 ……257

附录5　安徽省推进城市一刻钟便民生活圈建设试点

　　　　三年行动实施方案 ································· 280

致　　谢 ··· 289

第1章　导　论

1.1　研究背景

公共服务关乎民生，连接民心。健全完善的公共服务体系对提升人民群众的获得感、幸福感、安全感，实现人的全面发展与社会的全面进步，发挥着极其重要的作用。

经过长期不懈的努力，我国教育、医疗、养老等公共服务均取得了长足发展。

《2022年全国教育事业发展统计公报》数据显示，2022年我国各级各类学历教育在校生2.93亿人，专任教师数量达到1880.36万人；学前教育毛入园率达到了89.7%，比2021年提升了1.6个百分点；九年义务教育巩固率达到95.5%；全国特殊教育学校数量达2314所，比2021年增长了1.14%；高中阶段毛入学率提升至91.6%，比2021年提升了0.2个百分点；高等教育毛入学率达到59.6%，比2021年提升了1.8个百分点。

《2021年我国卫生健康事业发展统计公报》数据显示，2021年我国居民人均预期寿命提高至78.2岁,孕产妇死亡率下降到16.1/10万,婴儿死亡率下降到5.0‰。截至2021年年底,全国医疗卫生机构床位数达到944.8万张,全国卫生人员总数达到1398.3万人,卫生技术人员达到1124.2万人,社区卫生服务中心(站)数量达到36 160个。2021年,我国人均卫生总费用为5348.1元,卫生总费用占GDP的比例达到6.5%,基层基本公共卫生服务项目人均财政补助标准提高到79元。国家统计局数据显示,截至2021年年底,我国每千人口卫生技术人员数量达到8.0人,医院实有床位数达到741.3万张,城镇居民最低生活保障人数下降至737.8万人,农村居民最低生活保障人数下降至3474.5万人。

截至2021年年底,我国60周岁及以上老年人口占总人口比例达18.9%,65周岁及以上老年人口占比达14.2%,65周岁及以上老年人口抚养比达到20.8%。在人口老龄化持续加剧的背景下,我国积极推动老龄事业和产业的高质量发展,出台了《关于加强新时代老龄工作的意见》《"十四五"国家老龄事业发展和养老服务体系规划》等一系列政策文件,国家卫生健康委也发布了《社区老年人跌倒预防控制技术指南》《预防社区老年人跌倒健康教育教程》《预防老年人跌倒健康教育核心信息》等老年健康方面的宣传教育资料。《2021年度国家老龄事业发展公报》数据显示,截至2021年年底,我国城乡社区获得健康管理服务的65周岁及以上的老年人数量达到11 941.2万人;两证齐全的医养结合机构数量达到6492家,机构床位总数达到175.0万张;各类养老服务机构和设施数量达到35.8万个,养老服务床位数达到815.9万张;全国共有3994.7万老年人享受老年人补贴;全国基本养老保险参保人数达到102 871.0万人,比2020年增加3007.0万人。社会救助工作取得显著成效。截至2021年年底，我国城市最低生活保障对象为737.8万人，农村最低生活保障对象为3474.5万人；我国农村最低生活保障平均标准为每人每年6362.0元，比2020年增长了6.7%。老年宜居环境建设、老年教育和人文体活动参与、老年人智能技术运用、养老孝老敬老社会氛围营建和老年人权益保障等各项工作均积极推进，老年友好型社会持续健康发展。

《中国统计年鉴2022》数据显示，截至2021年年底，广播节目综合人口覆盖率达到99.48%，电视节目综合人口覆盖率达到99.7%；公共图书馆数量达到3215个，博物馆数量达到5772个；群众文化机构数量达到43 531个，从业人员数量超过19.0万人，组织文艺活动数量达到139.1万次，参加文艺活动人次达到了62 140.0万人次。在社会保障方面，截至2021年年底，参加城镇职工基本养老保险人数达到48 074.0万人，参加城乡居民基本养老保险人数达到54 797.4万人，参加失业保险人数为22 957.9万人，基本医疗保险参保人数达到了136 296.7万人，参加生育保险人数达到了23 751.7万人。

总体来看，经过多年的持续努力，我国在教育、医疗卫生、养老、文化、社会保障等各个领域的公共服务发展均取得了非常显著的成绩。但也应看到，虽然我国公共服务水平有了大幅跃升，但从发展质量来看还相对偏低，与人民日益增长的美好生活需要相比还存在不小的差距，在很多方面还未能满足人民群众的个性化、差异化、多样化的公共服务需求，增强公共服务的均衡性和可及性，满足公众日益多元化的公共服务需求还有较长的路要走。

在推进公共服务发展进程中，因不同地区的经济社会发展状况、人口结构、基础设施建设水平、地理位置等方面的差异，公共服务发展水平也存在不小差距。为了更为客观、深入地展示公共服务发展取得的成绩，并提出针对性的政策措施，本书立足中国式现代化背景，以安徽省为研究区域，在深挖中国式现代化内涵的基础上，全面客观展示安徽省公共服务发展的现实特征，剖析安徽省公共服务发展中面临的难题和制约因素，提出推动安徽省公共服务高质量发展的政策建议，为推动安徽省经济社会高质量发展提供坚实支撑。

1.2 研究意义与研究目标

1.2.1 研究意义

本书的理论意义在于：①厘清公共服务发展脉络，明晰中国式现代化背景下公共服务发展的完整内涵与具体特征，提出公共服务现代化在中国式现代化进程中的具体价值体现维度；②剖析当前安徽省公共服务发展面临的现实困境和制约因素，提出推动公共服务持续稳步发展的政策建议。

本书的现实意义在于：①系统分析安徽省公共服务发展现状，为明晰安徽省公共服务发展中的薄弱环节和为下一阶段的努力方向提供理论依据和决策参考；②全面分析安徽省在教育、医疗卫生、养老等不同公共服务发展中的现实特征和制约因素，构建安徽省公共服务高质量发展的支持体系。

1.2.2 研究目标

本书立足中国式现代化背景，对安徽省公共服务发展现实特征进行系统研究，总结安徽省公共服务发展取得的成绩和面临的制约因素，为夯实安徽省公共服务发展根基，推动安徽省经济社会高质量发展提供理论和实证支持。具体研究目标设计如下。

第一，对我国及安徽省公共服务发展脉络进行梳理，归纳公共服务发展的历史演进过程，总结公共服务发展的具体内涵特征和时代意义，为相关领域的研究者提供参考借鉴。

第二，对安徽省公共服务整体发展特征进行描述，从教育、医疗卫生、养老等各个领域展示安徽省公共服务发展取得的成绩。构建公共服务发展水平测度指标体系，对安徽省公共服务发展水平进行评价，探寻制约安徽省公共服务发展的障碍因子。

第三，利用调查数据，实证分析城乡数字化教学水平发展现状，剖析城乡数字化教学发展中面临的困境和制约因素，提出推动城乡数字化教学资源共建共享发展的政策建议。

第四，利用微观调查数据，获取安徽省公众对公共服务发展的感知信息，展示不同公共服务项目在社会公众中的整体印象，分析不同公共服务项目的均衡性和可及性发展水平，客观评价安徽省公共服务发展质量，为增强安徽省公共服务均衡性和可及性发展水平提供决策依据。

第五，运用中国综合社会调查（CGSS）数据，从社区生活圈层面分析安徽省公共服务整体建设水平，并实证分析社区生活圈建设水平对社会信任和居民生活幸福感的影响情况，为更好地推进社区生活圈建设和增进社区生活圈建设对居民和社会福利的影响提供科学依据和决策参考。

第六，梳理安徽省在公共服务发展方面的典型案例和实践探索，归纳推动公共服务高质量发展的经验，提出进一步推进安徽省公共服务高质量发展的政策建议。

1.3 国内外研究现状及述评

1.3.1 国内外研究现状

1. 公共服务的内涵与构成

卢映川等认为公共服务是政府为促进经济社会发展和维护公民权益，运用法定权力及公共资源，面向全体公民或某些社会群体，通过组织协调或直接提供以共同享有为主要特征的产品和服务的活动[1]，公共服务涵盖了公共教育、医疗卫生、养老健康、劳动就业、社会保障、公共文化等各个领域[2-3]。在我国《"十四五"公共服务规划》中明确指出要建立覆盖幼有所育、学有所教、劳有所得、病有所医、老有所养、住有所居、弱有所扶、优军服务保障和文体服务保障的全领域公共服务体系。可以说，公共服务覆盖了民生的方方面面。

关于公共服务的构成，不同学者从不同角度进行了不同的划分。陈浩等将农村公共服务类型划分为经济发展型公共服务与民生保障型公共服务两类[4]。经济发展型公共服务主要有农村水电气、交通路网及网络通信等，其目的主要是促进农村产业结构的优化升级，推动农村经济社会的高质量发展；民生保障型公共服务主要有教育、医疗、社会保障等，其目的主要是增进农村居民的人力资本积累水平，使农村居民获得长期增收的能力。郭等

（Guo et al.）和李燕凌将农村公共服务划分为经济性的农村公共服务与非经济性的农村公共服务，经济性的农村公共服务主要包括农业产业科技推广项目、农田水利建设项目等；非经济性的农村公共服务主要包括义务教育学校的建设、乡村图书馆或文化室的建设改造、卫生改厕项目、村级道路建设项目、村民清洁饮水工程等[5-6]。我国《"十四五"公共服务规划》从服务供给的权责角度将公共服务划分为基本公共服务和普惠性非基本公共服务两大类。基本公共服务主要是以保障全体人民生存和发展基本需要为目标，非基本公共服务则主要是满足公民更高层次的需求。两种类型的公共服务的边界会随着经济社会发展水平的不断提升而出现变化。

2. 公共服务的作用研究

公共服务作为满足社会需求、维护公平正义、缩小社会差距的重要手段，在经济社会发展的方方面面都发挥着重要作用。现有研究表明，公共服务在提升流动人口居住意愿[7-8]、缓解相对贫困[9]、促进共同富裕[10]等方面均有积极效果。

林毅夫[11]、李庄园[12]和李伟[13]研究得出提升公共服务水平可以增进人力资本和促进消费，进而促进经济增长和社会发展。公共服务在农业农村发展中同样发挥着不可忽视的作用。研究表明，完善的公共服务能够为乡村发展提供强有力的保障，在降低农业生产风险和市场波动、吸引域外资金和人才、提高生产效率、维护农民基本权益、促进基层治理、增强农民消费预期、提升居民获得感等方方面面均有积极作用[6][14]。

3.公共服务发展困境及成因的研究

（1）公共服务发展面临困境研究。

黄伟等认为我国公共服务供给存在总量不足与布局结构不合理等问题[15]，尤其是乡村与城镇之间的基本公共服务差距依然较大[16-18]。官永彬认为我国公共服务水平与城镇化进程不匹配，存在公共服务供给总量相对偏少、供给水平和质量总体不均、供给主体较为单一、市场开放度偏低、供给体系支撑较为薄弱等问题[19]。肖文宇认为公共文化服务数字化建设中存在缺乏统一的标准规范、公共文化服务的特点不明显、管理方式较为落后、资源开发利用率相对较低等问题[20]。李德智等研究发现，在保障房社区的公共服务建设中存在供需错配等现实问题[21]。在实践中，农村公共服务也缺乏有效的农民需求表达机制，供给决策上还无法完全反映农民的现实需求[22]。在农村公共文化服务体系的建设中，低效运营、内容缺乏、与农民群众需求脱节等问题显得尤为突出[23]。高鸣研究认为农村养老方面存在老年人居住空巢化问题，在老年人就医方面存在医疗健康费用支出较多等问题[24]。

崔红志指出在农民养老领域存在家庭养老保障功能弱化、农村社会保障制度不健全、农村社区保护功能弱化等问题[25]。张成福等也认为人工智能技术在社会治安、医疗保障、文化教育等公共服务领域的应用，大大提高了公共服务的决策能力，提升了公共服务组织的管理效能和公共服务供给的质量与效率。但人工智能融入公共服务治理也面临着数据质量不足、技能人才短缺、伦理冲突激化、安全隐私脆弱、就业收入分化等多重风险挑战。如何防范人工智能技术的应用风险，也成为需要解决的现实问题[26]。张亨明等认为我国就业公共服务发展中面临着就业职业教育培训服务较为落后、公共服务数字化发展水平较低等困境[27]。

徐雨璇等以都市圈为研究区域对公共服务设施分布状况进行了分析，得出公共服务设施空间布局不均衡，人口发展格局与公共服务设施供给存在"错配"，设施配置普遍滞后于人口发展等问题[28]。周学馨认为当前的人口质量在支撑经济社会高质量发展中还存在诸多制约因素[29]。

（2）公共服务发展面临困境的成因研究。

关于导致公共服务发展面临困境的成因研究，学术界的研究可以归结为政策导向因素、政企民协同乏力、财政投入不足、人才缺乏、缺乏科学规划、公共服务供给需求对接不精准等问题[4][30-35]。

人工智能技术在公共服务领域的广泛应用，在推动社会治理智能化水平提升的同时，也在有些领域弱化了社会信任水平，对民众权益保障造成威胁[36]。这也导致大数据技术在公共服务发展中难以取信民众，从而使公共服务发展进程滞后。

在城乡公共服务发展差异成因方面，很多学者认为乡村公共服务发展水平较低的原因在于乡村地域广袤且人口居住较为分散，这直接导致乡村基本公共服务供给的单位成本过高、可及性较低[18][37]。

在针对农村公共服务发展困境成因的研究中，张江海将导致农村公共服务发展质量不高的原因归结为对公共服务需求的识别不够精准、规划设计不够科学和多元主体协同供给不足等问题[38]。许多学者也将信任弱化、凝聚力下降、组织能力薄弱、集体行动效率低下归为公共服务供给不足的原因[14][39-40]。

谢秋山等分析指出中西部农村公共服务数字化转型面临数字化转型愿景

与战略缺乏、数字化服务能力不足、数字化服务流程与模式尚未形成、数字化服务资源的有效供给不足、居民数字素养较低、数字化转型所需文化缺失等挑战[41]。

4.人口结构变动下的公共服务发展问题研究

公共服务精准配置的实现关键在于明晰服务对象的人口学特征。人口结构变动影响到经济社会生活的方方面面，也影响到公共服务供给的制度安排和供需特征[42]。

林宝运用第七次全国人口普查数据分析得出未来较长时期内我国人口将呈现生育水平处于低位、人口步入负增长、老龄化持续加重、劳动力供给数量下降等特征[43]。叶欠等基于第七次全国人口普查及第六次全国人口普查数据对1874个县域人口数据和变动态势进行系统分析得出，县域常住人口呈现稳中有降趋势，但县域城镇常住人口在大幅上升[44]。随着城镇化进程的持续推进、婚育年龄的推迟和生育率水平的走低，未来较长时期内，我国农村人口将呈现规模缩减、人口老龄化水平上升、总抚养比上升等变动特征[45]。

在此背景下，合村并镇、保障老年人的生命质量和生活质量将成为社会重点关注内容。由此，需要对人口结构变动进行积极的适应性调整，促进人口结构变动与公共服务发展精准衔接将是未来较长时期内推进公共服务高质量发展的重点内容。海颖等以第七次全国人口普查数据为基年数据，运用CPPS人口预测工具系统预测，结果显示，我国学前教育在园幼儿规模攀峰后于2024年快速下跌，后趋于平稳。这将对托幼机构产生直接影响。顺应人口结构变动趋势，对托幼机构进行整合和促其转型升级将是未来较长时期内应重点关注的课题[46]。当然，人口负增长也对缓解公共服务不足问题带来利好。刘厚莲等认为人口负增长有助于缓解人口规模压力，有利于促进公共服务的供需平衡[47]。

5.公共服务满意度研究

（1）公共服务满意度概念与满意度水平研究。

公共服务满意度是指居民对政府公共服务提供的预期效用与实际感受之间差距的感知[48]，属于一种主观心理评价。侯江红等基于2005年和2015年CGSS数据，研究了城乡居民公共服务满意度的变动情况和主要影响因素。研究认为公共服务的充足度、均衡度、便利度、普惠度对城乡居民的公共服务满意度有显著影响，呈正相关关系[49]。官永彬研究认为近年来我国在医疗、教育、环保、公平执法、秉公办事、维护社会公平等公共服务领域的居民公共服务满意度均有较大幅度提升[19]。李德智等对保障房社区公共服务满意度进行了分析，发现公共服务需求具有层次化、多样化特点，认为应根据居民需求特征来提供相应的产品或服务[21]。

唐娟莉等以陕西省农村为样本，对农村不同公共服务产品的满意度进行了分析，发现农民对公共服务满意度的优先排序为教育、水利、道路、农业科技推广与培训、文化建设、垃圾处理、医疗服务、饮水[50]。冯亚平等以社会保障、公共治安、环境卫生、行政管理等公共服务为主要内容进行研究发现，大城市和小城镇的居民在公共服务需求方面存在的差异性各有侧重；总体来说，小城镇居民的公共服务满意度更高[51]。

(2) 公共服务满意度测度分析。

对公共服务满意度的分析，既有从整体层面的主观评价，也不乏构建评价指标体系进行具体测度分析的研究[52-59]。

鉴于公共服务范围广、项目多的特点，学术界对公共服务发展水平的测度分析也多针对具体项目展开。王艺芳等从服务充分性、服务均衡性、服务公益性、服务满意度4个维度建立普惠性学前教育公共服务测评指标体系[60]。魏泳博从投入—产出层面的供给效率和满足需求充分性层面的配置效率视角构建了城市公共服务效率测度指标体系[61]。吴强等从经济、自然、交通和环境4个方面对地级市的公共服务成本进行了测度[62]。熊斌等采用基尼系数法对公共就业服务均等化差异程度进行了测度分析[63]。

陈官灿采用人均最低生活保障支出占农民人均纯收入的比重、农村最低生活保障支出占农业GDP的比重、保障人数占应保障人数的比重3个指标测度农村最低生活保障水平[64]。朱玉春等从生产性公共品、生活性公共品和公共品保障机制3个维度设计了农村公共品供给满意度评价指标体系，其中生产性公共品包括农田水利设施、农业科技及推广、乡村道路3类产品；生活性公共产品包括医疗卫生、饮水设施、教育、生活环境、生活能源、文化活动等产品；公共品保障机制主要刻画政府部门公共服务，包括社会秩序和法律维护、政府的公共支出、社会保障等[65]。纪江明等利用"2012连氏中国城市公共服务质量调查"数据，从公共教育、医疗卫生、住房与社会保障、公共安全、基础设施、文体设施、环境保护、公共交通8个维度构建了城市公共服务满意度评价模型[66]。张梁梁等从公共教育、医疗卫生、住房保障、社会管理等多个维度设置了衡量公共服务充足性、均等化和普惠度的评价指标[67]。马东平等研究发现职业、村医慢性病防治指导、村卫生室环境和健康知识获得途径对村卫生室公共卫生服务满意度有重要影响[68]。社会资本对公共服务满意度提升具有正向促进效果[67]。

（3）公共服务满意度影响因素研究。

关于公共服务满意度影响因素的研究，孔德鹏等认为公共服务满意度作为公众对公共服务的主观评价，主要受公众个体特征、个体标准、外在情境的影响[69]。蔡秀云等认为个体因素是影响公共服务满意度的一个重要因素，性别、收入水平、个人生活水平、受教育程度等都对公共服务满意度具有显著影响[70]。王艳霞等认为社区卫生医疗服务是影响城中村居民公共服务满意度最为关键的因素，社区安全和文化教育服务共同构成了影响公共服务满意度评价的核心内容[71]。丘大为研究发现，公共体育资源充足性越高，分布的均衡性越高，获取的便利性越高，服务的普惠性越高，居民的公共体育服务满意度也就越高[72]。

威斯纽斯基研究发现政府的公共服务质量取决于财政投入，财政投入在公共服务满意度方面发挥重要作用[73]。萨瓦斯等研究认为，市场竞争机制可以提高公共服务的效率和质量，进而提升公民对公共服务的满意程度[74]。孟子龙基于CGSS数据的分析显示，传统媒介的受众持有更高的农村环境公共服务满意度[75]。马晓河等研究发现农村税费改革促进了城乡公共服务均等化进程[76]。转移支付作为实现基本公共服务均等化的重要制度安排，在缩小地区间公共服务差距方面发挥着重要作用[77]，但也有研究成果持相反观点[16]。方颖等研究发现城市空间形态越不紧凑，居民对公共服务的主观满意程度越低[78]。张奇林等研究发现财政体育投入比、体育管理人员规模与公共体育服务综合效率呈显著正相关关系[79]。医疗设施的可达性受医疗服务设施的空间布局情况和服务供给能力、居住区人口密度、交通条件等因素的影响[80-81]。范方志等采用DEA评价方法研究发现，农村人均财政支出、农民收入与农村基本公共服务供给效率间呈显著正相关关系[82]。

城镇化的发展，在促进人口集聚的同时，也会对人的生活习惯和社会关系产生影响[83-87]，进而影响到居民公共服务的享用水平。柏星驰等研究指出城镇化发展在带来公共服务便利性的同时，也会对居民健康产生负面影响，当城镇化发展规模超过了医疗设施等有效载荷时，医疗卫生服务质量将会出现明显下降[88]。王晓峰等采用中国健康与养老追踪调查数据研究发现，年龄是影响人们身体健康状况、医疗服务使用状况和导致医疗费用上升的重要因素[89]。部分学者从政府政策、居民认知、家庭社会阶层、经济发展水平等方面分析了其对基本公共服务满意度的影响情况[90-94]。部分学者也从制度因素层面进行分析，认为政府职能转变有利于增进居民对公共服务的满意度[95]。

6. 共同富裕背景下的公共服务发展研究

共同富裕是社会主义的本质要求，是人民群众的共同期盼，是实现人民群众物质生活和精神生活都富裕的重要支撑。关于共同富裕的内涵，燕连福等认为核心是全民富裕、全面富裕、共建富裕、渐进富裕[96]，本质是共有、共建、共享[97]，是社会财富"总量"与"个量"目标的有机统一[98]。因此，在推进共同富裕进程中，很多学者认为需要将收入差距的适度性、收入增长的渐进性、共享发展的全面性和生活质量作为主要衡量指标，以全面呈现共同富裕的完整内涵[99-100]。现有研究表明，针对制约实现共同富裕因素的研究方面，学者们认为主要在于城乡间、区域间与行业间发展的不平衡[101-102]。因此，在推进共同富裕的政策设计方面，学者们认为需要增加公共服务供给的投入和提升公共服务供给效率[103]，补齐农村基础设施短板，推动城乡产业融合发展和提升城乡发展协同度[104-105]。通过制定合理的收入分配制度、工作制度和教育、就业、社会保障等政策体系作为保障[106-109]，以合法性、稳定性和实效性为指导，将始点、过程和结果的校正思想贯穿在分配、协同、保障的基础制度安排中[110]。由此可知，发展公共服务对于高标准推进共同富裕有着极为重要的现实意义。

7. 公共服务发展路径研究

（1）公共服务高质量发展秉持理念研究。

陈振明等认为公共服务高质量发展是"高质量发展"和"高品质民生"的战略聚合[3]。陈浩等认为实现供需结构协调平衡是推动农村公共服务高质量发展的核心内容。在具体实践中，要把握农村公共服务供给决策与本地禀赋条件相协调相平衡、农村公共服务供给类型要与农民需求层次演变相协调相平衡、推进城乡公共服务供给从数量到质量的协调平衡[4]。游祥斌等从文化基础设施建设[广播村村通工程、农家书屋建设、文化信息资源共享工程、文化馆（站）建设、健身器材全覆盖工程]，文化下乡，文化团体与文化人才发展，传统文化与非物质文化遗产保护4个维度分析了农村公共文化体系建设情况，提出了基于需求视角的农村公共文化服务体系建设的基本思路[23]。寇垠等认为未来农村公共文化服务体系建设要考虑居民个体差异，加强宣传推广，将提高文化服务在居民生产生活中的重要性作为重点目标，呼应民生、民心、民愿，让农村居民能通过参与服务决策来提升科学文化素质，助力美好生活愿望的达成[111]。

（2）制度体系层面。

为推进公共服务高质量发展，张智等提出要完善转移支付制度[112]；宫蒲光提出要以义务教育、住房政策、社会救助和特殊群体福利制度为重点，逐步降低基本公共服务的户籍关联度[113]；王凯霞提出要通过着力提升县域城镇化质量，提高县城的公共设施和公共服务能力，提升公共服务质量[114]。高奎亭等从多主体跨域协同治理模式、多主体跨域协同参与文化、跨域治理的制度体系建设等方面提出了推进城市群体育公共服务建设的对策[115]。肖文宇认为应从建立统一规范的管理政策和标准、加大投资力度、构建基于云平台的管理机制、提高管理人员的信息化水平等方面提升公共文化服务效能[20]。农村公共服务高质量发展须重视推动需求方的农村居民和供给方的地方政府之间形成高效的信息适配，构筑"表达—反馈—改进—不满—再表达"的公共服务信息链条顺畅传导机制[23]。陈振明等认为公共服务高质量发展需要以高效能治理作为引领[3]。陈浩等认为提升农村民众对基本公共服务的公平感和获得感是推动农村公共服务提质增效的重要策略[4]。胡坤等认为引导社会资本参与农村公共服务基础设施建设，有助于缓解财政投入不足、改善农村基础设施供给水平，但应在政策、法律、管理、技术等方面给予相应支持[116]。

人口变迁直接影响老年人口和老龄化社会的发展，并要求与之相适应的社会治理模式及制度安排。叶宁采用人口队列分析方法，利用人口普查数据，对人口变迁趋势下的治理阶段进行了划分，研究指出在人口老龄化趋势下应该践行协同共治理念：短期以健康老龄化、积极老龄化为指导；中期以生产性老龄化为指导；长期以成功老龄化为指导[117]。区域老年人口数量直接影响到养老机构的空间布局，这也需要在推进养老公共服务建设中进行重点关注[118]。

（3）数字赋能层面。

张鹏等从技术维度和品质维度构建了数字赋能农村公共服务高质量发展的路径设计，认为发挥数字技术的可共享性、可负担性、可接受性特征和强化质量标准、服务流程、质量评价方面的品质建设，可以实现从"数智"走向"数治"、从"数量"走向"质量"并重的公共服务高质量发展之路[119]。数字技术能够对农村公共服务供给过程形成表达赋能、决策赋能、匹配赋能和评价赋能，可以突破路径闭锁、政绩显示过度、单中心治理格局、信息化水平滞后等制约因素，促使村民的公共服务期望与实际感知高度贴合，提升农村公共服务供给质量[120]。

（4）公共服务空间布局优化推动公共服务发展。

王婧等基于人口普查分县数据研究发现京津冀人口空间分布疏密差异大，人口城镇化水平增长速度快但县域城镇化水平偏低，人口受教育水平的地区差异较大，据此提出以产业布局与发展为引导构建合理的人口格局、完善区域公共服务体系促进人口有序有效疏解、重视并积极推进京津冀区域次级中心全面发展的举措[121]。生活圈作为公共服务供给的重要空间场所，许多学者也从生活圈视角对公共服务供给问题进行了研究。王雪基于生活圈视角对教育、医疗、养老、购物等公共服务供给状况进行分析，并探究了公共服务可达性对居民生活满意度的影响[122]。曾鹏等认为乡村社区生活圈是推动乡村高质量发展、创造高品质生活的基本单元和重要依托。在乡村人口规模不断收缩的背景下，应主动优化乡村社区生活圈布局，提高乡村公共服务供给效率、提升乡村生活品质[123]。

许多学者也从社区生活圈内的公共服务设施空间配置、区位选择、供给模式等方面进行评价分析，提出了依托生活圈建设促进公共服务发展的建议[15][124-127]。

1.3.2 研究现状述评

通过对公共服务发展相关领域文献的梳理，可以看出学术界已经在不同层面对公共服务发展问题进行了扎实的研究，但也在多个方面存在需要进一步研究的空间。

第一，现有对公共服务发展水平的研究多为构建评价指标体系进行测度研究，评价指标体系或是聚焦于某一类公共服务，或是聚焦于某几类公共服务，虽然在一定程度上能够反映公共服务的发展特征，但也存在研究深入性不足，指标设计未能精准聚焦公共服务内涵和功能定位的问题。

第二，公共服务作为涵盖教育、医疗卫生、社会保障、养老健康、就业创业、公共文化等各个领域的综合体，不同类型公共服务的发展水平和目标定位差异要求在研究中需要结合不同公共服务的功能定位和现实特征进行具体探究。

第三，公共设施作为提供公共服务产品的公共性、服务性设施，其供给数量和供给质量直接影响到人民群众对公共服务的评价，因此对公共服务发展水平的评价，可以从公共服务设施布局维度进行分析。

本书将立足安徽省公共服务视角，总结安徽省公共服务发展实践，构建客观全面的评价指标体系测度安徽省公共服务发展水平和主要障碍因子，从社区生活圈层面分析公共服务发展质量、社区生活圈建设现状及其对居民幸福感等方面的影响，以更好地挖掘社区生活区建设的多维影响，为更好地推动公共服务设施空间布局优化提供决策参考。

1.4 研究思路与研究方法

1.4.1 研究思路

本书秉持"提出问题—分析问题—解决问题"的经典研究思路构建如下研究框架。

首先，在对公共服务发展历程、公共服务政策体系梳理的基础上，总结公共服务发展的特征，以更好地提出本书的具体内容设计。

其次，全面考察安徽省公共服务发展现实特征。

再次，对安徽省公共服务发展水平进行测度，分析公共服务整体发展水平和不同类型公共服务发展的具体状况。

从次，选择教育、医疗卫生服务等对安徽省公共服务发展现实特征并展开分解分析，以深入了解公共服务发展在各维度的具体特征。

最后，基于前述研究结论，提出推动安徽省公共服务高质量发展的政策建议。

1.4.2 研究方法

1. 文献分析法

在拟定研究方向后，针对公共服务研究领域的相关文献进行深层挖掘。考虑到公共服务内涵的丰富性，本书在文献获取中将查询的关键词涵盖"教育服务""医疗卫生服务""养老服务""文化服务""体育服务""公共服务设施""就业服务"等各个方面。通过对文献的全面梳理，进一步对研究内容进行凝练，为构建本书的研究框架和选择实证分析方法提供参考和借鉴。

2. 问卷调查法

本书的微观数据调研集中于安徽省。调查采用实地调研和网络调研相结合的方式展开。目前已完成的问卷调查包括城乡数字教育发展状况调查（2023年4—5月）和城乡居民公共服务满意情况调查（2023年5—8月）。问卷内容主要是获取城乡义务教育阶段学校教师数字化教学水平和城乡数字化教学资源共建共享状况、城乡居民对公共服务供给状况感知信息。

3. 案例分析法

相比较于实证分析，案例研究更能够客观、深入、翔实地对某一事件进行全面解析，有助于全景描绘事件全貌。因此对于不同类型公共服务发展经验和典型模式，本书主要展示安徽省公共服务发展方面的实践探索或创新理念，总结安徽省公共服务发展中可借鉴的经验和做法。

4.实证计量模型分析法

(1) 熵值法与障碍度分析模型。

在公共服务发展水平测度中,采用构建评价指标体系方式进行分析,为给评价指标赋予一个合理的权重并计算得分,本书采用熵值法进行计算。为进一步诊断影响公共服务高质量发展的障碍因子,引入障碍度模型对影响安徽省公共服务高质量发展的障碍因子进行剖析。此外,在对数字化教学水平影响因素分析中,构建了包括计算机数量和质量满足教学程度、数字化教学设施满足教学需要程度、网络信号覆盖情况、网络信号稳定性情况、数字化教学资料制作能力、使用网络获取教学资源能力6个指标在内的评价体系,同样采用熵值法计算数字化教学水平得分。

(2) OLS模型。

在对数字化教学水平影响因素分析中,因采用熵值法计算的数字化教学水平得分在0~1,此处采用OLS模型进行回归分析。为规避非正态性与异方差影响估计结果,在回归分析中使用异方差的稳健标准误[128]。

(3) 有序LOGISTIC模型。

在社区生活圈建设现状和功能价值体现研究中,将信任水平和居民生活幸福感分别分为五个等级和三个等级,分别采用"1~5"和"1~3"的整数赋值。作为有序分类变量,本书采用有序LOGISTIC模型分析社区生活圈建设水平对社会信任和居民生活幸福感的影响。

1.5 研究资料与数据来源

1.5.1 宏观资料与数据来源

本书所采用的宏观数据主要来自《全国教育事业发展统计公报》《我国卫生健康事业发展统计公报》《国家老龄事业发展公报》《中国统计年鉴》《安徽统计年鉴》《中国城乡建设统计年鉴》《中国农村统计年鉴》《中国数字乡村发展报告》《中国互联网络发展状况统计报告》《中国信息年鉴》及安徽省人民政府官网、安徽省卫生健康委员会官网、中华人民共和国国家卫生健康委员会官网、国家体育总局官网等。

1.5.2 微观资料与数据来源

本书的微观数据主要来源于实地调查数据和CGSS数据。实地调查数据主要是2023年4—5月之间的城乡数字教育发展状况调查和2023年5—8月之间的城乡居民公共服务满意情况调查。

1. 城乡数字教育发展状况调查

2023年4—5月期间开展的城乡数字教育发展状况调查通过网络问卷方式获取。在问卷设计方面，为确保数据的真实性和准确性，课题组在问卷题目设计方面进行了仔细推敲，紧扣数字化教学主题组织问题，对标数字化教学的目标和内容，对每一个问题的选项进行了反复推敲。在问卷调查方面，为扩大样本量，尽可能在更广泛范围内进行问卷调查，课题组积极争取教育主管部门的支持，促使能够在市县镇村不同区域小学进行广泛调查。在问卷审核方面，课题组针对获取的问卷进行了认真核查：①依据预调研阶段对问卷填写时间的统计，将填写问卷时间少于150秒的视为无效问卷；②设置检验性题目，问卷填写者前后两次回答出现偏差的视为无效问卷。经课题组反复核查确认，最终获得有效问卷1369份，其中小学教师调查样本量为1046份，初中教师调查样本量为323份。

2. 城乡居民公共服务满意情况调查

2023年5—8月期间进行的城乡居民公共服务满意情况调查通过线上线下相结合方式获取。在问卷设计方面，为确保数据的真实性和准确性，课题组在问卷题目设计方面进行了仔细推敲，紧扣公共服务均衡性和可及性两个主线组织内容，对标公共服务受众的主要需求和期望目标，对每一个问题的选项进行了反复推敲，完成了调查问卷的设计。

在组织问卷调查方面，为扩大样本量，尽可能在更广泛范围内进行问卷调查，课题组积极争取地方相关部门的支持进行了实地调研，并组织学生利用暑期回家的机会进行问卷调查，最终获得问卷735份。在问卷审核环节，课题组从以下几个方面对问卷进行了认真核查：①依据预调研阶段对问卷填写时间的统计，将填写问卷时间少于150秒的视为无效问卷；②对于受访者年龄小于18周岁的，考虑到年龄偏小可能带来认知较为感性问题，视为无效问卷；③通过设置检验性题目，问卷填写者前后两次回答出现偏差的视为无效问卷。经课题组反复核查确认，最终获得有效问卷569份。问卷有效率为77.41%。

3.中国综合社会调查数据

中国综合社会调查（CHINESE GENERAL SOCIAL SURVEY，CGSS）是我国最早的全国性、连续性、综合性的学术调查项目。CGSS全面地收集了包括社会、社区、家庭和个人等多个维度的数据。鉴于数据的综合性和权威性，CGSS数据已经成为研究人文社会科学领域课题最主要的数据来源。目前，CGSS数据被广泛地应用于科研、教学、政府决策之中。在对公共服务设施建设水平及其影响的研究中，本书以社区生活圈为研究对象进行了专门探讨，该部分内容便使用了CGSS数据进行分析。

1.6　本章小结

本章从研究背景、研究意义与研究目标、国内外研究现状与述评、研究思路与研究方法、研究资料与数据来源等方面对本书撰写的时代背景、主要目标和成果内容指向进行了阐述，明晰了后续章节内容的撰写方向。

第2章 公共服务发展历程及主要特征与时代意义

2.1 公共服务发展历程

在中华人民共和国成立之初,我国就开始发展基础教育、卫生、就业、保障等关乎公民生存与发展的各种公共事业。关于公共服务发展历程的研究,学术界既有从整体层面的阐述,也有针对城乡或某种类型公共服务发展历程的具体分析。

在针对公共服务整体发展历程的研究中,尚虎平认为中华人民共和国成立之初到20世纪末我国公共服务发展主要以单项推动和分事业推动方式进行,进入21世纪后,随着物质财富积累的日渐丰富,公共服务事业开始朝着系统整合、平台化、集约化方向发展,基本公共服务均等化成为这一时期公共服务发展的主要特征[129]。计划经济时期,我国城镇职工的福利保障体系由国家和工作单位共同提供,农民的福利保障体系由集体福利和国家福利救济进行提供,农民的基本公共服务水平远低于城镇职工[130-131]。在这种政府集中管理的公共服务模式下,居民多为被动接受服务,公共服务数量和质量总体较低[132]。改革开放以来，随着经济总量的持续攀升，我国基本公共服务逐步实现从非均衡发展向均衡发展的方向迈进[131]。居民公共服务获取数量和获取质量均实现大幅度跃升。

在针对城乡或某些类型公共服务发展历程的研究中，陈浩等将农村公共服务发展历程归结为从中华人民共和国成立开始到改革开放前的公共服务割据发展时期、改革开放后到20世纪90年代末的城乡公共服务分治发展时期、2002年至今的城乡公共服务均衡发展时期[4]。修永富研究认为，改革开放以来我国教育信息化的发展进程可以归纳为以电化教育为主要特征的启蒙发展阶段，以计算机辅助教育、网络教育和移动学习为主要形式的初级发展阶段和以智慧教育为主要方式的高级发展阶段[133]。胡兴强等对我国公共卫生服务发展历程研究指出，改革开放前，我国的公共卫生服务以预防为主、防治结合作为指导方针，重点在于消除危害人民健康的常见传染病和一些地方病，虽然公共卫生服务水平比较低，但基本能够做到公平可及；1978—2002年间我国公共卫生服务得到快速发展，同时公共卫生服务的公益性也遭受到冲击；2003—2012年间我国公共卫生服务公益性实现逐渐回归的时期，在基本公共卫生服务发展中重视落实预防为主的方针；2013以来，我国公共卫生服务呈现加速发展态势，典型特征就是以公益性、公平性、均等化为主要导向推进健康中国建设[134]。卢文云通过研究将我国农村公共体育服务发展分为人民公社时期、家庭联产承包责任制时期、税费改革时期三个阶段[135]。人民公社时期的农村公共体育服务带有明显的国家意志，农民的整体参与意愿水平较低，主要目的是通过体育锻炼巩固国防和满足集体性表演活动。家庭联产承包责任制时期的农村公共体育服务需求和供给均呈现出了多元化发展态势，但农村集体行动能力的弱化对公共体育发展带来较大阻力。税费改革为农村公共体育服务事业发展提供了资金保障，促使农村公共体育服务供给得到了长足发展。

党的二十大报告提出"健全基本公共服务体系，提高公共服务水平，增强均衡性和可及性，扎实推进共同富裕"。在2021年印发的《"十四五"公共服务规划》中，提出在"十四五"时期"持续推进基本公共服务均等化，着力扩大普惠性非基本公共服务供给，丰富多层次多样化生活服务供给"。从中可以看出，我国公共服务发展迈入了多元化、高质量发展的新阶段。

2.2 公共服务发展的政策体系梳理

公共服务的发展离不开政策体系的推动。梳理公共服务发展的政策体系，一方面能够更为深入地认知公共服务发展的演进脉络，另一方面也为制定推动公共服务健康持续发展的政策提供丰富营养。本小节分别从我国及安徽省公共服务政策文件、中央一号文件及安徽省委一号文件层面梳理关于公共服务发展领域的内容。

2.2.1 我国及安徽省公共服务政策文件内容梳理

1. 我国公共服务政策文件内容梳理

公共服务与人民群众的生产生活息息相关，各种政策文件中无不包含着公共服务的影子。此部分内容选取了《国家基本公共服务体系"十二五"规划》《"十三五"推进基本公共服务均等化规划》《"十四五"公共服务规划》等公共服务文件（表2-1），通过对公共服务主要内容和包含范围的梳理，展示公共服务的具体构成等信息。

表2-1 我国公共服务政策文件主要内容梳理

年份	文件名	发布机构	主要内容
2012	国家基本公共服务体系"十二五"规划	国务院	明确提出基本公共服务范围和基本公共服务标准，提出基本公共服务均等化的核心是机会均等。本规划中公共服务内容涵盖公共教育、就业、社会保险、社会服务、医疗卫生、人口与计划生育、住房保障、公共文化体育、残疾人服务等领域。每一项基本公共服务均从服务对象、保障标准、支出责任、覆盖水平四个层面提出了国家基本标准
2017	"十三五"推进基本公共服务均等化规划	国务院	基本公共服务范围涵盖公共教育、就业创业、社会保险、医疗卫生、社会服务、住房保障、公共文化体育、残疾人服务8个领域。明确提出了以促进城乡、区域、人群基本公共服务均等化为主线。同时公布了"十三五"国家基本公共服务清单和重点任务分工方案。清单中明确了8个领域的81个服务项目的具体服务对象、服务指导标准、支出责任、牵头负责单位等
2021	"十四五"公共服务规划	国家发展改革委等21个部门	该文件涵盖了幼有所育、学有所教、劳有所得、病有所医、老有所养、住有所居、弱有所扶、优军服务保障和文体服务保障9个领域的公共服务。是"十四五"时期乃至更长一段时期内，我国促进公共服务发展的综合性、基础性、指导性文件
2021	国家基本公共服务标准（2021年版）	国家发展改革委等21个部门	对幼有所育、学有所教、劳有所得、病有所医、老有所养、住有所居、弱有所扶、优军服务保障、文体服务保障等不同类型公共服务的服务面向、服务内容、服务标准、支出责任、牵头负责单位等进行了明确说明

《国家基本公共服务体系"十二五"规划》作为我国基本公共服务领域第一个国家级专项规划，对基本公共服务概念、基本公共服务范围、基本公共服务标准等进行了明确界定，为其他公共服务规划的制定和推动公共服务发展提供了科学依据。该规划指出享有基本公共服务是公民的权利，提供基本公共服务属于政府的职责。基本公共服务旨在保障全体公民生存和发展基本需求的公共服务，是与经济社会发展水平和阶段相匹配的。基本公共服务范围包括教育、就业、社会保障、医疗卫生、计划生育、住房保障、文化体育等领域的公共服务，广义上基本公共服务还包括与生活环境有着紧密联系的公用设施、交通、通信、环境保护等公共服务及保障安全需要的公共安全、消费安全、国防安全等公共服务。该规划中还明确指出基本公共服务均等化的核心是机会均等，是指公民都能够公平可及地获得大致均等的基本公共服务，公共服务均等化不是简单的平均化和同质化。由于人口政策的调整，在《"十三五"推进基本公共服务均等化规划》中没有安排人口与计划生育相关内容。在《"十四五"公共服务规划》中公共服务涵盖范围更广，提出了基本公共服务、普惠性非基本公共服务、生活服务三大公共服务类型。对三种公共服务的比较分析见表2-2。

由对三种公共服务的比较分析可得，基本公共服务主要是保障人民生存和发展基本需要的服务项目，普惠性非基本公共服务是高一级的公共服务，生活服务是最高层次的公共服务。三种公共服务共同服务于人民群众日益增长的美好生活需要，其边界也将随着经济社会发展水平的不断提升而发生变化。

表2-2 基本公共服务、普惠性非基本公共服务、生活服务比较分析

公共服务类型	内涵	责任主体	政府作用	主要目标
基本公共服务	保障全体人民生存和发展基本需要、与经济社会发展水平相适应的公共服务	政府承担保障供给数量和质量的主要责任；市场主体和公益性社会机构进行补充供给	政府对基本公共服务供给有兜底责任	一是实现目标人群全覆盖、服务全达标、投入有保障；二是实现区域、城乡、人群间的供给差距明显缩小；三是最终实现均等享有和便利可及
普惠性非基本公共服务	为满足公民更高层次需求、保障社会整体福利水平所必需但市场自发供给不足的公共服务	主要由公益性的社会机构或市场主体组织供给，政府负责提供支持	更注重发挥市场作用，通过吸引社会参与，优化公共服务资源的配置。政府发挥引导作用	实现付费可享有、价格可承受、质量有保障、安全有监管，实现幼有善育、学有优教、劳有厚得、病有良医、老有颐养、住有宜居、弱有众扶
生活服务	作为公共服务体系的有益补充	完全由市场供给、居民付费享有	创建公平有序竞争的市场环境，引导行业规范持续发展，做好生活服务与公共服务的有效衔接与配合	满足公民多样化、个性化、高品质服务需求

2.安徽省公共服务政策文件内容梳理

与国家层面的公共服务发展规划相似，安徽省也出台了一系列促进公共服务发展的政策文件。具体见表2-3。在《安徽省"十四五"公共服务规划》中，提出按照"政府主导、保障基本，多元参与、扩大供给，创新服务、提

升质量,尽力而为、量力而行"的基本原则,实现"基本公共服务均等化水平明显提高""普惠性非基本公共服务实现提质扩容""高品质多样化生活服务蓬勃发展"的主要目标。在规划中,提出了"与沪苏浙共同率先实现基本公共服务均等化""推动长三角区域公共服务便利共享",这彰显了安徽省主动"融圈进群",深度融入长三角一体化发展的决心和信心。

表2-3 安徽省公共服务政策文件主要内容梳理

年份	文件名	发布机构	主要内容
2013	安徽省基本公共服务体系三年行动计划（2013—2015年）	安徽省人民政府办公厅	对基本公共教育、劳动就业服务、社会保险、基本社会服务、基本医疗卫生、人口和计划生育、基本住房保障、公共文化体育、残疾人基本公共服务提出明确牵头单位和配合单位,并具体提出基本公共服务三年行动计划的年度目标
2017	安徽省"十三五"推进基本公共服务均等化规划	安徽省人民政府	从基本公共教育、基本劳动就业创业、基本社会保险、基本医疗卫生、基本社会服务、基本住房保障、基本公共文化体育、残疾人基本公共服务8个领域提出了具体发展目标
2022	安徽省"十四五"公共服务规划	安徽省发展改革委	该文件作为"十四五"期间安徽省公共服务发展的基础性、指导性规划,是推动实现幼有所育、学有所教、劳有所得、病有所医、老有所养、住有所居、弱有所扶、优军服务保障、文体服务保障的纲领性文件

2.2.2 中央一号文件及安徽省委一号文件关于公共服务内容的梳理

1.中央一号文件关于公共服务内容的梳理

中共中央在1982年至1986年期间连续五年发布以农业、农村、农民为

31

主题的一号文件，对农业农村改革发展作出总体部署。2004年至2023年期间又连续二十年发布以"三农"（农业、农村、农民）为主题的一号文件。现如今，"中央一号文件"已成为中共中央、国务院重视农业农村问题的专有名词。"中央一号文件"也成为广大"三农"工作研究者研读"三农"政策走向，把握"三农"问题改革发展方向的引领性文件。回顾、梳理历年中央一号文件，能够全面、清晰地展示"三农"政策的演变历程。为展示我国农村公共服务发展的政策演化进程，本部分梳理了自1982年以来我国针对"三农"工作发布的一号文件，并就每年一号文件的公共服务主要关注内容进行了整理，具体见表2-4。

表2-4 中央一号文件关于公共服务领域主要内容的梳理

年份	文件名	主要内容
1982	全国农村工作会议纪要	①规划好生产、生活、科学、教育、文化、卫生、体育等设施的建设和农村小城镇的建设； ②要积极创造条件，加强农民教育，抓紧扫盲工作，提高科学文化水平
1983	当前农村经济政策的若干问题	①普及初等义务教育，扫除青壮年文盲； ②加强文化、卫生设施的建设
1984	关于一九八四年农村工作的通知	①制订乡规民约，开展文明村、文明家庭创建活动； ②建立比较完备的商品生产服务体系
1985	关于进一步活跃农村经济的十项政策	①兴办交通事业； ②鼓励有关部门组织志愿服务队，为农村及边疆少数民族地区提供科技、教育、医务等领域的服务
1986	关于一九八六年农村工作的部署	①改善农田水利； ②加强商品生产基础设施和草场、远洋渔业设施等的建设

续表

年份	文件名	主要内容
2004	关于促进农民增加收入若干政策的意见	①加强职业技能培训； ②加强基础设施建设； ③发展农村社会事业，做好新增教育、卫生、文化等事业的经费保障工作
2005	关于进一步加强农村工作提高农业综合生产能力若干政策的意见	①加强农田水利及生态建设； ②加强农村基础设施建设
2006	关于推进社会主义新农村建设的若干意见	①建立健全就业公共服务网络体系； ②加强政府社会管理和公共服务职能
2007	关于积极发展现代农业扎实推进社会主义新农村建设的若干意见	①统筹城乡经济社会发展； ②促进基础设施和公共服务向农村延伸； ③完善农民外出就业的制度保障； ④提高农村公共服务人员能力； ⑤提高农村公共服务水平，增强基层政府公共产品和公共服务的供给能力
2008	关于切实加强农业基础建设进一步促进农业发展农民增收的若干意见	①探索建立促进城乡一体化发展的体制机制； ②逐步实现城乡社会统筹管理和基本公共服务均等化； ③逐步提高农村基本公共服务水平； ④强化公共服务和社会管理
2009	关于2009年促进农业稳定发展农民持续增收的若干意见	①推进基层农业公共服务机构建设； ②巩固发展新型农村合作医疗，加强县、乡、村医疗卫生公共服务体系建设
2010	关于加大统筹城乡发展力度进一步夯实农业农村发展基础的若干意见	①发展多元化、社会化农技推广服务组织； ②培育发展社区服务性、公益性、互助性社会组织； ③强化乡镇政府社会管理和公共服务职能； ④建立综合服务平台，有条件的乡镇要设立便民服务中心、村设立代办点，提供一站式服务
2011	关于加快水利改革发展的决定	①加快水利基础设施建设； ②健全基层水利服务体系，提高基层水利服务能力

续表

年份	文件名	主要内容
2012	关于加快推进农业科技创新持续增强农产品供给保障能力的若干意见	①强化基层公益性农技推广服务; ②加强面向基层的涉农信息服务站点和信息示范村建设
2013	关于加快发展现代农业进一步增强农村发展活力的若干意见	①构建农业社会化服务新机制,培育发展多元服务主体; ②强化农业公益性服务体系; ③推进城乡公共资源均衡配置; ④加强农民工职业培训、权益保护和社会保障; ⑤推动实现农民工平等享有劳动报酬、公共卫生、子女教育、计划生育、文化服务、住房租购等方面的基本权益; ⑥提升公共服务职能,加强社会管理,推动乡镇干部直接联系和服务群众
2014	关于全面深化农村改革加快推进农业现代化的若干意见	①推进城乡基本公共服务均等化; ②推进居住证持有人享有与居住地居民相同的基本公共服务,保障农民工同工同酬; ③扩大小城镇对农村基本公共服务供给的有效覆盖; ④统筹推进农村基层公共服务资源的有效整合和实现设施共建共享; ⑤创新群众工作机制
2015	关于加大改革创新力度加快农业现代化建设的若干意见	①保障进城农民工及其随迁家属平等享受城镇基本公共服务; ②加快提升农村基础设施水平,推进城乡基本公共服务均等化; ③提升农村公共服务水平; ④全面开展城乡居民大病保险,加强农村基层基本医疗、公共卫生能力和乡村医生队伍建设; ⑤整合利用现有设施场地和资源,构建农村基层综合公共服务平台; ⑥改善农民居住条件,推进山水林田路综合治理; ⑦开展农村垃圾、农村污水、改厕、村庄卫生整治提升; ⑧将适合社会兴办的公共服务交给社会组织承担

续表

年份	文件名	主要内容
2016	关于落实发展新理念 加快农业现代化实现全面小康目标的若干意见	①支持农产品营销公共服务平台建设； ②促进城乡公共资源均衡配置、城乡要素平等交换； ③提高城乡基本公共服务均等化水平； ④加快推动城镇公共服务向农村延伸； ⑤建立城乡统一、重在农村的义务教育经费保障机制； ⑥建设基层综合性文化服务中心，整合宣传文化、党员教育、科学普及、体育健身等设施，发挥基层文化公共设施整体效应； ⑦全面实施居住证制度，努力实现基本公共服务常住人口的全覆盖
2017	关于深入推进农业供给侧结构性改革 加快培育农业农村发展新动能的若干意见	①改善休闲农业、乡村旅游、森林康养公共服务设施条件； ②在重点村优先实现宽带全覆盖； ③加强特色小镇基础设施、公共服务等建设； ④加强农村科普公共服务建设； ⑤提升农村基本公共服务水平
2018	关于实施乡村振兴战略的意见	①在公共服务上优先安排； ②建设农村电子商务发展领域的基础设施； ③打造"一门式办理""一站式服务"的综合服务平台； ④深化户籍制度改革，农业人口落户城镇平等享受城镇公共服务； ⑤推进城镇基础设施和公共服务向农村延伸
2019	关于坚持农业农村优先发展做好"三农"工作的若干意见	①实施人居环境整治工程，重点推进厕所革命、垃圾污水治理，实现村容村貌提升； ②提升农村教育、医疗卫生、社会保障、养老、文化体育等公共服务水平，推进城乡基本公共服务均等化； ③推动建立城乡统筹的基本公共服务经费投入机制，完善农村基本公共服务标准； ④加强乡村旅游基础设施建设； ⑤实施数字乡村战略，依托"互联网+"推动公共服务向农村延伸； ⑥推进城镇基本公共服务常住人口全覆盖； ⑦推进城乡基本公共服务标准统一、制度并轨，实现城乡基本公共服务从形式上的普惠向实质上的公平转变

续表

年份	文件名	主要内容
2020	关于抓好"三农"领域重点工作确保如期实现全面小康的意见	①推动"四好农村路"示范创建提质扩面； ②提高农村供水保障水平； ③扎实搞好农村人居环境整治； ④提高农村教育质量； ⑤推进紧密型县城医疗卫生共同体建设； ⑥适当提高城乡居民基本医疗保险财政补助和个人缴费标准； ⑦推动基本公共文化服务向乡村延伸
2021	关于全面推进乡村振兴加快农业农村现代化的意见	①强化基层治理，推进乡村公共服务建设，推动乡村数字化智能化建设； ②强化农村基本公共服务供给县乡村统筹； ③逐步实现农村基本公共服务标准统一、制度并轨； ④把乡镇建成为服务农民的区域中心，实现县乡村功能的衔接互补； ⑤推进以县城为重要载体的城镇化建设
2022	关于做好2022年全面推进乡村振兴重点工作的意见	①完善易地搬迁集中安置区的配套设施和公共服务； ②加强农民数字素养与技能培训，推动"互联网+政务服务"向乡村延伸覆盖； ③加强基本公共服务县域统筹
2023	关于做好2023年全面推进乡村振兴重点工作的意见	①推进县域内义务教育优质均衡发展； ②加强中心镇市政、服务设施建设； ③推进县域农民工市民化，建立健全基本公共服务同常住人口挂钩、由常住地供给机制

2.安徽省委一号文件关于公共服务内容的梳理

与中央一号文件相对应，各省份每年也会发布"三农"领域的一号文件，即省委一号文件。以安徽省为例，自2004年至今，安徽省委一号文件都紧扣"三农"工作进行部署。本部分梳理了2013年以来历年安徽省委一号文件中关于公共服务方面的主要内容，见表2-5。

表2-5 安徽省委一号文件关于公共服务领域主要内容的梳理

年份	文件名	主要内容
2013	中共安徽省委 安徽省人民政府贯彻《中共中央 国务院关于加快发展现代农业进一步增强农村发展活力的若干意见》的实施意见	①建立健全村级农民技术员、动物防疫员、水管员队伍； ②推动进城农民享有平等劳动报酬，在子女教育、社会保障、医疗卫生、住房租购等方面享有平等权益，力争实现城镇基本公共服务覆盖全部常住人口； ③健全村级组织运转和基本公共服务经费保障机制
2014	中共安徽省委 安徽省人民政府关于全面深化农村改革加快推进农业现代化的实施意见	①稳定基层公共服务机构，建立经费保障机制和激励机制； ②启动信息服务进村入户工程； ③形成农村公共服务设施投资、建设和管护机制； ④推进县域内义务教育均衡发展； ⑤实现大病保险全覆盖； ⑥加强农村最低生活保障的规范管理； ⑦推进户籍制度改革，推动实现有序市民化； ⑧推进居住证持有人享有与居住地居民相同的基本公共服务
2015	中共安徽省委 安徽省人民政府关于加大改革创新力度加快农业现代化建设的实施意见	①健全乡镇农业公共服务中心和村级服务站点； ②提升农村公共服务水平； ③改善农村义务教育薄弱学校的基本办学条件，提高教学质量； ④加快构建乡村综合公共服务平台； ⑤将适合社会兴办的公共服务交由社会组织承担
2016	中共安徽省委 安徽省人民政府关于落实发展新理念加快农业现代化实现全面小康目标的实施意见	①提高农村公共服务水平，加快推动城镇公共服务向农村延伸； ②建立村级公共服务运行维护机制； ③建立健全与居住年限等条件相挂钩的基本公共服务供给机制
2017	中共安徽省委 安徽省人民政府关于深入推进农业供给侧结构性改革加快培育农业农村发展新动能的实施意见	①支持农产品营销公共服务平台建设； ②改善休闲农业、乡村旅游、森林康养的公共服务设施条件； ③推进重点村实现宽带全覆盖； ④提升农村基本公共服务水平

续表

年份	文件名	主要内容
2018	中共安徽省委 安徽省人民政府关于推进乡村振兴战略的实施意见	①打造农产品销售公共服务平台； ②打造"一门式办理""一站式服务"综合服务平台； ③村庄建立网上服务站点； ④深化户籍制度改革，城镇落户人员平等享受城镇公共服务； ⑤推进城镇基础设施和公共服务向农村延伸
2019	中共安徽省委 安徽省人民政府关于坚持农业农村优先发展做好"三农"工作的实施意见	①补齐农村人居环境和公共服务短板； ②完善县乡村物流基础设施网络； ③推动物流配送网点、扶贫驿站、农村快递点、惠农金融服务室等资源的共建共享； ④加快推进城乡基本公共服务均等化； ⑤推进城乡基本公共服务标准统一、制度并轨
2020	中共安徽省委 安徽省人民政府关于抓好"三农"领域重点工作确保如期实现全面小康的实施意见	①健全农村公共基础设施管护机制，落实管护责任； ②优化村庄布局； ③提高农村教育质量； ④推进乡镇卫生院和村卫生室标准化建设，推进紧密型县域医共体、基层医疗机构"智医助理"、乡村中医药服务全覆盖； ⑤实现城乡居民基本医疗保险市级统筹； ⑥发展农村互助式养老，实现乡镇养老服务中心全覆盖
2021	中共安徽省委 安徽省人民政府关于全面推进乡村振兴加快农业农村现代化的实施意见	①强化基层治理，推进乡村公共服务建设，推动乡村数字化智能化建设； ②建立城乡公共资源均衡配置的有效机制，着力实现基本公共服务供给的县乡村三级统筹，稳步推进标准统一、制度并轨； ③将县城作为推进城乡融合发展的重要载体，强化县城综合服务能力

续表

年份	文件名	主要内容
2022	中共安徽省委 安徽省人民政府关于做好二〇二二年全面推进乡村振兴重点工作的实施意见	①加强基本公共服务县域统筹；②推动基本公共服务供给从注重机构行政区域覆盖逐渐向注重常住人口服务覆盖转变
2023	中共安徽省委 安徽省人民政府关于抓好"三农"领域重点工作确保如期实现全面小康的实施意见	①提高基本公共服务便利度；②有序推进农业转移人口市民化；③推行电子居住证，积极探索建立以居住证为载体的公共服务供给制度

2.3 公共服务发展的特征与时代意义

2.3.1 公共服务发展的特征

1. 公共服务内容的丰富化和精细化

自2012年首次颁布国家层面的公共服务发展规划以来，我国的公共服务事业开启了新的发展篇章。虽然"十二五""十三五""十四五"期间的公共服务规划内容差别不大，都是围绕公共教育、社会保险、就业创业、社会服务、医疗卫生、公共文化体育、住房保障、残疾人服务等领域进行设计，但仔细分析则会发现存在较大的差别。以《"十四五"公共服务规划》为例，在公共服务模块上虽然与《"十三五"推进基本公共服务均等化规划》差别不大，但首次将普惠性非基本公共服务、高品质多样化生活性服务统筹纳入公共服务规划范围。这就是说，在原有的基本公共服务基础上，增加了非基本公共服务和生活性服务内容，形成融合"基本公共服务、普惠性非基本公共服务、生活服务"的公共服务新体系,丰富了公共服务的内容并使得公共服务项目更加精细化。

2.公共服务标准的规范性和引领性

基本公共服务标准是政府履行公共服务职责的科学依据。《国家基本公共服务标准（2021年版）》的颁布,对各类公共服务的服务面向、服务内容、服务标准及支出责任、牵头负责单位进行了明确说明。为各部门更好地推进公共服务供给和提升公共服务质量提供了明确依据,也为各部门结合各地经济社会发展实际出台引领性的政策文件提供了科学参考,为促进公共服务高质量发展打下坚实基础。

3.注重公共服务供给与需求的有效匹配

公共服务的受益对象是人民群众,只有积极调动人民群众参与到公共服务过程中并使其切实获得满足感和幸福感,才能真正彰显公共服务的价值。因此,重视人民群众的公共服务需求,提供解决人民群众急难愁盼的服务是公共服务供给中需要特别重视的课题。在公共服务发展规划中,"以群众需求为导向""推行'菜单式''订单式'公共服务""培育多元供给主体"等内容不断提及彰显了公共服务发展为人民的宗旨。在《"十四五"公共服务规划》中,为了更好地实现公共服务供给与需求的衔接,将公共服务划分为基本公共服务、普惠性非基本公共服务、生活服务三种类型,并明确指出三种公共服务的满足需求层次和供给主体,充分显示出国家在公共服务发展中对公共服务供给和需求的统筹安排,最大限度地满足新发展阶段中人民群众对公共服务的更高期盼。

4.积极推进公共服务设施供给和空间布局优化

公共服务设施作为提供公共服务的"筋骨",其供给数量和质量直接关系人们的生产生活满意度;同样,合理的公共服务设施空间布局既可以让人们快捷便利地获取相应的服务项目,也能够减少财政支出。在公共服务规划和关于促进公共服务发展的政策举措中,推动形成公共服务设施投资、建设、管护的一体化机制,促进城乡公共服务设施的共享共用作为重要的手段被一再提及。在实践中,以便民生活圈为载体推进公共服务设施布局,也是促进公共服务供给和实现公共服务设施空间布局优化的重要途径,在很多地方的实践中也切实地产生了很好的效果。

5.重视县域载体作用的发挥

县城作为推动城乡融合发展的重要载体,对于促进城乡要素双向流动、城乡公共服务一体化具有积极作用。2022年出台的《关于推进以县城为重要载体的城镇化建设的意见》明确提出:"以县域为基本单元推进城乡融合发展,发挥县城连接城市、服务乡村作用,增强对乡村的辐射带动能力,促进县城基础设施和公共服务向乡村延伸覆盖,强化县城与邻近城市发展的衔接配合。"在推进基本公共服务均等化的过程中,城镇基础设施和公共服务向农村延伸成为实现城乡基本公共服务均等化重要手段。实践中,通过乡镇卫生院和村卫生室标准化建设来推进紧密型县域医共体建设,通过强化基本公共服务供给的县乡村统筹实现公共服务的标准统一已经成为城乡公共服务融合发展的重要途径。

6.重视发挥数字技术赋能作用

随着工业化、城镇化进程的持续推进，农村外出务工人员数量在不断增加；随着乡村振兴战略的稳步实施，返乡创业人员数量也在逐渐增多。同时，随着经济社会的不断发展，城乡居民的公共服务需求也呈现多元化发展趋势。为更好地满足不同人员的公共服务需求，更加便捷高效地提供高质量的公共服务，"互联网+政务服务""互联网+乡村治理""互联网+就业""互联网+文化体育"等成为公共服务供给的新模式。实践中，依托"互联网+"推动公共服务向基层延伸也发挥着越来越重要的作用。

2.3.2 公共服务发展的时代意义

1.满足人们多元化、多层次发展的需求

随着经济社会的持续发展，人民群众的公共服务需求类型呈现多元化、多层次的结构特征，不同群体的公共服务需求差异化特征也越来越明显。既有对基本公共教育、基本医疗卫生、基本社会保险有较大需求的，同时占人口比例最多的普通群众，也有在教育、医疗卫生、社会保障方面有更高层次需求的群体，另外也有一些对公共服务有着个性化、高品质服务需求的群体。要满足不同群体的公共服务需求，就要持续不断地加强公共服务的创新，提供满足不同群体发展需求的公共服务产品。在《"十四五"公共服务规划》中将公共服务划分为基本公共服务、普惠性非基本公共服务、生活服务三种类型并明确界定其内涵、责任主体、政府在其中的作用和服务目标设定，显示出公共服务发展在满足人民群众日益增长的美好生活需要方面的重要作用日益受到关注,这也为公共服务发展指出了更为明确的方向。

2.增强居民获得感与幸福感

公共服务是维护社会基本公平的保障,能够发挥社会矛盾的"缓冲器"作用。通过强化公共服务建设,可以最大限度地保障人民群众衣食住行等基本生活服务需求,为人民群众的生存发展提供有力支撑,不断提升人民群众在经济社会发展中的获得感、幸福感。这对于化解经济社会发展中出现的各种矛盾具有积极作用,对于增强人民群众的价值认同和凝聚力具有正向效果。

3.促进经济社会发展

虽然自改革开放以来我国经济社会呈现积极向好的发展态势,居民人均可支配收入也在不断增长,但同时我国低收入群体的规模依然很大。数据显示,截至2020年,我国月收入低于2000元的人数为9.64亿人,有6亿人的月均收入在1000元左右,东西部城乡收入差距依然比较明显[136]。2022年,我国居民人均可支配收入为36 883元,城镇居民人均可支配收入为49 283元,农村居民人均可支配收入为20 133元,城乡人均可支配收入比为2.45。我国居民人均可支配收入的中位数是31 370元,城镇居民人均可支配收入的中位数是45 123元,农村居民人均可支配收入中位数是17 734元。❶总体看,居民人均可支配收入水平相对较低。收入是消费的基础和前提,较低的收入

---

❶ 数据来源:《2023中国统计年鉴》。

水平很难拉动消费和促进经济增长。公共服务的发展完善则可以增强人民群众能消费、敢消费的信心和能力，为拉动经济社会发展夯实根基。政府提供的公共教育和医疗卫生服务可以降低居民的教育和医疗负担，增强居民消费能力；便捷的基础设施能够促进区域间的贸易发展和就业创业等。可以说公共服务的发展对夯实发展根基、提高消费能力、促进经济发展具有重要作用。

2.4 本章小结

本章对公共服务的发展历程进行了归纳，在对公共服务发展的政策体系梳理的基础上，从公共服务内容的丰富化和精细化、公共服务标准的规范性和引领性、注重公共服务供给与需求的有效匹配、积极推进公共服务设施供给和空间布局优化、重视县域载体作用的发挥、重视发挥数字技术赋能作用6个方面总结了公共服务发展呈现的特征，并指出公共服务发展在满足人们的多元化多层次发展需求、增强居民获得感与幸福感、促进经济社会发展方面的重要价值。

第3章 安徽省公共服务发展水平测度与障碍度分析

为客观展示安徽省公共服务发展现状,本章采用《安徽统计年鉴》的数据和相关政府网站公开数据,从义务教育、医疗卫生、就业和生活保障、公共文化、居民收入和消费支出等方面对安徽省公共服务发展现状进行分析。在现状描述基础上,为科学评价安徽省公共服务发展水平,构建了安徽省公共服务发展水平评价指标体系,运用熵值法计算安徽省公共服务发展水平得分,运用障碍度分析模型探究影响公共服务发展的主要障碍因子,为提出推动安徽省公共服务高质量发展的政策建议提供科学决策依据。

3.1 安徽省公共服务发展现状分析

3.1.1 义务教育发展现状分析

1. 学校数量变动情况

对义务教育阶段学校数量变动情况的梳理见表3-1。幼儿园数量呈现持续增长趋势,小学和初中的学校数量则总体呈现下降态势。2012—2021年,幼儿园数量上升了121.07%，小学和初中的学校数量分别下降了44.50%和3.22%。

表3-1 义务教育阶段学校数量变动情况

年份	幼儿园数量/所	小学数量/所	初中数量/所
2012	5192	12 547	2919
2013	6075	11 507	2901
2014	6564	10 547	2905
2015	6988	9119	2858
2016	7895	8284	2800
2017	8257	8108	2810
2018	8782	7908	2833
2019	9631	7792	2846
2020	10 876	7464	2846
2021	11 478	6964	2825

2.在校学生数量变动情况

对义务教育阶段在校学生数量变动情况的梳理见表3-2。总体看，幼儿园在校学生数量呈现先快速增加后缓慢增长的发展态势；小学在校学生数量呈现缓慢增长态势；初中在校学生数量呈现先下降而后增长的发展趋势。2012—2021年，幼儿园、小学、初中的在校学生数量分别上升了35.59%、15.82%、7.92%。

表3-2 义务教育阶段学校在校学生数量变动情况

年份	幼儿园在园幼儿数量/人	小学在校学生数量/人	初中在校学生数量/人
2012	1 578 657	4 047 018	2 130 100

续表

年份	幼儿园在园幼儿数量/人	小学在校学生数量/人	初中在校学生数量/人
2013	1 679 511	4 091 967	1 996 903
2014	1 729 143	4 151 398	1 924 134
2015	1 856 537	4 225 034	1 900 786
2016	1 926 893	4 303 637	1 941 986
2017	2 008 554	4 405 178	2 021 627
2018	2 072 420	4 568 379	2 091 690
2019	2 114 345	4 621 048	2 188 323
2020	2 168 103	4 682 378	2 239 554
2021	2 140 554	4 687 309	2 298 698

3. 教育经费发展变化情况

（1）教育经费总额发展变化情况。

对义务教育阶段教育经费总额变动情况的梳理见表3-3。总体看，学前教育经费、普通小学教育经费、普通初中教育经费均呈现不同程度的增长态势。2012—2021年，学前教育经费、普通小学教育经费、普通初中教育经费分别上升了260.45%、96.78%、90.58%。

表3-3　义务教育阶段学校教育经费总额变动情况

年份	学前教育经费/万元	普通小学教育经费/万元	普通初中教育经费/万元
2012	434 806	2 852 827	2 007 250
2013	467 934	3 125 735	2 084 974
2014	532 550	3 236 839	1 984 580
2015	613 447	3 797 582	2 275 654
2016	727 322	4 255 521	2 493 005
2017	817 768	4 507 796	2 755 331

续表

年份	学前教育经费/万元	普通小学教育经费/万元	普通初中教育经费/万元
2018	984 406	4 969 002	3 157 648
2019	1 131 536	5 411 028	3 478 982
2020	1 323 204	5 547 789	3 668 548
2021	1 567 237	5 613 927	3 825 479

（2）国家财政性教育经费变化情况。

对义务教育阶段国家财政性教育经费变动情况的梳理见表3-4。与前述教育经费总额呈现增长态势的变动情况一致，学前教育国家财政性教育经费、普通小学国家财政性教育经费、普通初中国家财政性教育经费也呈现不同程度的增长态势。2012—2021年，学前教育、普通小学、普通初中的国家财政性教育经费分别上升了264.44%、91.12%、83.61%。

表3-4　义务教育阶段学校国家财政性教育经费变动情况

年份	学前教育国家财政性教育经费/万元	普通小学国家财政性教育经费/万元	普通初中国家财政性教育经费/万元
2012	243 059	2 790 799	1 839 534
2013	246 644	3 055 770	1 920 635
2014	249 015	3 153 273	1 833 971
2015	276 167	3 694 123	2 067 252
2016	330 665	4 145 490	2 267 450
2017	374 231	4 359 660	2 441 563
2018	458 914	4 735 632	2 802 433
2019	566 794	5 182 613	3 109 129
2020	773 603	5 306 266	3 254 456
2021	885 803	5 333 792	3 377 582

(3)生均教育经费变化情况。

对义务教育阶段学生生均教育经费的统计见表3-5。2012—2021年,幼儿园(学前)学生生均教育经费、小学生生均教育经费、初中生生均教育经费分别由2754.28元、7049.21元、9423.27元上升至7321.64元、11 976.87和16 641.94元,增幅分别为165.83%、69.90%和76.60%。

表3-5 义务教育阶段学生生均教育经费变动情况

年份	幼儿园(学前)学生生均教育经费/(元/人)	小学生生均教育经费/(元/人)	初中生生均教育经费/(元/人)
2012	2754.28	7049.21	9423.27
2013	2786.13	7638.71	10 441.04
2014	3079.85	7796.99	10 314.15
2015	3304.25	8988.29	11 972.17
2016	3774.58	9888.20	12 837.40
2017	4071.43	10 232.95	13 629.27
2018	4750.03	10 876.95	15 096.16
2019	5351.71	11 709.53	15 897.94
2020	6103.05	11 848.23	16 380.71
2021	7321.64	11 976.87	16 641.94

注:生均教育经费采用教育经费总额与在校学生数量比值计算得出。

4.师生比变动情况

对义务教育阶段师生比的梳理见表3-6。总体来看,幼儿园师生比呈现快速下降态势;小学师生比呈现先上升后下降态势;初中师生比呈现先下降再上升的发展态势。2012—2021年,幼儿园、小学、初中的师生比分别由

36.7、16.8、13.2变为16.4、17.4、13.5；幼儿园师生比下降了55.31%，小学师生比和初中师生比分别上升了3.57%、2.27%。

表3-6 义务教育阶段学校师生比变动情况

年份	幼儿园师生比	小学师生比	初中师生比
2012	36.7	16.8	13.2
2013	32.9	17.2	12.6
2014	29.7	17.5	12.4
2015	27.9	17.7	12.6
2016	25.4	17.9	12.8
2017	24.2	18.0	13.0
2018	23.0	18.3	13.2
2019	21.2	18.1	13.5
2020	19.3	18.0	13.5
2021	16.4	17.4	13.5

3.1.2 医疗卫生服务发展现状分析

对医疗卫生服务发展状况的梳理见表3-7。由表3-7可得，城镇人均医疗保健支出呈现先降后升的发展趋势，农村人均医疗保健支出呈现持续上升走势，城乡人均医疗保健支出差距总体呈现缩小趋势。每万人口卫生技术人员数呈现增长走势，由2012年的39.44人上升到2021年的71.21人，涨幅为80.55%。医疗机构病床使用率呈现先上升后下降的走势，由2012年的79.53%下降到2021年的62.60%。医疗机构出院者平均住院日总体较为稳定，由2012年的8.42日变为2021年的8.70日，涨幅为3.33%。

表3-7 医疗卫生服务发展状况

年份	城镇人均医疗保健支出/元	农村人均医疗保健支出/元	每万人口卫生技术人员数/人	医疗机构病床使用率/%	医疗机构出院者平均住院日/日
2012	1142.96	510.06	39.44	79.53	8.42
2013	869.89	551.67	42.05	79.77	8.34
2014	976.54	597.25	44.05	80.74	8.46
2015	1073.34	648.55	45.70	78.71	9.00
2016	1269.26	791.96	47.88	78.60	8.40
2017	1274.55	835.69	50.13	80.10	8.20
2018	1419.32	882.33	52.74	77.20	8.30
2019	1658.22	1323.00	56.75	75.80	8.40
2020	1637.60	1457.00	67.56	64.70	8.60
2021	1891.20	1672.00	71.21	62.60	8.70

3.1.3 就业养老和生活保障服务发展现状分析

就业为民生之本。对安徽省城镇登记失业率的统计（表3-8）显示，失业率总体呈现下降趋势，由2012年的3.70%降至2021年的2.46%。在促进就业方面，安徽省积极作为，密集出台政策举措促进各类群体就业创业。2023年6月，安徽省人民政府办公厅发布《实施稳就业提质扩量服务"家门口"就业三年行动方案》，在该方案中提出了实施"人才供给提质扩量行动""二产就业提质扩量行动""三产就业提质扩量行动""重点群体就业创业提质扩量行动""就业服务提质扩量行动"等重点内容。在2023年10月安徽省人力资源和社会保障厅出台的《关于进一步明确有关稳就业政策措施的通知》中提出了"一次性扩岗补助""一次性吸纳就业补贴""失业保险稳岗返还""降低失业保险费率""职业技能培训补贴""公益性岗位补贴""新返乡创业企业吸纳就业一次性补助"等稳岗扩岗政策，同时公布了促进各类群体就业的政策和创业扶持政策。在支持高校毕业生就业方面，安徽省依托24365大学生就业服务平台与微信小程序，全天候为毕业生提供"云招聘""云面试"和"云签约"等系列服务。受益于各类政策举措的出台，根据《安徽商报》报道，2023年1月至6月，安徽省城镇新增就业37.4万人，同比增长6%，完成2023年度目标任务的55.1%。

在城乡居民基本养老保险参保方面，参保人数由2012年的3351万人上升至2021年的3458万人，增加了107万人；城乡居民基本养老保险参保率由2012年的56.06%上升至2021年的56.57%，增幅为0.51%。城乡人均最低生活保障支出分别由2012年的3387.26元和1471.43元增长至2021年的6632.33元和5201.01元，增幅分别为95.80%和253.47%；城乡人均最低生活保障支出差距由2012年的1915.83元缩小至2021年的1431.32元。城乡居民人均住房建筑面积分别由2012年的32.38平方米和35.88平方米增长至2021年的42.31平方米和54.68平方米，涨幅分别为30.67%和52.40%。人均用水量整体呈现下降趋势，从2012年的481.90立方米降至2021年的444.80立方米，降幅为7.70%，可能原因是人们的节水意识在增强。

表3-8 就业、养老和生活保障发展现状

年份	城镇登记失业率/%	城乡居民基本养老保险参保人数/万人	城乡居民基本养老保险参保率/%	城镇人均最低生活保障支出/元	农村人均最低生活保障支出/元	城镇居民人均住房建筑面积/平方米	农村居民人均住房建筑面积/平方米	人均用水量/立方米
2012	3.70	3351	56.06	3387.26	1471.43	32.38	35.88	481.90
2013	3.40	3309	55.26	3791.69	1656.26	34.86	32.24	490.93

续表

年份	城镇登记失业率/%	城乡居民基本养老保险参保人数/万人	城乡居民基本养老保险参保率/%	城镇人均最低生活保障支出/元	农村人均最低生活保障支出/元	城镇居民人均住房建筑面积/平方米	农村居民人均住房建筑面积/平方米	人均用水量/立方米
2014	3.20	3337	55.64	3999.00	1769.64	35.13	44.67	447.30
2015	3.10	3397	56.51	4355.52	1974.26	34.71	46.76	472.20
2016	3.20	3432	56.89	4868.61	2769.61	36.90	49.40	471.10
2017	2.88	3429	56.61	5376.03	2958.89	37.44	50.74	464.12
2018	2.83	3488	57.41	5589.09	3453.23	41.19	52.94	452.00
2019	2.63	3502	57.49	6075.19	4363.57	41.83	53.52	436.26
2020	2.83	3490	57.17	6744.12	5137.21	42.09	54.55	430.40
2021	2.46	3458	56.57	6632.33	5201.01	42.31	54.68	444.80

3.1.4 公共文化服务发展现状分析

对公共文化服务发展现状的分析见表3-9。城乡人均教育文化娱乐消费支出分别从2012年的1932.74元和385.92元上升至2021年的3170.20元和1978.00元，涨幅分别为64.03%和412.54%；但从绝对值来看，2021年城乡人均教育文化娱乐消费支出差距为1192.20元，相比较于2012年1546.82元的差距，下降幅度为22.93%，该降幅相对于城乡人均教育文化娱乐消费支出涨幅较少。每万人拥有文化站数量由2012年的0.240上升至2021年的0.246，涨幅为2.50%。广播人口覆盖率和电视人口覆盖率分别从2012年的97.90%、98.10%上升至2021年的99.94%和99.92%，涨幅分别为2.08%和1.86%。每万人口中高等教育人数从2012年的210人增长到2021年的309人，涨幅为47.14%。

表3-9 公共文化服务发展现状

年份	城镇人均教育文化娱乐消费支出/元	农村居民人均教育文化娱乐消费支出/元	每万人拥有文化站数量/个	广播人口覆盖率/%	电视人口覆盖率/%	每万人口中高等教育人数/人
2012	1932.74	385.92	0.240	97.90	98.10	210
2013	1904.15	376.66	0.240	98.30	98.60	220
2014	1650.87	735.12	0.240	98.60	98.70	224
2015	1913.27	834.39	0.239	98.80	98.90	231
2016	2233.35	949.06	0.238	98.89	99.03	226
2017	2372.22	1074.96	0.237	99.04	99.19	225
2018	2372.43	1271.11	0.237	99.84	99.83	225
2019	2802.45	1471.00	0.236	99.87	99.87	245
2020	2283.10	1422.00	0.247	99.93	99.9	270
2021	3170.20	1978.00	0.246	99.94	99.92	309

注：每万人拥有文化站数量因保留2位小数会出现多年数据相同情况，因此保留3位小数。

3.1.5 城乡基础设施发展现状分析

安徽省城乡基础设施建设不断提档升级。城市人均公园绿地面积由2012年的11.92平方米增长至2021年的14.49平方米；人均道路面积由2012年的18.47平方米增长至2021年的23.74平方米；燃气普及率由2012年的94.61%提升至2021年的99.48%；生活垃圾处理率由2012年的95.28%提升至100%；污水处理率由2012年的94.53%提升至2021年的97.14%。村庄内道路面积由2012年的656 833 000平方米增加到2021年的1 171 563 000平方米；村庄排水管道沟渠长度由2012年的18 771.8千米增加到2021年的45 575.15千米；乡环卫专用车辆设备由2012年的1146辆增加到2021年的1263辆；乡生活垃圾中转站由2012年的237座增加到2021年的246座；农村自来水普及率由2012年的53.6%增加到2021年的89.2%；农村燃气普及率由2012年的68.5%增加到2021年的90.32%；村庄园林绿化投入由2012年的36 084万元增加到2021年的97 379.1万元。[1]

为进一步改善人居环境，提升城市品质，2021年12月30日，安徽省人民政府办公厅印发了《关于实施城市更新行动推动城市高质量发展的实施方案》，推进公共基础设施及社区服务设施建设便是其中的重要内容。加强"口袋公园"等开放空间建设作为推进城市更新行动的重要组成内容，在安徽省广泛建设开来。按照"300米见绿、500米见园"要求，安徽省将"口袋公园"作为改造城市绿色公共空间的重要抓手。2023年提出新增城市"口袋公园"200个的建设任务。同时，针对使用人群的多样化需求，开展"公园+体育""公园+文化""公园+停车""公园+阅读"等设计，提升公园内涵，凸显公园个性特色。[2]

3.1.6 居民收入和消费支出情况

对居民收入和消费支出情况的分析见表3-10。由此可得，城乡常住居民人均可支配收入均呈现持续增长态势。城镇常住居民人均可支配收入金额由2012年的21 024.21元提升至2021年的43 008.70元，增幅为104.57%；农村常住居民人均可支配收入金额由2012年的7160.46元提升至2021年的18 372.00元，增幅为156.58%。从城乡收入比看，城镇常住居民人均可支配收入与农

---

[1] 数据来源：《城乡建设统计年鉴》。
[2] 数据来源：《人民日报》2023年04月14日第07版《安徽持续推进"口袋公园"建设》。

村常住居民人均可支配收入比从2012年的2.94持续下降至2021年的2.34。在城乡居民消费支出方面总体呈现增长态势，城镇居民消费支出金额从2012年的15 012.00元增长至2021年的26 495.00元，增幅为76.49%；农村居民消费支出金额从2012年的5555.99元增长至2021年的17 163.00元，增幅为208.91%；城镇居民人均消费支出金额与农村居民人均消费支出金额比从2012年的2.70降至2021年的1.54。虽然城乡常住居民人均可支配收入比和人均消费支出比均呈现下降态势，但从绝对值方面看差距依然很大。城乡常住居民人均可支配收入差距从2012年的13 863.75元上升至2021年的24 636.70元；城乡居民人均消费支出金额2012年为9456.01元，2021年为9332.00元，金额差距依然较大。由此可见，城乡收入差距扩大问题还需继续高度重视。

表3-10 居民收入和支出情况

年份	城镇常住居民人均可支配收入/元	农村常住居民人均可支配收入/元	城镇常住居民人均可支配收入与农村常住居民人均可支配收入比	城镇居民人均消费支出金额/（元/人）	农村居民人均消费支出金额/（元/人）	城镇居民人均消费支出金额与农村居民人均消费支出金额比
2012	21 024.21	7160.46	2.94	15 012.00	5555.99	2.70
2013	23 114.22	8097.86	2.85	16 285.00	5724.54	2.84
2014	24 838.52	9916.42	2.50	16 107.00	7980.76	2.02
2015	26 935.76	10 820.73	2.49	17 234.00	8975.21	1.92
2016	29 155.98	11 720.47	2.49	19 606.00	10 287.30	1.91
2017	31 640.32	12 758.22	2.48	20 740.00	11 106.08	1.87
2018	34 393.08	13 996.02	2.46	21 523.00	12 748.00	1.69
2019	37 540.04	15 416.00	2.44	23 782.00	14 546.00	1.63
2020	39 442.10	16 620.00	2.37	22 683.00	15 024.00	1.51
2021	43 008.70	18 372.00	2.34	26 495.00	17 163.00	1.54

3.2 安徽省公共服务发展水平测度指标构建与研究方法

3.2.1 安徽省公共服务发展水平评价指标体系构建与阐释

1.评价指标体系构建

在测度安徽省公共服务发展水平方面，基于前述章节分析，本部分构建了包括"公共教育""医疗卫生服务""社会保障""公共文化""收支与居住条件"5个系统层、11个要素层的26个评价指标。具体评价指标、指标含义与计算方法，以及指标属性见表3-11。

表3-11 安徽省公共服务发展水平测度指标体系

系统层	要素层	评价指标	指标含义与计算方法	指标属性
公共教育	义务教育经费	幼儿园生均教育经费	教育经费数额与幼儿园在校学生数量比/（元/人）	正向
		小学生生均教育经费	教育经费数额与小学在校学生数量比/（元/人）	正向
		初中生生均教育经费	教育经费数额与初中在校学生数量比/（元/人）	正向
	义务教育师生比	幼儿园师生比	幼儿园教师数量与学生数量比	负向
		小学师生比	小学教师数量与学生数量比	负向
		初中师生比	初中教师数量与学生数量比	负向
	受教育水平	受教育年限	受教育年限/年	正向
		每万人口中高等教育人数	每万人口中高等教育人数/人	正向
医疗卫生服务	医疗卫生投入	城镇人均医疗保健支出	城镇人均医疗保健费用支出/（元/人）	正向

57

续表

系统层	要素层	评价指标	指标含义与计算方法	指标属性
医疗卫生服务	医疗卫生投入	农村人均医疗保健支出	农村人均医疗保健费用支出/（元/人）	正向
	医疗卫生产出	每万人口卫生技术人员数	每万人口中卫生技术人员数量/人	正向
		医疗机构病床使用率	医疗机构病床使用率/%	正向
		医疗机构出院者平均住院日	医疗机构出院者平均住院日/日	正向
社会保障	就业与参保	城镇登记失业率	城镇登记失业率/%	负向
		居民基本养老保险参保率	居民基本养老保险参保率/%	正向
	兜底保障	城镇人均最低生活保障支出	城镇保障金额与城镇低保人数比/（元/人）	正向
		农村人均最低生活保障支出	农村保障金额与农村低保人数比/（元/人）	正向
公共文化	文化娱乐支出与设施供给	城镇人均教育文化娱乐消费支出	城镇居民人均教育文化娱乐消费支出/（元/人）	正向
		农村人均教育文化娱乐消费支出	农村居民人均教育文化娱乐消费支出/（元/人）	正向
		每万人拥有文化站数量	文化站数量与常住人口数量比/（个/万人）	正向
	广播电视普及状况	广播人口覆盖率	广播人口覆盖率/%	正向
		电视人口覆盖率	电视人口覆盖率/%	正向
收支与居住条件	收支状况	城乡人均可支配收入比	城镇与农村人均可支配收入比	负向
		城乡人均消费支出比	城镇与农村人均消费支出比	负向
	居住条件	城镇人均住房建筑面积	城镇居民人均住房建筑面积/平方米	正向
		农村人均住房建筑面积	农村居民人均住房建筑面积/平方米	正向

2.评价指标阐释

（1）公共教育发展水平测度指标。

党的二十大报告指出"教育是国之大计、党之大计""加快建设高质量教育体系，发展素质教育，促进教育公平""加快义务教育优质均衡发展和城乡一体化，优化区域教育资源配置"。义务教育作为教育体系的基础，在教育体系中居于优先地位，义务教育发展水平是衡量公共教育发展水平的重要依据。基于此，该部分设置了义务教育经费、义务教育师生比、受教育水平3个要素层来描述公共教育的发展水平。在义务教育经费要素层和义务教育师生比要素层下分别设3个指标，在受教育水平要素层下设2个指标。采用幼儿园生均教育经费、小学生生均教育经费、初中生生均教育经费3个指标测度义务教育经费水平，采用幼儿园师生比、小学师生比、初中师生比3个指标测度义务教育师生比水平，采用受教育年限、每万人口中高等教育人数2个指标测度受教育水平。

（2）医疗卫生服务发展水平测度指标。

医疗卫生服务对于保障公民生命安全和健康、促进经济发展、提高居民生活质量具有重要意义。提升医疗卫生服务水平，不仅要重视投入，也要重视产出，要注重提升医院卫生资源的配置效率。基于此，本部分设置了医疗卫生投入和医疗卫生产出2个要素层来展示医疗卫生服务发展水平。在医疗卫生投入要素层下设2个指标，在医疗卫生产出要素层下设3个指标。采用城镇人均医疗保健支出和农村人均医疗保健支出2个指标测度医疗卫生投入水平，采用每万人口卫生技术人员数、医疗机构病床使用率和医疗机构出院者平均住院日3个指标测度医疗卫生产出水平。

(3) 社会保障发展水平测度指标。

社会保障的高质量发展是实现共同富裕的重要制度安排，是社会主义的本质特征。高质量的社会保障体系能够保障和改善民生、增进人民福祉、维护社会公平正义，促进经济发展。本部分重点从就业与参保、兜底保障2个要素层刻画社会保障发展水平。在就业与参保层面，选取城镇登记失业率、居民基本养老保险参保率2个指标表征其发展水平；在兜底保障层面，选取城镇人均最低生活保障支出、农村人均最低生活保障支出2个指标表征其发展水平。

(4) 公共文化发展水平测度指标。

公共文化即保障人民群众基本文化权益的各种公益性文化机构及服务的总称，包括公共文化设施、文化产品、文化活动和其他相关服务。公共文化发展水平直接关系到公民的精神文化生活水平。本部分从文化娱乐支出与设施供给和广播电视普及状况2个层面刻画公共文化服务发展状况。在文化娱乐支出与设施供给要素层下设城镇人均教育文化娱乐消费支出、农村人均教育文化娱乐消费支出、每万人拥有文化站数量3个指标；在广播电视普及状况要素层下设广播人口覆盖率、电视人口覆盖率2个指标。

(5) 收支与居住条件发展水平测度指标。

公共服务发展的最终目的在于提升居民的获得感与幸福感，提升居民的生活水平。因此，在公共服务发展水平评价指标设计中，设计了收支与居住条件层面并刻画了公共服务发展目标实现程度，并下设收支状况和居住条件2个要素层。选取城乡人均可支配收入比、城乡人均消费支出比2个指标测度收支状况发展水平，选取城镇人均住房建筑面积、农村人均住房建筑面积2个指标测度居住条件发展水平。

3.2.2 研究方法

1.熵值法

为规避主观赋权法存在的缺陷,采用熵值法确定各测度指标的权重,具体计算步骤如下。

第一步,对原始数据进行标准化处理。正向指标采用式(3-1)对数据进行标准化处理,负向指标采用式(3-2)对数据进行标准化处理:

$$x_{ij}' = \frac{x_{ij} - \min x_j}{\max x_j - \min x_j} \times 0.9 + 0.1 \tag{3-1}$$

$$x_{ij}' = \frac{\max x_j - x_{ij}}{\max x_j - \min x_j} \times 0.9 + 0.1 \tag{3-2}$$

其中,x_{ij}为第i个年份第j项评价指标原始数值,x_{ij}'为标准化处理后的数值,$\min x_j$为第j项评价指标最小值,$\max x_j$为第j项评价指标最大值。

第二步,计算第j项指标下第i个年份所占的比重。

$$p_{ij} = \frac{x_{ij}'}{\sum_{i=1}^{n} x_{ij}'} \tag{3-3}$$

其中,p_{ij}为第j项指标下第i个年份所占比重,n为样本量。

第三步,计算第j项指标的熵值。

$$e_j = -k \sum_{i=1}^{n} p_{ij} \ln p_{ij} \tag{3-4}$$

其中,e_j为熵值,k为常数,一般取$k = \frac{1}{\ln n}$,$\ln$为自然对数。

第四步,计算第j项指标的差异系数。

$$g_j = 1 - e_j \quad (3-5)$$

其中，g_j为第j项指标的差异系数。

第五步，计算第j项指标权重。

$$w_j = \frac{g_j}{\sum_{j=1}^{m} g_j} \quad (3-6)$$

其中，w_j为第j项指标的权重，m为评价指标数量。

第六步，计算第i个年份的综合指数。

$$v_i = \sum_{j=1}^{m} w_j x_{ij}' \quad (3-7)$$

其中，v_i为第i个年份的综合指数。

2. 障碍度分析模型

安徽省公共服务发展水平测度虽能为今后安徽省公共教育、医疗卫生、社会保障等各个层面的高质量发展提供依据，但更为重要的是诊断出影响上述各个层面发展的障碍因子。因此，引入障碍度分析模型对影响安徽省公共服务发展的障碍因子进行剖析。计算公式如下：

$$H_j = \frac{d_{ij} w_j}{\sum_{j=1}^{n}(d_{ij} w_j)}, \quad U_j = \sum_{j=1}^{n} H_j \quad (3-8)$$

其中，H_j为第j个指标的障碍度；w_j为第j项指标的权重，此处代表指标贡献度；d_{ij}为指标偏离度，表示各指标与系统发展目标之间的差距，$d_{ij} = 1 - x_{ij}'$，x_{ij}'为各指标的标准化值；U_j为各子系统的障碍度。

3.3 公共服务发展水平测度与障碍度分析

3.3.1 指标权重及特征分析

运用Stata15.1对公共服务发展水平测度指标的权重、均值、标准差、最小值、最大值的计算见表3-12。

表3-12 安徽省公共服务发展水平测度指标权重及基本特征

指标	权重	均值	标准差	最小值	最大值
幼儿园生均教育经费	0.056	4329.700	1533.720	2754.280	7321.640
小学生生均教育经费	0.039	9800.590	1851.260	7049.210	11 976.870
初中生生均教育经费	0.040	13 263.410	2683.800	9423.270	16 641.940
幼儿园师生比	0.027	25.670	6.250	16.400	36.700
小学师生比	0.038	17.690	0.460	16.800	18.300
初中师生比	0.057	13.030	0.410	12.400	13.500
受教育年限	0.032	9.070	0.380	8.420	9.510
每万人口中高等教育人数	0.050	238.500	29.710	210.000	309.000
城镇人均医疗保健支出	0.038	1321.290	328.090	869.890	1891.200
农村人均医疗保健支出	0.058	926.950	411.270	510.060	1672.000
每万人口卫生技术人员数	0.046	51.750	10.610	39.440	71.210
医疗机构病床使用率	0.027	75.780	6.570	62.600	80.740
医疗机构出院者平均住院日	0.038	8.480	0.230	8.200	9.000
城镇登记失业率	0.026	3.020	0.370	2.460	3.700
居民基本养老保险参保率	0.029	56.560	0.740	55.260	57.490
城镇人均最低生活保障支出	0.039	5081.880	1191.610	3387.260	6744.120
农村人均最低生活保障支出	0.054	3075.510	1421.370	1471.430	5201.010
城镇人均教育文化娱乐消费支出	0.036	2263.480	456.320	1650.870	3170.200
农村人均教育文化娱乐消费支出	0.040	1049.820	502.940	376.660	1978.000

续表

指标	权重	均值	标准差	最小值	最大值
每万人拥有文化站数量	0.050	0.240	0.004	0.236	0.247
广播人口覆盖率	0.033	99.110	0.750	97.900	99.940
电视人口覆盖率	0.030	99.200	0.650	98.100	99.920
城乡人均可支配收入比	0.026	2.540	0.200	2.340	2.940
城乡人均消费支出比	0.028	1.960	0.460	1.510	2.850
城镇人均住房建筑面积	0.036	37.880	3.680	32.380	42.310
农村人均住房建筑面积	0.027	47.540	7.870	32.240	54.680

3.3.2 安徽省公共服务发展水平的总体特征

运用熵值法对安徽省公共服务总体发展水平的计算得分如图3-1所示，自2012年以来，安徽省公共服务发展水平呈现持续上升趋势，从2012年的0.228上升至2021年的0.881，增幅达到2.864倍。

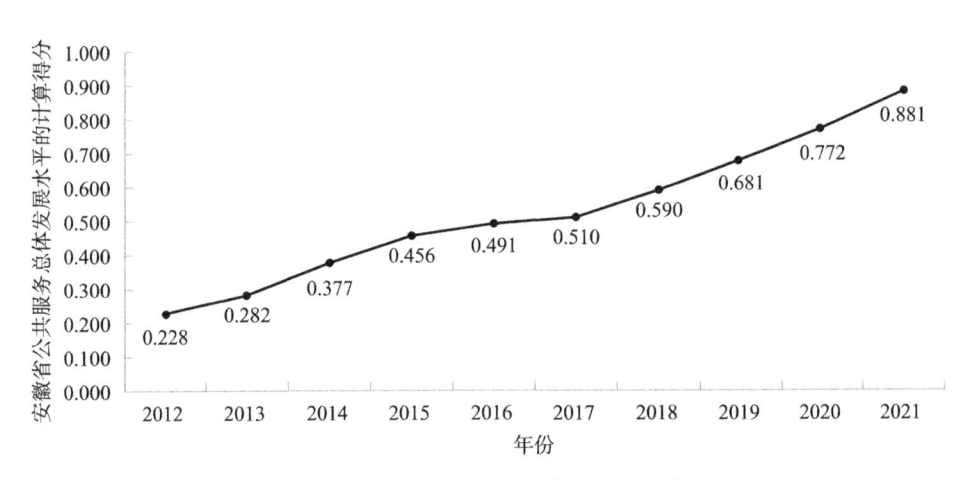

图3-1 安徽省公共服务总体发展水平变化情况

对安徽省公共教育发展水平、医疗卫生服务发展水平、社会保障发展水平、公共文化发展水平、收支与居住条件发展水平的测度结果见表3-13。由表3-13可知，公共教育发展水平得分从2012年的0.083提高至2021年的0.274，增幅为2.301倍；医疗卫生服务发展水平从2012年的0.063提高至2021年的0.170，增幅为1.698倍；社会保障发展水平从2012年的0.024提高至2021年的0.136，增幅为4.667倍；公共文化发展水平从2012年的0.041提高至2021年的0.185，增幅为3.512倍；收支与居住条件发展水平从2012年的0.019提高至2021年的0.116，增幅为5.105倍。按照得分增幅由高到低排序分别为收支与居住条件发展水平、社会保障发展水平、公共文化发展水平、公共教育发展水平、医疗卫生服务发展水平。

表3-13 安徽公共服务各系统层发展水平变化情况

年份	公共教育发展水平	医疗卫生服务发展水平	社会保障发展水平	公共文化发展水平	收支与居住条件发展水平
2012	0.083	0.063	0.024	0.041	0.019
2013	0.123	0.056	0.027	0.053	0.024
2014	0.137	0.070	0.038	0.062	0.066
2015	0.160	0.098	0.057	0.071	0.069
2016	0.167	0.087	0.076	0.080	0.080
2017	0.167	0.087	0.086	0.087	0.084
2018	0.173	0.097	0.106	0.112	0.104
2019	0.191	0.132	0.126	0.123	0.109
2020	0.221	0.145	0.137	0.157	0.114
2021	0.274	0.170	0.136	0.185	0.116
2012—2021年增长倍数	2.301	1.698	4.667	3.512	5.105

3.3.3 安徽省公共服务发展水平的分类分析

1. 公共教育发展水平分析

（1）义务教育经费发展水平分析。

2012—2021年安徽省义务教育经费得分的统计结果（表3-14）显示，幼儿园生均教育经费得分、小学生生均教育经费得分、初中生生均教育经费得分均呈现积极向好发展态势。幼儿园生均教育经费得分从2012年的0.006上升至2021年的0.056，增长了8.333倍；小学生生均教育经费得分从2012年的0.004上升至2021年的0.039，增长了8.750倍；初中生生均教育经费得分从2012年的0.004上升至2021年的0.040，增长了9.000倍。义务教育经费得分呈现持续上升走势，从2012年的0.014上升至2021年的0.135，增长了8.643倍。

表3-14 义务教育经费发展水平得分统计

年份	幼儿园生均教育经费得分	小学生生均教育经费得分	初中生生均教育经费得分	义务教育经费得分
2012	0.006	0.004	0.004	0.014
2013	0.006	0.008	0.009	0.023
2014	0.009	0.009	0.008	0.026
2015	0.012	0.018	0.017	0.047
2016	0.017	0.024	0.021	0.062
2017	0.020	0.026	0.025	0.071
2018	0.028	0.031	0.032	0.091
2019	0.034	0.037	0.036	0.107
2020	0.043	0.038	0.039	0.120
2021	0.056	0.039	0.040	0.135

(2)义务教育师生比发展水平分析。

2012—2021年安徽省义务教育师生比得分的统计结果(表3-15)显示,幼儿园师生比得分呈现持续上升态势,从2012年的0.003上升至2021年的0.027,增长了8.000倍;小学师生比得分呈现先降后升发展态势,从2012年的0.038下降至2018年的0.004,随后逐渐回升至2021年的0.024,2012—2021年共下降了36.842%;初中师生比得分呈现先升后降发展态势,从2012年的0.020上升至2014年的0.057,随后逐渐下降至2021年的0.006,2012—2021年共下降了70.000%。在上述3个指标的作用下,义务教育师生比得分呈现先升后降然后再上升的发展走势,2012—2021年共下降了6.557%。

表3-15 义务教育师生比发展水平得分统计

年份	幼儿园师生比得分	小学师生比得分	初中师生比得分	义务教育师生比得分
2012	0.003	0.038	0.020	0.061
2013	0.007	0.029	0.048	0.084
2014	0.011	0.022	0.057	0.090
2015	0.013	0.017	0.048	0.078
2016	0.016	0.013	0.039	0.068
2017	0.018	0.011	0.029	0.058
2018	0.019	0.004	0.020	0.043
2019	0.022	0.008	0.006	0.036
2020	0.024	0.011	0.006	0.041
2021	0.027	0.024	0.006	0.057

(3)受教育水平发展状况分析。

2012—2021年受教育水平得分的统计结果(表3-16)显示,受教育年限得分呈现持续上升态势，从2012年的0.003上升至2021年的0.032，增长了9.667倍；每万人口中高等教育人数得分呈现上升发展态势，从2012年的0.005上升至2021年的0.050，增长了9.000倍。在上述2个指标的促进下，受教育水平得分呈现持续上升的发展走势，2012—2021年共增长了9.250倍。

表3-16 受教育水平得分统计

年份	受教育年限得分	每万人口中高等教育人数得分	受教育水平得分
2012	0.003	0.005	0.008
2013	0.006	0.010	0.016
2014	0.010	0.011	0.021
2015	0.020	0.015	0.035
2016	0.025	0.012	0.037
2017	0.026	0.012	0.038
2018	0.027	0.012	0.039
2019	0.027	0.021	0.048
2020	0.028	0.032	0.060
2021	0.032	0.050	0.082

2.医疗卫生服务发展水平分析

（1）医疗卫生投入水平分析。

2012—2021年安徽省医疗卫生投入得分的统计结果（表3-17）显示，城镇人均医疗保健支出得分呈现先降后升的波动上升发展趋势，得分从2012年的0.013上升至2021年的0.038，增长了1.923倍；农村人均医疗保健支出得分从2012年的0.006上升至2021年的0.058，增长了8.667倍。医疗卫生投入得分呈现先降后升发展趋势，从2012年的0.019上升至2021年的0.096，增长了4.053倍。

表3-17 医疗卫生投入水平得分统计

年份	城镇人均医疗保健支出得分	农村人均医疗保健支出得分	医疗卫生投入得分
2012	0.013	0.006	0.019
2013	0.004	0.008	0.012
2014	0.007	0.010	0.017
2015	0.010	0.012	0.022
2016	0.017	0.018	0.035
2017	0.017	0.020	0.037
2018	0.022	0.022	0.044
2019	0.030	0.042	0.072
2020	0.029	0.048	0.077
2021	0.038	0.058	0.096

（2）医疗卫生产出水平分析。

2012—2021年安徽省医疗卫生产出水平得分的统计结果（表3-18）显示，每万人口卫生技术人员数得分呈现持续上升发展趋势，得分从2012年的0.005上升至2021年的0.046，增长了8.200倍；医疗机构病床使用率得分呈现波动下行走势，从2012年的0.026下降至2021年的0.003，降幅为88.462%；医疗机构出院者平均住院日得分从2012年的0.013波动上升至2021年的0.025，增长了0.923倍。医疗卫生产出得分呈现先升后降再升走势，从2012年的0.044变化至2021年的0.074，增长了0.682倍。

表3-18 医疗卫生产出水平得分统计

年份	每万人口卫生技术人员数得分	医疗机构病床使用率得分	医疗机构出院者平均住院日得分	医疗卫生产出得分
2012	0.005	0.026	0.013	0.044
2013	0.008	0.026	0.010	0.044
2014	0.011	0.027	0.015	0.053
2015	0.013	0.025	0.038	0.076
2016	0.016	0.024	0.012	0.052
2017	0.019	0.027	0.004	0.050
2018	0.022	0.023	0.008	0.053
2019	0.027	0.021	0.012	0.060
2020	0.041	0.006	0.021	0.068
2021	0.046	0.003	0.025	0.074

3.社会保障发展水平分析

（1）就业与参保发展水平分析。

2012—2021年安徽省就业与参保水平得分的统计结果（表3-19）显示，城镇登记失业率得分呈现波动上行发展趋势，得分从2012年的0.003上升至2021年的0.026，增长了7.667倍；居民基本养老保险参保率得分波动性较大，从2012年的0.012上升至2021年的0.018，增长了0.500倍。就业与参保得分整体呈现上升趋势，从2012年的0.015上升至2021年的0.044，增长了1.933倍。

表3-19 就业与参保水平得分状况统计

年份	城镇登记失业率得分	居民基本养老保险参保率得分	就业与参保得分
2012	0.003	0.012	0.015
2013	0.008	0.003	0.011

续表

年份	城镇登记失业率得分	居民基本养老保险参保率得分	就业与参保得分
2014	0.012	0.007	0.019
2015	0.014	0.017	0.031
2016	0.012	0.022	0.034
2017	0.018	0.018	0.036
2018	0.019	0.028	0.047
2019	0.022	0.029	0.051
2020	0.019	0.025	0.044
2021	0.026	0.018	0.044

（2）兜底保障发展水平分析。

2012—2021年安徽省兜底保障得分的统计结果（表3-20）显示，城镇人均最低生活保障支出得分与农村人均最低生活保障支出得分均呈现积极向好走势，得分分别从2012年的0.004和0.005上升至2021年的0.038和0.054，分别增长了8.500倍和9.800倍。兜底保障得分整体也呈现上升趋势，从2012年的0.009上升至2020年的0.093，2021年微幅下降至0.092，2012—2021年增长了9.222倍。

表3-20　兜底保障得分统计

年份	城镇人均最低生活保障支出得分	农村人均最低生活保障支出得分	兜底保障得分
2012	0.004	0.005	0.009
2013	0.008	0.008	0.016
2014	0.010	0.009	0.019
2015	0.014	0.012	0.026
2016	0.019	0.023	0.042

续表

年份	城镇人均最低生活保障支出得分	农村人均最低生活保障支出得分	兜底保障得分
2017	0.025	0.025	0.050
2018	0.027	0.032	0.059
2019	0.032	0.043	0.075
2020	0.039	0.054	0.093
2021	0.038	0.054	0.092

4.公共文化发展水平分析

（1）文化娱乐支出与设施供给发展水平分析。

2012—2021年安徽省文化娱乐支出与设施供给得分的统计结果（表3-21）显示，城镇人均教育文化娱乐消费支出得分呈现先降后升而后波动上行发展趋势，得分从2012年的0.010上升至2021年的0.036，增长了2.600倍；农村人均教育文化娱乐消费支出得分从2012年的0.004上升至2021年的0.040，增长了9.000倍；每万人拥有文化站数量得分从2012年的0.021上升至2021年的0.046，增长了1.190倍；文化娱乐支出与设施供给得分总体呈现持续上升态势，从2012年的0.035上升至2021年的0.122，增长了2.486倍。

表3-21 文化娱乐支出与设施供给得分统计

年份	城镇人均教育文化娱乐消费支出得分	农村人均教育文化娱乐消费支出得分	每万人拥有文化站数量得分	文化娱乐支出与设施供给得分
2012	0.010	0.004	0.021	0.035
2013	0.009	0.004	0.021	0.034
2014	0.004	0.012	0.021	0.037
2015	0.009	0.014	0.017	0.040
2016	0.016	0.017	0.013	0.046

续表

年份	城镇人均教育文化娱乐消费支出得分	农村人均教育文化娱乐消费支出得分	每万人拥有文化站数量得分	文化娱乐支出与设施供给得分
2017	0.019	0.020	0.009	0.048
2018	0.019	0.024	0.009	0.052
2019	0.028	0.029	0.005	0.062
2020	0.017	0.028	0.050	0.095
2021	0.036	0.040	0.046	0.122

（2）广播电视普及状况发展水平分析。

2012—2021年安徽省广播电视普及状况得分的统计结果（表3-22）显示，广播人口覆盖率得分和电视人口覆盖率得分均呈现持续增长趋势，得分从2012年的各0.003上升至2021年的0.033和0.030，分别增长了10.000倍和9.000倍。广播电视普及状况得分从2012年的0.006一路持续增长至2021年的0.063，增长了9.500倍。

表3-22 广播电视普及状况得分统计

年份	广播人口覆盖率得分	电视人口覆盖率得分	广播电视普及状况得分
2012	0.003	0.003	0.006
2013	0.009	0.010	0.019
2014	0.013	0.012	0.025
2015	0.016	0.015	0.031
2016	0.017	0.017	0.034
2017	0.020	0.019	0.039
2018	0.031	0.029	0.060
2019	0.032	0.029	0.061
2020	0.032	0.030	0.062
2021	0.033	0.030	0.063

5.收支与居住条件发展水平分析

（1）收支状况发展水平分析。

2012—2021年安徽省收支状况得分的统计结果（表3-23）显示，城乡人均可支配收入比得分呈现持续上升趋势，得分从2012年的0.003上升至2021年的0.026，增长了7.667倍；城乡人均消费支出比得分呈现波动性上升走势，得分从2012年的0.005上升至2021年的0.027，增长了4.400倍。收支状况得分呈现持续上升走势，得分从2012年的0.008上升至2021年的0.053，增长了5.625倍。

表3-23　收支状况得分统计

年份	城乡人均可支配收入比得分	城乡人均消费支出比得分	收支状况得分
2012	0.003	0.005	0.008
2013	0.006	0.003	0.009
2014	0.019	0.018	0.037
2015	0.020	0.020	0.040
2016	0.020	0.021	0.041
2017	0.020	0.021	0.041
2018	0.021	0.025	0.046
2019	0.022	0.026	0.048
2020	0.024	0.028	0.052
2021	0.026	0.027	0.053

（2）居住条件状况发展水平分析。

2012—2021年安徽省居住条件状况得分的统计结果（表3-24）显示，城镇人均住房建筑面积得分和农村人均住房建筑面积得分均呈现上升趋势，得分分别从2012年的0.004和0.007上升至2021年的0.036和0.027，分别增长了8倍和2.857倍。居住条件得分走势与前面指标走势相同，得分从2012年的0.011上升至2021年的0.063，增长了4.727倍。

表3-24 居住条件状况得分统计

年份	城镇人均住房建筑面积得分	农村人均住房建筑面积得分	居住条件得分
2012	0.004	0.007	0.011
2013	0.012	0.003	0.015
2014	0.013	0.016	0.029
2015	0.011	0.018	0.029
2016	0.018	0.021	0.039
2017	0.020	0.023	0.043
2018	0.033	0.025	0.058
2019	0.035	0.026	0.061
2020	0.035	0.027	0.062
2021	0.036	0.027	0.063

3.3.4 安徽省公共服务发展水平的时序特征分析

为了更好地展示安徽省公共服务发展水平的演进过程，本部分选取2012年、2015年、2018年、2021年数据进行分析，更为深入地比较不同要素层的动态发展历程。

1.公共教育发展水平的时序特征分析

安徽省公共教育发展水平的时序特征如图3-2所示。从中可以看出，义务教育经费、受教育水平最高的都是2021年，且均呈现持续上升态势。义务教育师生比水平呈现先升后降再升的发展趋势。随着时间的推移，从三者对公共教育发展水平贡献度来看，义务教育经费的贡献度最高，受教育水平的贡献度次之，义务教育师生比的贡献度最低。

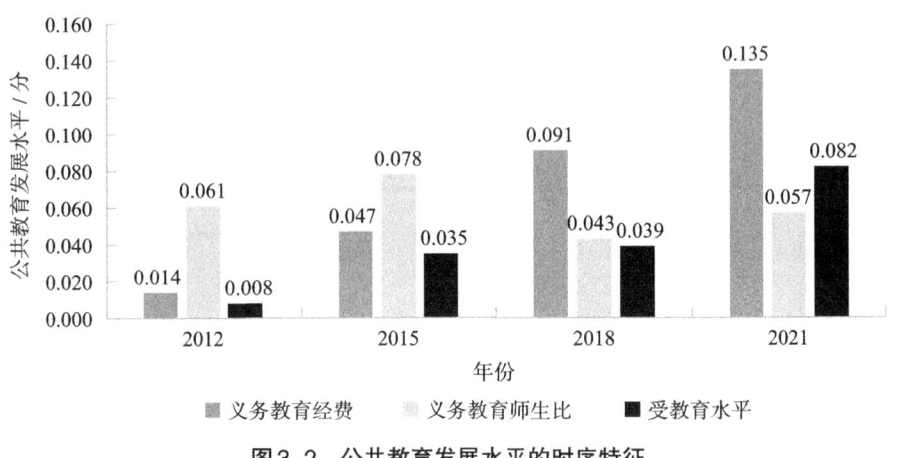

图3-2 公共教育发展水平的时序特征

2.医疗卫生服务发展水平的时序特征分析

安徽省医疗卫生服务发展水平的时序特征如图3-3所示。从中可以看出，医疗卫生投入水平呈现持续上升态势，从2012年的0.019上升至2021年的0.096。医疗卫生产出水平则呈现震荡上升走势，在2015年上升至最高水平后下降，在2021年的得分为0.074。随着时间的推移，医疗卫生投入水平对医疗卫生服务发展水平的贡献度高于医疗卫生产出水平。

3.社会保障发展水平的时序特征分析

安徽省社会保障发展水平的时序特征如图3-4所示。从中可以看出，就业与参保水平呈现先升后降发展态势，从2012年的0.015上升至2018年的0.047，后又降至2021年的0.044。兜底保障水平则保持持续上升走势，从2012年的0.009上升至2021年的0.092，从2018年开始在社会保障发展中的贡献度位居第一。

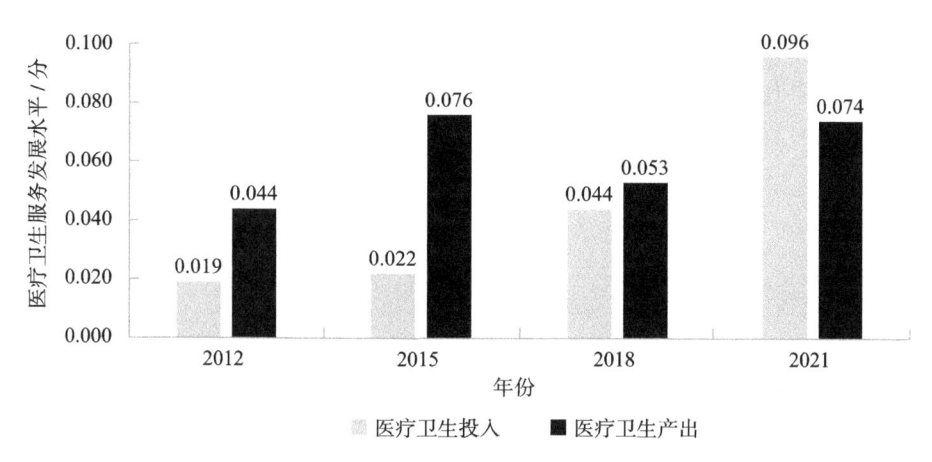

图3-3 医疗卫生服务发展水平的时序特征

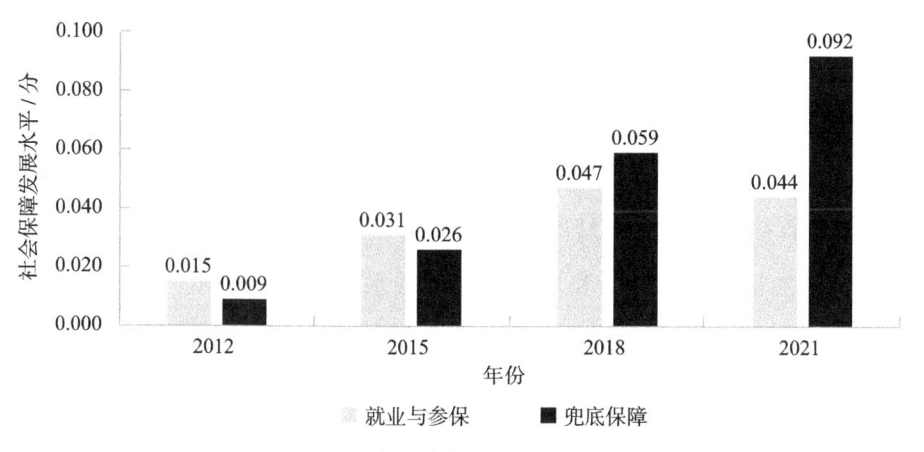

图3-4 社会保障发展水平的时序特征

4.公共文化发展水平的时序特征分析

安徽省公共文化发展水平的时序特征如图3-5所示。从中可以看出,文化娱乐支出与设施供给水平和广播电视普及状况水平均呈现逐年上升发展态势。在2018年,广播电视普及状况水平在公共文化发展中的贡献度高于文化娱乐支出与设施供给水平;在2021年,文化娱乐支出与设施供给水平的贡献度约为广播电视普及状况水平的2倍。

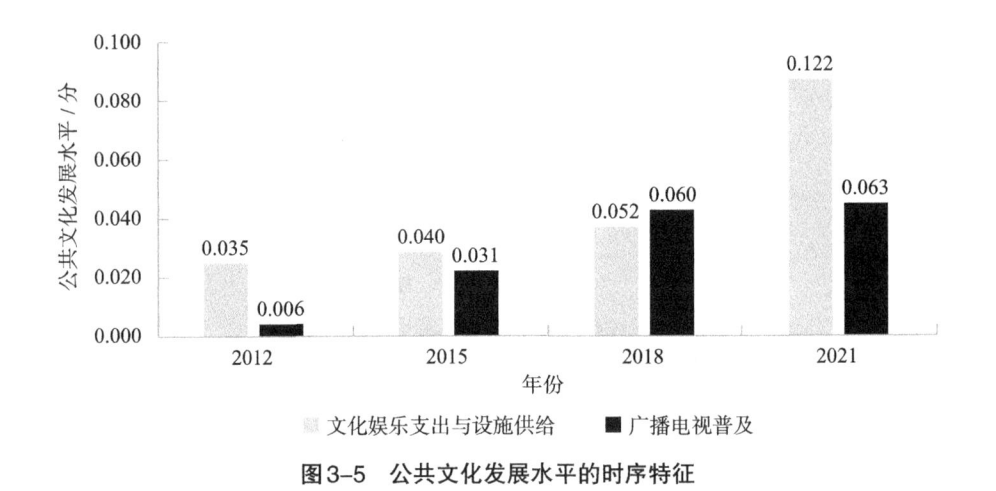

图3-5 公共文化发展水平的时序特征

5.收支与居住条件发展水平的时序特征分析

安徽省收支与居住条件发展水平的时序特征如图3-6所示。从中可以看出,收支状况发展水平和居住条件发展水平均呈现逐年上升发展态势。自2018年开始,居住条件发展水平的贡献度高于收支状况发展水平的贡献度。

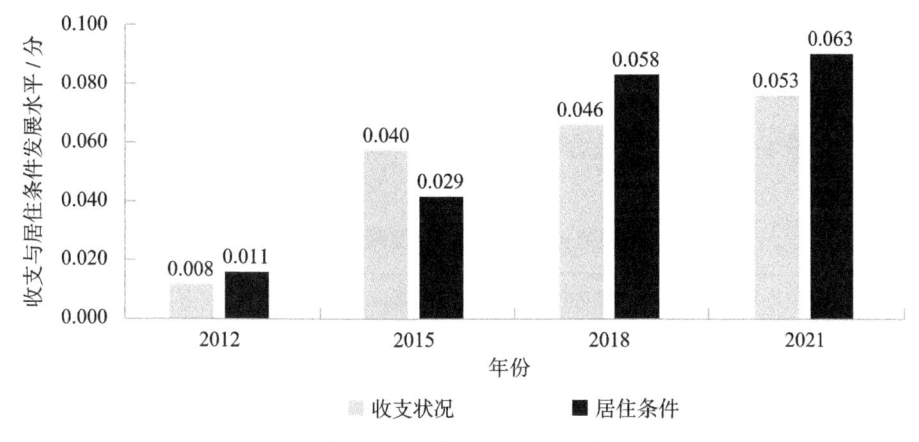

图3-6 收支与居住条件发展水平的时序特征

3.3.5 安徽省公共服务障碍度及障碍因子分析

1. 系统层障碍因子及障碍度分析

安徽省公共服务障碍度的统计结果（表3-25）显示，公共教育障碍度、医疗卫生服务障碍度、社会保障障碍度、公共文化障碍度、收支与居住条件障碍度总体呈现下行走势，反映出公共教育、医疗卫生服务、社会保障、公共文化、收支与居住条件均呈现积极向好发展态势。公共教育障碍度自2012年的1.326下降至2021年的0.242，降幅达到81.750%；医疗卫生服务障碍度自2012年的0.587下降至2021年的0.423，降幅达到27.939%；社会保障障碍度自2012年的0.752下降至2021年的0.106，降幅达到85.904%；公共文化障碍度自2012年的0.908下降至2021年的0.014，降幅达到98.458%；收支与居住条件障碍度自2012年的1.056下降至2021年的0.007，降幅达到99.337%。由表3-25可知，2012年公共服务主要障碍因子排序为公共教育、收支与居住条件、公共文化、社会保障、医疗卫生服务；2021年主要障碍因子排序则为医疗卫生服务、公共教育、社会保障、公共文化、收支与居住条件。由此可见，医疗卫生服务、公共教育已成为制约公共服务发展的主要因素。

表3-25 安徽省公共服务系统层障碍因子及障碍度

年份	公共教育障碍度	医疗卫生服务障碍度	社会保障障碍度	公共文化障碍度	收支与居住条件障碍度
2012	1.326	0.587	0.752	0.908	1.056
2013	1.135	0.626	0.751	0.794	1.040
2014	1.050	0.549	0.657	0.734	0.499
2015	0.879	0.453	0.515	0.656	0.449
2016	0.793	0.506	0.423	0.594	0.359
2017	0.766	0.496	0.357	0.539	0.315
2018	0.716	0.490	0.226	0.332	0.148
2019	0.606	0.377	0.110	0.268	0.103
2020	0.487	0.492	0.103	0.162	0.023
2021	0.242	0.423	0.106	0.014	0.007

2.要素层障碍因子及障碍度分析

为更好地展示安徽省公共服务发展进程中的障碍因子的变动情况，本部分依然选取2012年、2015年、2018年、2021年数据进行分析。囿于篇幅限制，本部分仅罗列排名前6位的障碍因子和障碍度数值，以展示要素层障碍因子及障碍度的发展变动情况。

由表3-26可知，2012年，义务教育经费、收支状况、广播电视普及状况3项指标的障碍度均在0.5及以上；居住条件、文化娱乐支出与设施供给的障碍度均在0.4以上；受教育水平的障碍度为0.388。这说明义务教育经费、收支状况、广播电视普及状况、居住条件、文化娱乐支出与设施供给、受教育水平等为制约安徽省公共服务发展的主要因子。

表3-26　安徽省公共服务要素层障碍因子及障碍度

年份	类别	第1位	第2位	第3位	第4位	第5位	第6位
2012	障碍因子	义务教育经费	收支状况	广播电视普及状况	居住条件	文化娱乐支出与设施供给	受教育水平
	障碍度	0.593	0.568	0.500	0.488	0.408	0.388
2015	障碍因子	义务教育经费	文化娱乐支出与设施供给	兜底保障	居住条件	医疗卫生投入	广播电视普及状况
	障碍度	0.410	0.376	0.296	0.283	0.281	0.280
2018	障碍因子	义务教育师生比	文化娱乐支出与设施供给	医疗卫生产出	医疗卫生投入	义务教育经费	受教育水平
	障碍度	0.367	0.307	0.301	0.189	0.182	0.167
2021	障碍因子	医疗卫生产出	义务教育师生比	就业与参保	文化娱乐支出与设施供给	收支状况	兜底保障
	障碍度	0.423	0.242	0.099	0.014	0.007	0.007

2015年，义务教育经费、文化娱乐支出与设施供给、兜底保障、居住条件、医疗卫生投入、广播电视普及状况6项指标成为制约安徽省公共服务发展的主要因素。与2012年相比，兜底保障、医疗卫生投入代替了收支状况和受教育水平。这说明安徽省公共服务发展需要更加关注低收入群体生活和居民医疗卫生服务状况。

2018年，义务教育师生比、文化娱乐支出与设施供给、医疗卫生产出、医疗卫生投入、义务教育经费、受教育水平6项指标成为制约安徽省公共服务发展的主要因素。与2015年相比，义务教育师生比、医疗卫生产出、受教育水平替代了兜底保障、居住条件、广播电视普及状况，成为制约安徽省公共服务发展的主要因素，这也说明公共服务发展需要着重关注教育、医疗卫生领域。

2021年，医疗卫生产出、义务教育师生比、就业与参保、文化娱乐支出与设施供给、收支状况、兜底保障6项指标成为制约安徽省公共服务发展的主要因素。相较于2018年，就业与参保、收支状况、兜底保障替代了医疗卫生投入、义务教育经费、受教育水平，成为制约安徽省公共服务发展的主要因素，这也说明重视社会保障建设和提升居民收入水平成为安徽省应关注的重点领域。

3. 指标层障碍因子及障碍度分析

对指标层障碍因子及障碍度的发展变动情况的梳理见表3-27，在此依然展示排名前6位的障碍因子。2012年，安徽省公共服务发展前6位的障碍因子为城乡人均可支配收入比、农村人均住房建筑面积、城乡人均消费支出比、电视人口覆盖率、受教育年限、广播人口覆盖率，障碍度最高为0.305，最低为0.246；2015年，安徽省公共服务发展前6位的障碍因子为城镇人均住房建筑面积、农村人均最低生活保障支出、城镇人均最低生活保障支出、城镇人均医疗保健支出、电视人口覆盖率、城镇人均教育文化娱乐消费支出，障碍度最高为0.172，最低为0.139；2018年，安徽省公共服务发展前6位的障碍因子为小学师生比、每万人拥有文化站数量、医疗机构出院者平均住院日、初中师生比、每万人口中高等教育人数、农村人均医疗保健支出，障碍度最高为0.169，最低为0.106；2021年，安徽省公共服务发展前6位的障碍因子为医疗机构病床使用率、初中师生比、居民基本养老保险参保率、小学师生比、医疗机构出院者平均住院日、每万人拥有文化站数量，障碍度最高为0.365，最低为0.014。从障碍度数值差距来看，排名第1位的障碍因子与排名第6位的障碍因子的障碍度差距最大者为2021年（差距为0.351），第2为2018年（差距为0.063），第3为2012年（差距为0.059），第4为2015年（差距为0.033）。

表3-27　安徽省公共服务指标层障碍因子及障碍度

年份	类别	第1位	第2位	第3位	第4位	第5位	第6位
2012	障碍因子	城乡人均可支配收入比	农村人均住房建筑面积	城乡人均消费支出比	电视人口覆盖率	受教育年限	广播人口覆盖率
	障碍度	0.305	0.263	0.263	0.254	0.247	0.246
2015	障碍因子	城镇人均住房建筑面积	农村人均最低生活保障支出	城镇人均最低生活保障支出	城镇人均医疗保健支出	电视人口覆盖率	城镇人均教育文化娱乐消费支出
	障碍度	0.172	0.152	0.144	0.144	0.142	0.139
2018	障碍因子	小学师生比	每万人拥有文化站数量	医疗机构出院者平均住院日	初中师生比	每万人口中高等教育人数	农村人均医疗保健支出
	障碍度	0.169	0.143	0.135	0.127	0.119	0.106
2021	障碍因子	医疗机构病床使用率	初中师生比	居民基本养老保险参保率	小学师生比	医疗机构出院者平均住院日	每万人拥有文化站数量
	障碍度	0.365	0.175	0.099	0.067	0.058	0.014

3.4 本章小结

本章运用宏观统计数据，从义务教育、医疗卫生、就业养老和生活保障、公共文化服务、城乡基础设施、居民收入和消费支出等方面对安徽省公共服务发展现状进行了分析。在参考相关研究成果基础上，构建了安徽省公共服务发展水平测度指标体系。采用熵值法对安徽省公共服务发展水平进行测度评价，运用障碍度分析模型探究安徽省公共服务发展面临的主要障碍因子。研究结果显示，自2012年以来，安徽省公共服务发展水平持续上升，从2012年的0.228上升至2021年的0.881，增幅达到2.864倍。通过对公共服务发展水平分类分析和公共服务发展水平的时序特征分析，展示了安徽省公共服务发展水平的演进过程。障碍度分析结果显示，2021年系统层障碍因子排序为医疗卫生服务、公共教育、社会保障障、公共文化、收支与居住条件；要素层障碍因子排序为医疗卫生产出、义务教育师生比、就业与参保、文化娱乐支出与设施供给、收支状况、兜底保障；指标层障碍因子排序为医疗机构病床使用率、初中师生比、居民基本养老保险参保率、小学师生比、医疗机构出院者平均住院日、每万人拥有文化站数量。

第4章 公众对公共服务发展状况的感知分析

公共服务关乎民生,连接民心。发展公共服务的最终目的就是增强人民群众的获得感和幸福感。为客观展示社会公众对安徽省公共服务发展状况的感知信息,促进安徽省公共服务持续健康发展,不断提升公共服务的均衡性和可及性水平,更好地满足人民群众日益增长的美好生活需要,课题组在梳理相关文献资料、组织多轮次专题研讨、制定调查问卷和实施数据采集的基础上,获取了安徽省公共服务发展现状数据。在研究中,利用调查数据,从个体层面分析公众对公共服务发展状况的感知信息,探究安徽省公共服务均衡性和可及性发展水平,为更好地促进公共服务发展提供实证支持。

4.1 数据来源与调查样本基本特征

4.1.1 数据来源

本部分采用数据是在2023年5至8月通过线上线下相结合方式获取的。在问卷设计方面,为确保数据的真实性和准确性,课题组在问卷题目设计方面进行了仔细推敲，紧扣公共服务均衡性和可及性两个主线组织问题设计，对标公共服务受众的主要需求和期望目标，对每一个问题的选项进行了反复推敲，完成了调查问卷的设计。

在组织问卷调查方面，为扩大样本量，尽可能在更广泛范围内进行问卷调查，课题组积极争取地方相关部门的支持进行了实地调研，并组织学生利用暑期回家的机会进行问卷调查，最终获得问卷735份。在问卷审核环节，课题组从以下3个方面对问卷进行了认真核查：①依据预调研阶段对问卷填写时间的统计，将填写问卷时间少于150秒的视为无效问卷；②对于受访者年龄小于18周岁的，考虑到年龄偏小可能带来认知较为感性的问题，视为无效问卷；③通过设置检验性题目，问卷填写者前后两次回答出现偏差的视为无效问卷。经课题组反复核查确认，最终获得有效问卷569份。问卷有效率为77.41%。

对调查样本来源地区的分析显示，样本覆盖安徽省16个地级市，各地级市样本数量见表4-1。其中，皖北地区249个样本，皖中地区183个样本，皖南地区137个样本。

表4-1 调查样本来源地区情况

序号	地区	数量	区域	序号	地区	数量	区域
1	蚌埠	23	皖北	6	宿州	110	皖北
2	淮南	59	皖北	7	黄山	22	皖南
3	淮北	13	皖北	8	池州	25	皖南
4	阜阳	19	皖北	9	宣城	13	皖南
5	亳州	25	皖北	10	芜湖	22	皖南

续表

序号	地区	数量	区域	序号	地区	数量	区域
11	马鞍山	22	皖南	14	滁州	19	皖中
12	铜陵	33	皖南	15	安庆	46	皖中
13	六安	18	皖中	16	合肥	100	皖中

对调查样本来源地区特征的分析见表4-2。来源于城市的受访者最多，来源于农村的次之，来源于县城和乡镇的数量相近。

表4-2 调查样本来源地区特征

序号	数量/人	占比/%
城市	334	58.70
县城	57	10.02
乡镇	55	9.67
农村	123	21.62

注：数值采取四舍五入方式计算，保留2位小数。

为检验问卷质量，采用SPSS软件对公共服务调查数据的检验结果显示，CRONBACH'S ALPHA系数为0.922，KMO值为0.895，说明问卷的信度和效度非常好，可以采用数据进行分析。

4.1.2 调查样本基本特征

1.受访者个体特征

在569个有效调查样本中，男性为272人，占比47.80%；女性为297人，占比52.20%。受访者中有209人为党员，占比为36.73%。受访者中年龄最小的为18岁，最大的为71岁，平均年龄为33.98岁。具体年龄分组情况见表4-3。

表4-3 受访者年龄情况

年龄分组	数量/人	占比/%
18~30岁	234	41.12
31~40岁	172	30.23
41~50岁	120	21.09
51~60岁	38	6.68
61~71岁	5	0.88

对受访者文化程度的统计结果（表4-4）显示，本科学历、研究生学历占比居前，分别为36.73%和32.69%。出现这种情形的原因是在调查中，采取手段之一就是组织学生利用暑期回家时间对家长进行访谈并填写问卷，许多学生在填写时直接将个人信息写成了自己的个人信息。

表4-4 受访者文化程度情况

学历层次	数量/人	占比/%
小学及以下	19	3.34
初中	46	8.08
高中及相关学历	36	6.33
大专	73	12.83
本科	209	36.73
研究生	186	32.69

2.受访者居住年限

对受访者居住年限的统计结果（表4-5）显示，54.31%的受访者在家庭所在地的居住年限在15年以上。

表4-5 调查居住年限情况

居住年限	数量/人	占比/%
不足半年	8	1.40
0.5~1年	21	3.69
1~2年	30	5.27
2~3年	28	4.92
3~5年	43	7.56
5~10年	67	11.78
10~15年	63	11.07
15年以上	309	54.31

3.受访者家庭规模与家庭收入

对受访者家庭成员数量的调查结果显示，家庭成员数量均值为4.31人；家庭人员规模最少者为2人，家庭人员规模最多者为10人。受访者中，有375人回答"家庭中有60岁以上老人"，占比为65.91%；有338人回答"家庭中有未满18周岁人员"，占比为59.40%。对受访者家庭收入情况的统计结果（表4-6）显示，受访者的收入分布比较分散。

表4-6 受访者家庭收入构成情况

收入等级	数量/人	占比/%
5000元以下	109	19.16

续表

收入等级	数量/人	占比/%
5000元~1万元	110	19.33
1.1万~1.5万元	45	7.91
1.6万~2万元	29	5.10
2.1万~3万元	33	5.80
3.1万~5万元	70	12.30
5.1万~10万元	98	17.22
10.1万~20万元	52	9.14
20万元以上	23	4.04

4.受访者其他特征

在关于"是否加入居住地的社区或村庄的微信群"的调查中，有333人回答"是"，占比为58.52%；在关于"家中是否有电脑"的调查中，有506人回答"有"，占比为88.93%；在关于"家中是否安装了固定宽带网络"的调查中，有532人回答"已安装"，占比为93.50%。

4.2 公共服务供给状况感知分析

4.2.1 义务教育供给状况感知分析

1.小学教育供给状况感知分析

（1）教学质量感知分析。

在关于"各小学教学质量情况"的调查中，去掉"不知道/不清楚/不便回答"选项的统计结果见表4-7。由此可见，认同各小学教学质量"差距比较小"和"基本没差距"的合计占比仅为19.35%;认为各小学教学质量"差距有一些"的占比为47.31%;认为各小学教学质量"差距比较大"和"差距非常大"的合计占比为33.34%。由此可以得出,各小学的教学质量差距还是较大的。

表4-7 各小学教学质量情况

选项	数量/人	占比/%
差距非常大	49	10.54
差距比较大	106	22.80
差距有一些	220	47.31
差距比较小	76	16.34
基本没差距	14	3.01
合计	465	100

(2)校园设施与教学条件感知分析。

在关于"校园设施与教学条件差距情况"的调查中,去掉"不知道/不清楚/不便回答"选项的统计结果见表4-8。数据显示,认为"差距比较小"和"基本没差距"的合计占比为24.37%;认为"差距有一些"的占比为44.54%;认为"差距非常大"和"差距比较大"的合计占比为31.09%。由此可知,受访者基本上都认为小学校园设施和教学条件存在一定程度的差距。

表4-8 校园设施与教学条件差距情况

选项	数量/人	占比/%
差距非常大	35	7.35
差距比较大	113	23.74

续表

选项	数量/人	占比/%
差距有一些	212	44.54
差距比较小	88	18.49
基本没差距	28	5.88
合计	476	100

（3）接送学生上学便利性感知分析。

在关于"接送小学生上学便利情况"的调查中，去掉"不知道/不清楚/不便回答"选项的统计结果见表4-9。调查数据显示，回答"比较便利"和"非常便利"的合计占比为62.39%；回答"非常不便利"和"比较不便利"的合计占比为11.17%。总体来看，对接送学生上学便利程度的评价相对于教学质量、校园设施与教学条件两个方面较好一些。

表4-9 接送小学生上学便利情况

选项	数量/人	占比/%
非常不便利	15	2.79
比较不便利	45	8.38
一般	142	26.44
比较便利	255	47.49
非常便利	80	14.90
合计	537	100

2.初中教育供给状况感知分析

（1）教学质量感知分析。

在关于"居住地各初中学校的教学质量情况"的调查中，去掉"不知道/

不清楚/不便回答"选项的统计结果见表4-10。由此可知，受访者认为各学校教学质量"差距比较小"和"基本没差距"的合计占比为15.48%，而回答"差距非常大"和"差距比较大"的合计占比达到40.43%。总体看，受访者普遍认为各初中学校的教学质量还是存在较大差距。

表4-10　各初中学校教学质量情况

选项	数量/人	占比/%
差距非常大	53	11.40
差距比较大	135	29.03
差距有一些	205	44.09
差距比较小	52	11.18
基本没差距	20	4.30
合计	465	100

（2）校园设施与教学条件感知分析。

在关于"各初中学校的校园设施与教学条件差距情况"的调查中，去掉"不知道/不清楚/不便回答"选项的统计结果见表4-11。认为初中校园设施与教学条件"差距比较小"和"基本没差距"的合计占比为22.86%；认为"差距非常大"和"差距比较大"的合计占比为32.27%。总体来说，受访者基本认为初中校园设施与教学条件方面存在一定程度的差距。

表4-11　初中校园设施与教学条件差距情况

选项	数量/人	占比/%
差距非常大	32	6.84
差距比较大	119	25.43
差距有一些	210	44.87

续表

选项	数量/人	占比/%
差距比较小	79	16.88
基本没差距	28	5.98
合计	468	100

（3）接送学生上学便利性感知分析。

在关于"居住地各个初中学校上学交通条件便利情况"的调查中，去掉"不知道/不清楚/不便回答"选项的统计结果见表4-12。由统计数据可知，有59.96%的受访者认为接送初中学生上下学"比较便利"和"非常便利"；认为"非常不便利"和"比较不便利"的占比为7.66%。总体看，受访者对于接送初中学生上学便利性方面的评价相对较好。

表4-12 接送初中生上学便利情况

选项	数量/人	占比/%
非常不便利	14	2.68
比较不便利	26	4.98
一般	169	32.38
比较便利	267	51.15
非常便利	46	8.81
合计	522	100

4.2.2 医疗服务供给状况感知分析

1.诊断治疗水平状况感知分析

在关于"居住所在地医疗卫生机构的诊断治疗水平评价"的调查中，去掉"不知道/不清楚/不便回答"选项的统计结果见表4-13。由此可知,回答"总体治疗水平比较好"和"总体治疗水平很好,完全能够满足居民需要"的合计占比为32.40%;回答"总体水平很低,远不能满足需要"和"总体水平较低"的合计占比为24.21%;回答"一般"的占比为43.39%。由此可见,对于医疗卫生机构的诊断治疗水平的评价总体相对偏低。

表4-13 居住所在地医疗卫生机构诊断治疗水平评价情况

选项	数量/人	占比/%
总体水平很低,远不能满足需要	34	6.33
总体水平较低	96	17.88
一般	233	43.39
总体治疗水平比较好	147	27.37
总体治疗水平很好,完全能够满足居民需要	27	5.03
合计	537	100

2.到达所在地较为满意的医疗卫生服务机构的便利情况分析

在关于"到达所在地较为满意的医疗卫生服务机构的便利情况"的调查中,去掉"不知道/不清楚/不便回答"选项的统计结果见表4-14。由统计数据可得,回答"比较便利"和"非常便利"的合计占比为51.56%;回答"一般"的占比为33.94%;回答"比较不便利"和"非常不便利,很费时间"的合计占比为14.50%。

表4-14 关于便利到达所在地较为满意的医疗卫生服务机构的评价

选项	数量/人	占比/%
非常不便利,很费时间	20	3.67

续表

选项	数量/人	占比/%
比较不便利	59	10.83
一般	185	33.94
比较便利	225	41.28
非常便利	56	10.28
合计	545	100

3.医疗卫生服务价格水平的评价情况

在关于"居住地医疗卫生服务价格水平评价"的调查中，去掉"不知道/不清楚/不便回答"选项的统计结果见表4-15。由统计数据可得，回答"价格比较合理，能够承受"和"感觉合理，基本能够承受"的合计占比为46.47%；回答"有点贵"的占比为31.81%；回答"非常贵，很难承受"和"比较贵"的合计占比为21.72%。

表4-15 居住地医疗卫生服务价格水平评价情况

选项	数量/人	占比/%
非常贵，很难承受	15	2.86
比较贵	99	18.86
有点贵	167	31.81
感觉合理，基本能够承受	194	36.95
价格比较合理，能够承受	50	9.52
合计	525	100

4.2.3 养老服务供给状况感知分析

1. 养老机构提供入住数量状况的感知分析

在关于"养老机构能够提供的入住数量充足情况"的调查中，去掉"不知道/不清楚/不便回答"选项的统计结果见表4-16。由统计数据可知，回答"比较充足"和"完全充足"的合计占比为22.62%；回答"完全不充足，仅能容纳很少的老人入住"和"比较不充足"的合计占比为29.18%；回答"一般"的占比最多，达到48.20%。

表4-16 养老机构提供入住数量充足情况

选项	数量/人	占比/%
完全不充足，仅能容纳很少的老人入住	28	9.18
比较不充足	61	20.00
一般	147	48.20
比较充足	59	19.34
完全充足	10	3.28
合计	305	100

2. 养老机构服务质量状况感知分析

在关于"养老机构提供服务质量满足老年人期望程度"的调查中，去掉"不知道/不清楚/不便回答"选项的统计结果见表4-17。认为养老机构服务质量"比较能满足期望"和"完全能满足期望"的合计占比为19.39%；回答"完全不能满足期望"和"比较不能满足期望"的合计占比为29.10%；回答

"一般"的占比为51.51%。由此可见，受访者对养老服务机构服务质量的评价总体较低。

表4-17 养老机构提供服务质量满足老年人期望情况

选项	数量/人	占比/%
完全不能满足期望	22	7.36
比较不能满足期望	65	21.74
一般	154	51.51
比较能满足期望	48	16.05
完全能满足期望	10	3.34
合计	299	100

3.养老机构收费情况感知分析

在关于"养老机构收费情况"的调查中，去掉"不知道/不清楚/不便回答"选项的统计结果见表4-18。认为"感觉合理，基本能够承受"和"价格比较合理，能够承受"的合计占比为32.16%；认为"非常贵，很难承受""比较贵""有点贵"的占比分别为7.49%、22.91%、37.44%。

表4-18 养老机构收费情况

选项	数量/人	占比/%
非常贵，很难承受	17	7.49
比较贵	52	22.91
有点贵	85	37.44
感觉合理，基本能够承受	61	26.87
价格比较合理，能够承受	12	5.29
合计	227	100

4.2.4 居住服务状况感知分析

1.居住价格状况感知分析

在关于"居住所在地的住房（租房）价格情况"的调查中，去掉"不知道/不清楚/不便回答"选项的统计结果见表4-19。由统计数据可知，认为"感觉合理，基本能够承受"和"价格比较合理，能够承受"的受访者占比为48.43%；回答"非常贵，很难承受""比较贵""有点贵"的占比分别为5.64%、16.49%和29.44%。

表4-19 居住所在地的住房（租房）价格情况

选项	数量/人	占比/%
非常贵，很难承受	27	5.64
比较贵	79	16.49
有点贵	141	29.44
感觉合理，基本能够承受	175	36.53
价格比较合理，能够承受	57	11.90
合计	479	100

2.居住环境管护情况

在关于"所在小区（村庄）电梯维修保养、道路、绿化、卫生情况"的调查中，去掉"不知道/不清楚/不便回答"选项的统计结果见表4-20。回答"比较好"和"非常好"的合计占比为36.45%；回答"一般"的受访者占比为48.15%；回答"很不好，维修管理、卫生清理、绿化等很不及时"和"比较不好"的合计占比为15.40%。

表4-20 所在小区（村庄）电梯维修保养、道路、绿化、卫生情况

选项	数量/人	占比/%
很不好，维修管理、卫生清理、绿化等很不及时	36	7.02
比较不好	43	8.38
一般	247	48.15
比较好	161	31.38
非常好	26	5.07
合计	513	100

4.2.5 就业服务状况感知分析

1.就业环境评价情况

在关于"所在地就业环境评价情况"的调查中，去掉"不知道/不清楚/不便回答"选项的统计结果见表4-21。由统计数据可得，受访者回答"比较满意"和"非常满意"的合计占比为24.66%；回答"很不满意"和"比较不满意"的合计占比为23.47%；回答"一般"的占比为51.87%。

表4-21 所在地就业环境评价情况

选项	数量/人	占比/%
很不满意	30	5.92
比较不满意	89	17.55
一般	263	51.87
比较满意	116	22.88
非常满意	9	1.78
合计	507	100

2.创业环境情况分析

在关于"居住所在地创业环境情况"的调查中,去掉"不知道/不清楚/不便回答"选项的统计结果见表4-22。受访者回答"比较满意"和"非常满意"的合计占比为18.99%;回答"很不满意"和"比较不满意"的合计占比为26.93%;回答"一般"的占比为54.08%。

表4-22 居住所在地创业环境情况

选项	数量/人	占比/%
很不满意	27	5.96
比较不满意	95	20.97
一般	245	54.08
比较满意	75	16.56
非常满意	11	2.43
合计	453	100

3.就业创业举措力度

在关于"居住所在地支持就业创业的举措力度"的调查中,去掉"不知道/不清楚/不便回答"选项的统计结果见表4-23。受访者回答"支持力度比较大"和"支持力度很大"的合计占比为29.30%;回答"支持力度很小"和"支持力度比较小"的合计占比为24.70%;回答"一般"的占比为46.00%。

表4-23 居住所在地支持就业创业的举措力度情况

选项	数量/人	占比/%
支持力度很小	41	9.93
支持力度比较小	61	14.77

续表

选项	数量/人	占比/%
一般	190	46.00
支持力度比较大	97	23.49
支持力度很大	24	5.81
合计	413	100

4.2.6 运动休闲设施供给情况分析

1.运动休闲设施供给状况分析

在关于"居住地的公园/绿地/运动场/体育馆等居民运动休闲场所的运动设施数量情况"的调查中，去掉"不知道/不清楚/不便回答"选项的统计结果见表4-24。回答"数量较多，基本能满足居民需要"和"数量充足，完全能满足居民需要"的合计占比为38.87%；回答"数量很少，根本不能满足需要"和"数量比较少"的合计占比为25.66%；回答"数量一般"的占比为35.47%。

表4-24 居住地的公园/绿地/运动场/体育馆等居民运动休闲场所的运动设施数量情况

选项	数量/人	占比/%
数量很少，根本不能满足需要	40	7.55
数量比较少	96	18.11
数量一般	188	35.47
数量较多，基本能满足居民需要	177	33.40
数量充足，完全能满足居民需要	29	5.47
合计	530	100

2.到达运动休闲设施的便利程度分析

在关于"从居住地到达公园/绿地/运动场/体育馆等便利情况"的调查中,去掉"不知道/不清楚/不便回答"选项的统计结果见表4-25。回答"比较便利"和"非常便利"的合计占比为51.93%;回答"非常不便利,很费时间"和"比较不便利"的合计占比为17.50%;回答"一般"的占比为30.57%。

表4-25 从居住地到达公园/绿地/运动场/体育馆等便利情况

选项	数量/人	占比/%
非常不便利,很费时间	33	6.08
比较不便利	62	11.42
一般	166	30.57
比较便利	233	42.91
非常便利	49	9.02
合计	543	100

4.2.7 文化设施供给状况感知分析

1.文化设施供给数量状况感知分析

在关于"居住地提供居民阅读学习的图书馆/阅览室/农家书屋等数量充足情况"的调查中,去掉"不知道/不清楚/不便回答"选项的统计结果见表4-26。受访者回答"比较充足"和"非常充足"的合计占比为23.37%;回答"非常少"和"比较少"的合计占比为44.92%;回答"一般"的占比为31.71%。

表4-26 居住地提供居民阅读学习的图书馆/阅览室/农家书屋等数量充足情况

选项	数量/人	占比/%
非常少	92	18.70
比较少	129	26.22
一般	156	31.71
比较充足	102	20.73
非常充足	13	2.64
合计	492	100

2.文化设施到达便利性感知分析

在关于"居住地提供居民阅读学习的图书馆/阅览室/农家书屋等方便到达情况"的调查中,去掉"不知道/不清楚/不便回答"选项的统计结果见表4-27。由统计数据可得,回答"比较便利"和"非常便利"的合计占比为33.12%;回答"非常不便利,很费时间"和"比较不便利"的合计占比为27.75%;回答"一般"的占比为39.13%。

表4-27 居住地提供居民阅读学习的图书馆/阅览室/农家书屋等方便到达情况

选项	数量/人	占比/%
非常不便利,很费时间	52	10.77
比较不便利	82	16.98
一般	189	39.13
比较便利	134	27.74
非常便利	26	5.38
合计	483	100

4.2.8 政府部门服务状况感知分析

1. 工作效率满意度感知分析

在关于"对居住地政府部门工作效率满意情况"的调查中,去掉"不知道/不清楚/不便回答"选项的统计结果见表4-28。回答"比较满意"和"非常满意"的合计占比为39.76%;回答"非常不满意"和"比较不满意"的合计占比为11.70%;回答"一般"的占比为48.54%。

表4-28 对居住地政府部门工作效率满意情况

选项	数量/人	占比/%
非常不满意	16	3.12
比较不满意	44	8.58
一般	249	48.54
比较满意	181	35.28
非常满意	23	4.48
合计	513	100

2. 服务态度感知分析

在关于"对居住地政府部门服务态度满意情况"的调查中,去掉"不知道/不清楚/不便回答"选项的统计结果见表4-29。回答"比较满意"和"非常满意"的合计占比为42.08%;回答"非常不满意"和"比较不满意"的合计占比为9.65%;回答"一般"的占比为48.26%。

表4-29 对居住地政府部门服务态度满意情况

选项	数量/人	占比/%
非常不满意	20	3.86
比较不满意	30	5.79
一般	250	48.26
比较满意	191	36.87
非常满意	27	5.21
合计	518	99.99

注：数值采取四舍五入方式计算，保留2位小数，因此存在合计占比不等于100%的情况。

4.2.9 周围环境整体满意度感知分析

在关于"对居住地周围自然环境满意情况"的调查中，去掉"不知道/不清楚/不便回答"选项的统计结果见表4-30。回答"比较满意"和"非常满意"的合计占比为49.36%；回答"非常不满意"和"比较不满意"的合计占比为10.17%；回答"一般"的占比为40.47%。

表4-30 对居住地周围自然环境满意情况

选项	数量/人	占比/%
非常不满意	12	2.18
比较不满意	44	7.99
一般	223	40.47
比较满意	229	41.56
非常满意	43	7.80
合计	551	100

4.3 公共服务均衡性与可及性分析

党的二十大报告针对公共服务提出"健全基本公共服务体系，提高公共服务水平，增强均衡性和可及性，扎实推进共同富裕""促进优质医疗资源扩容和区域均衡布局""强化就业优先政策，健全就业促进机制，促进高质量充分就业""优化人口发展战略，建立生育支持政策体系，降低生育、养育、教育成本。实施积极应对人口老龄化国家战略，发展养老事业和养老产业，优化孤寡老人服务，推动实现全体老年人享有基本养老服务。为扎实推进公共服务高质量发展，在2022年1月发布的《"十四五"公共服务规划》中提出了"促进优秀骨干教师在学校间均衡配置""均衡发展优质医疗服务。聚焦重点人群健康需求，提升全方位全生命周期健康服务与保障能力，促进医疗卫生服务公平可及、系统连续""实现基本公共服务均等化水平明显提高。地区、城乡、人群间的基本公共服务供给差距明显缩小，实现均等享有、便利可及"。由此可以看出，提升公共服务均衡性和可及性，以此促进公共服务高质量发展将是未来较长时间内公共服务发展的主线。

为此，本部分重点从"均衡性""可及性"两个维度对公共服务发展状况进行分析，分析公众对公共服务发展质量的评价，为促进公共服务发展提供决策支持。

关于公共服务"均衡性"与"可及性"的内涵，高小平认为公共服务的均衡性应从结果的均衡性和过程的均衡性两个方面考虑[137]。邹维认为，均衡的本质主要体现在结果均衡、尊重差异和兼顾效能三大特征上[138]。学术界对可及性的研究多从可达性、可获得性、可利用性、可接受性、可适应性等维度进行评价[139-141]。

基本公共服务是保障全体人民生存与发展基本需要，与经济社会发展水平相适应的公共服务，也是共同富裕的重要标志之一，体现均等享有、公平可及目标是其内在要求。考虑到公共服务均衡性维度和可及性维度的不同内涵界定，本部分以调查样本某项指标的均值得分表征该项公共服务在该指标上的发展质量，以此刻画该项指标表征的公共服务均衡性和可及性水平。

4.3.1 义务教育均衡性与可及性分析

对小学和初中义务教育阶段的均衡性与可及性分析（表4-31）可知，在对教学质量、校园设施与教学条件、接送学生上学便利性方面，小学教育评价得分均高于初中教育评价得分。这说明在教学质量、校园设施与教学条件两个均衡性指标方面，小学教育均衡性水平都高于初中教育均衡性水平。在表征可及性的指标方面，小学教育的水平也高于初中教育。

表4-31 义务教育均衡性与可及性情况

代表意义	项目	小学教育得分均值	初中教育得分均值
均衡性	教学质量	2.78	2.68
均衡性	校园设施与教学条件	2.92	2.90
可及性	接送学生上学便利性	3.63	3.58

4.3.2 医疗与养老服务均衡性与可及性分析

由医疗卫生服务和养老服务的均衡性与可及性分析结果（表4-32）可知，在表征均衡性的指标方面，医疗卫生服务项目的得分均高于养老服务项目的得分。在表征可及性水平的指标上，都选取了对"服务价格的评价"，其中对"医疗卫生服务价格水平"的评分为3.31，对"养老机构收费情况"的评分为3.00。由此可见，医疗卫生服务相对于养老服务来说，其均衡性与可及性水平较高一些。

表4-32 医疗服务与养老服务均衡性与可及性情况

代表意义	医疗卫生服务项目	得分均值	养老服务项目	得分均值
均衡性	诊断治疗水平	3.07	养老机构提供入住数量状况	2.88
均衡性	到达所在地较为满意的医疗卫生服务机构的便利性	3.44	养老机构服务质量状况	2.86
可及性	医疗卫生服务价格水平	3.31	养老机构收费情况	3.00

4.3.3 居住服务均衡性与可及性分析

对居住条件的均衡性与可及性的统计数据（表4-33）显示，在表征可及性的指标"居住价格状况"方面，得分为3.33；在表征均衡性的指标"居住环境管护情况"方面，得分为3.19。

表4-33 居住条件均衡性与可及性情况

代表意义	项目	得分均值
可及性	居住价格状况	3.33
均衡性	居住环境管护情况	3.19

4.3.4 就业创业均衡性与可及性分析

对就业创业均衡性与可及性数据的统计（表4-34）显示，在表征均衡性的指标"就业环境评价""创业环境评价"方面，得分均值分别为2.97和2.89；在表征可及性的指标"就业创业举措力度"方面，得分为3.00。由此可见，就业创业的均衡性水平和可及性水平均较低。

表4-34 就业创业均衡性与可及性情况

代表意义	项目	得分均值
均衡性	就业环境评价	2.97
均衡性	创业环境评价	2.89
可及性	就业创业举措力度	3.00

4.3.5 运动休闲设施与文化设施的均衡性与可及性分析

对运动休闲设施与文化设施的均衡性与可及性的统计见表4-35。在均衡性和可及性方面，运动休闲设施供给状况均高于文化设施供给状况，但从得分数值来看都相对较低。由此可见，运动休闲设施和文化设施的供给数量和供给质量均较低，尤其是文化设施供给水平相对更为弱势。

表4-35 运动休闲设施与文化设施均衡性与可及性情况

代表意义	项目	得分均值
均衡性	运动休闲设施供给状况	3.11
可及性	到达运动休闲设施的便利程度	3.37
均衡性	文化设施供给状况	2.62
可及性	到达文化设施的便利程度	3.00

4.4 本章小结

本章运用微观调查数据从义务教育、医疗服务、养老服务、居住条件、就业服务、运动休闲设施、文化设施、政府部门服务等方面分析了公众对公共服务供给状况的感知信息，并对义务教育均衡性与可及性水平、医疗卫生服务与养老服务均衡性与可及性水平、居住条件均衡性与可及性水平、就业创业均衡性与可及性水平、运动休闲设施与文化设施的均衡性与可及性水平进行了分析。总体看，安徽省公共服务发展水平距离满足公众需要还有较大差距，公共服务均衡性与可及性发展水平相对偏低。具体来说，义务教育的可及性水平高于均衡性水平，医疗卫生服务的均衡性与可及性水平高于养老服务的均衡性与可及性水平，运动休闲设施的均衡性与可及性水平高于文化设施的均衡性与可及性水平，就业创业的均衡性与可及性水平相对偏低，居住条件的均衡性与可及性水平相对较好。这也说明，安徽省公共服务发展水平在各个维度距离居民需求还存在不同的差距。在实践中，要重视公共服务供给数量的增加，更要重视公共服务供给质量的提升，要以"供给—需求精准匹配"的指导原则推进教育、医疗、养老等公共服务的发展。在公共服务发展中，既要坚定不移地提升基本公共服务均等化水平，更要推动公共服务发展与居民需求紧密衔接，重点以满足居民生活需求和促进居民获得感和幸福感提升为导向强化公共服务供给。

第5章 安徽省义务教育数字化教学能力和教学资源共建共享水平分析

义务教育作为基本公共教育服务,是我国教育公平的基石。党的二十大报告明确提出"加快义务教育优质均衡发展和城乡一体化,优化区域教育资源配置"。建设互联互通和共建共享的数字教育资源平台体系、提升教师数字素养和信息技术应用能力作为保障义务教育优质均衡发展的重要举措,在推进城乡义务教育均衡发展中发挥着越来越重要的作用。如何提升义务教育阶段教师的数字化教学能力和数字化教学资源共建共享水平也逐渐成为推进公共教育高质量发展的重点课题。

5.1 文献梳理与数据来源

5.1.1 文献梳理

数字化教学在丰富教学内容、提高教学效率、促进互动学习方面发挥着越来越重要的作用。通过提升数字化教学水平来推动义务教育阶段学校的教育教学深化改革进程,进而实现城乡教育教学均衡发展,成为当前推动义务教育高质量发展的重要手段。如何推动数字化教学水平的持续提升，加快推进数字化教学资源的共建共享进程，也逐渐成为教育部门和学术界重点关注的课题。在数字化教学发展面临的困境与原因的研究方面，宋维虎将其归结为数字化基础设施建设不足、数字化教学应用机会不均衡、教师数字化教学水平相对较低等[142]，廉雪冰等认为制约数字化教学发展的主要问题是数字化教育资源的共享共建水平偏低[143]。在影响数字化教学效果因素的研究方面，赵宏等研究认为在线学习条件、在线学习认同度、自主学习能力是主要因素[144]。郑磊等认为家庭接入互联网能够极大提升学生的认知能力，对促进数字化教学水平提升有很好地促进作用[145]。在提升数字化教学水平策略的研究方面，马威等认为应该重点关注数字化教育职能的认同和提升[146]，张辉蓉等认为需要加强数字信息设备接入、提升师生数字使用素养和信息技术能力[147]。吕飞等认为需要从课程平台整合、课程体系建设和考核体系建设等方面构筑支撑条件[148]，卢春等认为应加强数字化教学设施建设，夯实数字化教学根基，建设数字化教学发展的保障机制[149]。

综上，学术界在数字化教学领域进行了较为扎实的研究，但也存在许多值得深入研究的领域：一是对数字化教学与数字化教学资源的共建共享研究多是宏观层面的理论阐述，结合具体区域或采用微观调查数据的研究较为缺乏；二是对数字化教学现状和数字化教学资源共建共享的研究不够细化，对影响因素的分析也需进一步深化。鉴于此，课题组以宿州市义务教育阶段学校为研究对象，通过问卷调查的方式获取小学教师和初中教师对数字化教学发展现状的认知信息，展示小学和初中数字化教学发展现实特征，分析影响数字化教学发展的因素，提出促进小学和初中教师数字化教学水平提升和数字化教学资源共建共享的对策建议,为推动义务教育均衡发展提供参考借鉴。

5.1.2 数据来源

本书采用的数据来源于课题组在2023年4至5月开展的网络问卷调查。在问卷设计方面,为确保数据的真实性和准确性,课题组在问卷题目设计方面进行了仔细推敲,紧扣数字化教学主题组织设计,对标数字化教学的目标和内容,对每一个问题的选项进行了反复推敲。在问卷调查方面,为扩大样本量,尽可能在更广泛范围内进行问卷调查,课题组积极争取宿州市教育主管部门的支持,促使能够在市县镇村不同区域学校进行广泛调查。在问卷审核方面,课题组针对获取的问卷进行了认真核查,最终获得有效问卷1369份,其中小学教师调查样本量为1046份,初中教师调查样本量为323份。

5.2 数字化教学能力和教学资源共建共享水平状况分析

5.2.1 小学数字化教学能力和教学资源共建共享水平描述分析

1.受访者基本特征

对调查数据的统计显示,受访者中男性为308人,女性为738人。年龄分布方面,35岁以下的受访者为357人,占比为34.13%;36~45岁的受访者为312人,占比为29.83%;46~50岁的受访者为166人,占比为15.89%;51~

60岁的受访者为211人，占比为20.17%。受教育程度方面，中专与大专学历的受访者为387人，占比为37.00%；本科学历的受访者为654人，占比为62.52%；其他受访者为硕士研究生学历。教学年限方面，教学年限在3年以下的受访者为159人，占比为15.20%；教学年限为3~5年的受访者有102人，占比为9.75%；教学年限为5~10年的受访者有110人，占比为10.5%；教学年限为10~15年的受访者有44人，占比为4.21%；教学年限在15年以上的受访者有631人，占比为60.32%。从受访者任教学校所处位置看，在农村小学任教的有265人，占比为25.33%；在乡镇小学任教的有181人，占比为17.30%；在县城小学任教的有114人，占比为10.90%；在城区小学任教的有486人，占比为46.46%。

2.数字化教学设施建设状况分析

对计算机数量和质量满足教学需要的评价结果（表5-1）显示，152名受访者回答"完全不能满足教学需要"，占比为14.5%；127名受访者回答"比较不能满足教学需要"，占比为12.1%；380名受访者回答"一般"，占比最多，为36.3%；265名受访者回答"比较能满足教学需要"，占比为25.3%；122名受访者回答"完全能满足教学需要"，占比为11.7%。

对教室数字化教学设施满足教学需要的评价结果（表5-1）显示，62名受访者回答"完全不能满足教学需要"，占比为5.9%；76名受访者回答"比较不能满足教学需要"，占比为7.3%；276名受访者回答"一般"，占比为26.4%；362名受访者回答"比较能满足教学需要"，占比最多，为34.6%；270名受访者回答"完全能满足教学需要"，占比为25.8%。

表5-1 数字化教学设施建设状况评价

评价维度	计算机数量和质量满足教学需要的评价结果		教室数字化教学设施满足教学需要的评价结果	
	受访者数量/个	百分比/%	受访者数量/个	百分比/%
完全不能满足教学需要	152	14.5	62	5.9
比较不能满足教学需要	127	12.1	76	7.3
一般	380	36.3	276	26.4
比较能满足教学需要	265	25.3	362	34.6
完全能满足教学需要	122	11.7	270	25.8

总体看，受访者对教室数字化教学设施满足教学需要的评价结果高于对计算机数量和质量满足教学需要的评价结果。

对校园网络信号覆盖情况的分析中，为避免受访者在选择不同等级上过于分散的问题，此处将回答"没有网络"和"网络仅能覆盖校园小部分场所"的两类样本归入"较差"等级；将回答"网络能覆盖校园一半左右场所"的样本归入"一般"等级；将回答"网络能覆盖校园大部分场所"和"网络能完全覆盖校园全部场所"的两类样本归入"较好"等级。对网络信号稳定性状况的评价中，同样采取将选择"很不好"和"比较不好"两个等级的样本归入"较差"等级；选择"一般"的等级保持不变；将选择"比较好"和"非常好"的样本归入"较好"等级。

评价结果（表5-2）显示，关于校园网络信号覆盖情况评价，117名受访者反映"较差"，占比为11.2%；76名受访者反映"一般"，占比为7.3%；853名受访者反映"较好"，占比为81.5%。对网络信号稳定性情况评价的统计结果显示，反映"较差"的样本有97人，占比为9.3%；反映"一般"的样本有462人，占比为44.2%；反映"较好"的样本有487人，占比为46.6%。

表5-2 网络信号覆盖及稳定性情况评价

评价维度	校园网络信号覆盖情况评价		网络信号稳定性情况评价	
	受访者数量/个	百分比/%	受访者数量/个	百分比/%
较差	117	11.2	97	9.3
一般	76	7.3	462	44.2
较好	853	81.5	487	46.6

3. 数字化教学能力状况分析

在对教师数字化教学资料制作能力的评价（表5-3）中，有49名受访者回答"完全不具备"，占比为4.7%；有101名受访者回答"比较不具备"，占比为9.7%；567名受访者回答"一般"，占比为54.2%；245名受访者回答"比较具备"，占比为23.4%；84名受访者回答"完全具备"，占比为8.0%。

表5-3 数字化教学能力状况评价

评价维度	教师数字化教学资料制作能力的评价		教师使用网络获取教学资源能力的评价	
	受访者数量/个	百分比/%	受访者数量/个	百分比/%
完全不具备	49	4.7	29	2.8
比较不具备	101	9.7	47	4.5
一般	567	54.2	565	54.0
比较具备	245	23.4	339	32.4
完全具备	84	8.0	66	6.3

在对教师使用网络获取教学资源能力的评价（表5-3）中，有29名受访者回答"完全不具备"，占比为2.8%；有47名受访者回答"比较不具备"，占比为4.5%；565名受访者回答"一般"，占比为54.0%；339名受访者回答"比较具备"，占比为32.4%；66名受访者回答"完全具备"，占比为6.3%。

4.数字化教学资源共建共享情况分析

在关于"与本校教师共建共享数字化教学资源情况"的调查（表5-4）中，有60名受访者回答"从未有过"，占比为5.7%；有215名受访者回答"很少"，占比为20.6%；140名受访者回答"比较少"，占比为13.4%；412名受访者回答"一般"，占比为39.4%；184名受访者回答"比较多"，占比为17.6%；35名受访者回答"很多"，占比为3.3%。

在关于"与其他乡村学校教师共建共享数字化教学资源情况"的调查（表5-4）中，有213名受访者回答"从未有过"，占比为20.4%；有278名受访者回答"很少"，占比为26.6%；152名受访者回答"比较少"，占比为14.5%；311名受访者回答"一般"，占比为29.7%；69名受访者回答"比较多"，占比为6.6%；23名受访者回答"很多"，占比为2.2%。

表5-4 共建共享数字化教学资源情况评价

评价维度	与本校教师共建共享数字化教学资源情况		与其他乡村学校教师共建共享数字化教学资源情况	
	受访者数量/个	百分比/%	受访者数量/个	百分比/%
从未有过	60	5.7	213	20.4
很少	215	20.6	278	26.6
比较少	140	13.4	152	14.5

续表

评价维度	与本校教师共建共享数字化教学资源情况		与其他乡村学校教师共建共享数字化教学资源情况	
	受访者数量/个	百分比/%	受访者数量/个	百分比/%
一般	412	39.4	311	29.7
比较多	184	17.6	69	6.6
很多	35	3.3	23	2.2

5.城乡数字化教学状况比较分析

由前述分析可知，在1046个受访样本中，任教于农村小学的有265人，任教于乡镇小学的有181人，任教于县城小学的有114人，任教于城区小学的为486人。在此，课题组针对农村、乡镇、县城、城区四类学校的数字化教学水平进行比较分析，包括计算机数量和质量满足教学需要程度、数字化教学设施满足教学需要程度、网络信号覆盖情况、网络信号稳定性情况、数字化教学资料制作能力、使用网络获取教学资源能力6个评价指标。上述指标均采用李克特五级评分法打分，最低等级为1分，最高等级为5分。

由表5-5可知，计算机数量和质量满足教学需要程度、数字化教学设施满足教学需要程度的得分由高到低依次为城区小学、县城小学、乡镇小学、农村小学。在网络信号覆盖情况、网络信号稳定性情况、数字化教学资料制作能力、使用网络获取教学资源能力的评价中，城区小学与县城小学得分都高于乡镇小学和农村小学。对上述6个指标得分均值的统计结果显示，城区小学为3.69分，县城小学为3.63分，乡镇小学和农村小学均为3.22分。由得分可知，城区小学与县城小学的数字化教学水平高于乡镇小学和农村小学。

表5-5 数字化教学状况对比分析

维度	得分			
	农村小学	乡镇小学	县城小学	城区小学
计算机数量和质量满足教学需要程度	2.49	2.70	3.37	3.47
数字化教学设施满足教学需要程度	3.34	3.36	3.89	3.91
网络信号覆盖情况	3.92	3.89	4.28	4.34
网络信号稳定性情况	3.40	3.28	3.57	3.48
数字化教学资料制作能力	3.00	2.91	3.33	3.40
使用网络获取教学资源能力	3.15	3.15	3.34	3.53
均值	3.22	3.22	3.63	3.69

5.2.2 初中数字化教学能力和教学资源共建共享水平描述分析

1.受访者基本特征

对调查数据的统计显示,受访者中男性为155人,女性为168人。年龄分布方面,35岁以下的受访者为47人;36~45岁的受访者为104人;46~50岁的受访者为73人;51~60岁的受访者为99人。在受教育程度方面,大专学历人数为29人;本科学历人数为286人;其他为硕士研究生学历。教学年限方面,教学年限在3年以下的受访者为22人;教学年限在3~5年的受访者为11人;教学年限在5~10年的受访者为18人;教学年限在10~15年的受访者为18人;教学年限在15年以上的受访者为254人。从任教学校所在区域看,任教于农村中学的受访者为80个,占比为24.8%;任教于乡镇中学的受访者为137个,占比为42.4%;任教于县城中学的受访者为14人,占比为4.3%;任教于城区中学的受访者为92人,占比为28.5%。

2.数字化教学设施建设情况分析

对计算机数量和质量满足教学需要的评价结果（表5-6）显示，选择"一般"等级的受访者数量最多，占比为39.0%；选择"比较能满足教学需要"的受访者次之，占比为31.9%；选择"完全能满足需要"的受访者数量位居第三，占比为14.6%。

对数字化教学设施满足教学需要的评价结果（表5-6）显示，在各个等级上的受访者占比由高到低依次为"一般""比较能满足教学需要""完全能满足需要""比较不能满足教学需要""完全不能满足教学需要"，占比分别为36.2%、31.3%、18.0%、8.4%和6.2%。

表5-6　数字化教学设施建设状况评价

评价维度	计算机数量和质量满足教学需要的评价结果		数字化教学设施满足教学需要的评价结果	
	受访者数量/个	百分比/%	受访者数量/个	百分比/%
完全不能满足教学需要	25	7.7	20	6.2
比较不能满足教学需要	22	6.8	27	8.4
一般	126	39.0	117	36.2
比较能满足教学需要	103	31.9	101	31.3
完全能满足需要	47	14.6	58	18.0

对学校网络信号覆盖情况评价结果（表5-7）显示，反映"网络能覆盖校园大部分场所"和"网络能完全覆盖校园全部场所"的占比分别为42.4%和26.6%，合计占比为69.0%。由此可见，受访者对网络信号覆盖情况总体评价较高。但在网络信号稳定性情况评价结果中，反映"比较好"和"非常

好"的合计占比为38.1%,反映"一般"的占比则达到46.4%。由此可知,受访者对网络信号稳定性的评价相对较低。

表5-7 网络信号覆盖及稳定性状况评价

评价维度	学校网络信号覆盖情况评价结果		评价维度	网络信号稳定性情况评价结果	
	受访者数量/个	百分比/%		受访者数量/个	百分比/%
没有网络	3	0.9	很不好	22	6.8
网络仅能覆盖校园小部分场所	62	19.2	比较不好	28	8.7
网络能覆盖校园一半左右场所	35	10.8	一般	150	46.4
网络能覆盖校园大部分场所	137	42.4	比较好	104	32.2
网络能完全覆盖校园全部场所	86	26.6	非常好	19	5.9

3. 数字化教学能力状况分析

在对教师数字化教学资料制作能力的评价(表5-8)中,有19名受访者回答"完全不具备",占比为5.9%;有55名受访者回答"比较不具备",占比为17.0%;166名受访者回答"一般",占比为51.4%;66名受访者回答"比较具备",占比为20.4%;17名受访者回答"完全具备",占比为5.3%。

在对教师使用网络获取教学资源能力的评价(表5-8)中,有11名受访者回答"完全不具备",占比为3.4%;有20名受访者回答"比较不具备",占比为6.2%;182名受访者回答"一般",占比为56.3%;92名受访者回答"比较具备",占比为28.5%;18名受访者回答"完全具备",占比为5.6%。

表5-8 数字化教学能力状况评价

评价维度	教师数字化教学资料制作能力的评价		教师使用网络获取教学资源能力的评价	
	受访者数量/个	百分比/%	受访者数量/个	百分比/%
完全不具备	19	5.9	11	3.4
比较不具备	55	17.0	20	6.2
一般	166	51.4	182	56.3
比较具备	66	20.4	92	28.5
完全具备	17	5.3	18	5.6

4.数字化教学资源共建共享状况分析

在对"与本校教师进行数字化教学资源共建共享情况"的评价中，回答"一般"的占比最多，为32.5%；回答"很少"的占比次之，为28.8%。在对"与其他乡村学校教师共建共享数字化教学资源情况"的评价（表5-9）中，回答"很少"和"一般"的占比位居前两位，合计占比为53.2%。由此可见，受访者对数字化教学资源共建共享整体评价较低。

表5-9 数字化教学资源共建共享状况评价

评价维度	与本校教师进行数字化教学资源共建情况的评价		与其他乡村学校教师共建共享数字化教学资源情况的评价	
	受访者数量/个	百分比/%	受访者数量/个	百分比/%
从未有过	26	8.0	76	23.5
很少	93	28.8	87	26.9
比较少	52	16.1	61	18.9
一般	105	32.5	85	26.3
比较多	38	11.8	7	2.2
很多	9	2.8	7	2.2

5.城乡数字化教学状况分析

在323个受访样本中,任教学校位于农村中学、乡镇中学、县城中学、城区中学的样本数量分别为80人、137人、14人、92人。鉴于来源于县城中学的受访者数量较少,本部分主要对来源于农村、乡镇、城区三类学校的样本进行分析。选取指标与前述小学样本的分析相同,也都采用李克特五级评分法打分,其中最低级设置为1分,最高级设置为5分。评价结果见表5-10。

表5-10 数字化教学状况对比分析

维度	得分		
	农村学校	乡镇学校	城区学校
计算机数量和质量满足教学需要程度	2.94	3.31	3.88
数字化教学设施满足教学需要程度	3.20	3.20	4.08
网络信号覆盖情况	3.55	3.45	4.28
网络信号稳定性情况	3.13	3.00	3.65
数字化教学资料制作能力	2.81	2.88	3.40
使用网络获取教学资源能力	3.14	3.15	3.53
均值	3.13	3.17	3.80

5.3 数字化教学水平影响因素分析

本部分将数字化教学能力和教学资源共建共享水平并称为"数字化教学水平",实证分析影响数字化教学水平的因素,提出推动安徽省义务教育均衡发展的对策建议。在参考相关文献基础上,选取计算机数量和质量满足教学程度、数字化教学设施满足教学需要程度、网络信号覆盖情况、网络信号稳定性情况、数字化教学资料制作能力、使用网络获取教学资源能力6个指标测度数字化教学水平状况。为规避主观赋权法可能产生的缺陷，在此使用熵值法确定6个指标的权重并计算数字化教学水平得分。在实证分析数字化教学水平影响因素时，采用熵值法计算的数字化教学水平得分作为因变量，选取性别、年龄、文化程度、教学年限、数字化教学设备使用频率、数字化教学培训次数、数字化应用技能培训次数为自变量。鉴于采用熵值法计算的数字化教学水平得分在0~1，采用OLS模型进行分析，为规避非正态性与异方差的影响，此处采用异方差的稳健标准误进行处理[128]。

5.3.1 小学数字化教学水平影响因素分析

对1046个小学教师样本的回归分析结果见表5-11所示。模型1~模型5分别为全样本、农村小学样本、乡镇小学样本、县城小学样本、城区小学样本的分析结果。

表5-11 小学数字化教学水平影响因素估计结果

变量	模型1	模型2	模型3	模型4	模型5
性别	0.017	0.047**	0.062**	0.010	0.023
	（0.011）	（0.020）	（0.026）	（0.032）	（0.018）
年龄	−0.014***	−0.011	−0.010	−0.009	−0.021***
	（0.005）	（0.011）	（0.012）	（0.012）	（0.007）
文化程度	0.003	0.000	0.055**	0.020(	−0.024*
	（0.010）	（0.021）	（0.025）	0.025）	（0.014）
教学年限	−0.005	0.008	0.004	−0.021**	0.002
	（0.005）	（0.011）	（0.011）	（0.010）	（0.007）

续表

变量	模型1	模型2	模型3	模型4	模型5
数字化教学设备使用频率	0.018*** (0.003)	0.020*** (0.006)	0.017** (0.006)	0.015* (0.008)	0.008 (0.005)
数字化教学培训次数	0.010*** (0.003)	0.015** (0.007)	0.005 (0.007)	0.008 (0.007)	0.006 (0.005)
数字化应用技能培训次数	0.023*** (0.003)	0.024*** (0.006)	0.029*** (0.007)	0.028*** (0.007)	0.019*** (0.004)
常量	0.485*** (0.036)	0.325*** (0.071)	0.243*** (0.080)	0.539*** (0.072)	0.688*** (0.056)
R-squared	0.230	0.215	0.255	0.364	0.155
样本量	1046	265	181	114	486

***、**、*分别表示在1%、5%、10%的水平上显著；括号内为稳健标准误。

模型1的实证分析结果显示，年龄对数字化教学水平有显著负向影响。数字化教学设备使用频率、数字化教学培训次数、数字化应用技能培训次数均在1%水平上通过显著性检验，对数字化教学水平提升均具有正向促进作用。模型2的回归分析结果显示，农村小学男性教师（取值为1）相对于女性教师（取值为0）的数字化教学水平更高，数字化教学设备使用频率、数字化教学培训次数、数字化应用技能培训次数能够显著促进农村小学数字化教学水平的提升。模型3的回归分析结果显示，乡镇小学男性教师相对于女性教师的数字化教学水平更高，文化程度、数字化教学设备使用频率、数字化应用技能培训次数显著促进乡镇教师数字化教学水平的提升。模型4的回归结果显示，教学年限对教师数字化教学水平有显著抑制作用，数字化教学设备使用频率、数字化应用技能培训次数显著促进县城教师数字化教学水平的提升。模型5的回归分析结果显示，年龄、文化程度对数字化教学水平有显著制约效果，数字化应用技能培训次数对促进城区小学教师数字化教学水平提升有显著的正向作用。

5.3.2 初中数字化教学水平影响因素分析

对323个初中教师样本的回归分析结果见表5-12。实证分析结果显示，年龄对数字化教学水平有显著负向影响。数字化教学设备使用频率、数字化教学培训次数、数字化应用技能培训次数分别在1%、10%、1%水平上通过显著性检验，对数字化教学水平提升均具有正向促进作用。

表5-12 初中数字化教学水平影响因素估计结果

变量	系数	稳健标准误
性别	0.012	0.016
年龄	−0.020**	0.009
文化程度	0.000	0.025
教学年限	−0.001	0.010
数字化教学设备使用频率	0.020***	0.004
数字化教学培训次数	0.009*	0.005
数字化应用技能培训次数	0.022***	0.006
常量	0.530***	0.093
R-squared	\multicolumn{2}{c	}{0.283}
样本量	\multicolumn{2}{c	}{323}

***、**、*分别表示在1%、5%、10%的水平上显著。

5.4 义务教育阶段数字化教学发展的实施策略

5.4.1 扎实提升数字化教学设施水平

依据前述调查分析可知，在对小学教师样本调查时，在计算机数量和质量满足教学程度、数字化教学设施满足教学需要程度的评价中，回答"完全能满足需要"的占比分别为11.7%和25.8%；回答"网络信号覆盖情况较好"和"网络信号稳定性情况较好"的占比分别为81.5%和46.6%。在对初中教师样本调查中关于在计算机数量和质量满足教学程度、数字化教学设施满足教学需要程度的评价中，回答"比较能满足教学需要"和"完全能满足需要"的占比分别为46.5%和49.3%。回答"网络能覆盖校园大部分场所"和"网络能完全覆盖校园全部场所"的合计占比为69.0%，回答"网络信号稳定性"为"比较好"和"非常好"的合计占比为38.1%。

这显示出数字化教学设施建设水平距离满足教师教学需求还存在一定差距。需要进一步加强数字化教学设施建设，提升投影、电脑、网络的性能和稳定性水平，强化数字化教学设施保障。

5.4.2 多措并举提高教师数字化教学能力

在对小学教师样本调查时，在关于教师数字化教学资料制作能力的评价中，回答"比较具备"和"完全具备"的合计占比为31.4%；对教师使用网络获取教学资源能力的评价中，回答"比较具备"和"完全具备"的合计占比为38.7%。在对初中教师样本调查中关于对教师数字化教学资料制作能力的评价中，回答"比较具备"和"完全具备"的合计占比为25.7%；对教师使用网络获取教学资源能力的评价中，回答"比较具备"和"完全具备"的合计占比为34.1%。

由此可以得出，无论是小学教师还是初中教师，他们数字化教学能力都还存在一定程度的不足，需要进一步强化提升。在实践中，要适度提升教师数字化教学设备使用频率、加强教师的数字化教学培训尤其是数字化应用技能培训。如此，不仅可以促进教师更好地提升数字化设施设备的应用技巧，也能够使教师愿意且能够使用数字化设施进行教学活动。在教学过程中，学校可以通过设置"数字化教学大赛"的方式，提供给教师进行数字化教学切磋交流机会，使教师深入了解数字化教学的优势，促进教师主动推进数字化教学进程。

5.4.3 积极推进数字化教学资源的共建共享水平

在对小学教师样本调查时，在关于数字化教学资源共建共享状况的分析中，关于"与本校教师共建共享数字化教学资源情况"的调查中，回答"比较多"和"很多"的合计占比为20.9%；在关于"与其他乡村学校教师共建共享数字化教学资源情况"的调查中，回答"比较多"和"很多"的合计占比仅为8.8%。

在对初中教师样本调查中关于数字化教学资源共建共享状况的分析中，关于"与本校教师进行数字化教学资源共建共享情况"的调查中，回答"比较多"和"很多"的合计占比为14.6%；在关于"与其他乡村学校教师共建共享数字化教学资源情况"的调查中，回答"比较多"和"很多"的合计占比为仅为4.4%。

由此可以得出，无论是小学教师还是初中教师，他们在数字化教学资源共建共享方面都还存在一定程度的不足，需要进一步强化提升。数字化教学资源的建设和发展需要团队成员协同努力。

在具体实践中，可以采取下列举措推动数字化教学资源的共建共享水平：一要强化对教师数字化教学资源建设能力的培训与指导；二是引导教师以学科或课程小组等方式成立某门课程或某个领域的数字化教学资源共建团队；三是引导和鼓励教师与其他学校尤其是乡村学校教师合作共建共享数字化教学资源；四是对进行数字化教学资源共建共享的教师或团队提供相应设施和资金的支持；五是对数字化教学资源共建共享成效明显的教师或团队进行表彰，促进优秀教师或团队发挥更大的示范引领作用。

5.5 本章小结

本章以义务教育阶段数字化教学为研究对象，从数字化教学设施建设状况、数字化教学能力状况、数字化教学资源共建共享状况、城乡数字化教学状况等方面对义务教育阶段学校数字化教学现状进行了分析，并构建评价指标体系，测度数字化教学水平并实证分析影响因素。在前述分析基础上指出了义务教育阶段数字化教学发展存在的主要问题和需要采取的改进策略。

第6章 安徽省社区生活圈实践探索及作用体现分析

6.1 社区生活圈的公共服务发展价值及实践

6.1.1 社区生活圈在促进公共服务发展中的作用

社区生活圈作为地理环境与居民生产生活场域的综合体，是居民日常生活的主要区域空间，在保障民生福祉、提升居民归属感、推进社区善治和实现基本公共服务均等化方面发挥着重要作用[150-151]，也是提升社区居民生活品质和推进基层有效治理的重要抓手。2016年2月，《中共中央 国务院关于进一步加强城市规划建设管理工作的若干意见》文件中提出"打造方便快捷生活圈"，社区生活圈建设在全国各地陆续展开。2023年7月，商务部等13个部门联合印发的《全面推进城市一刻钟便民生活圈建设三年行动计划（2023—2025）》提出"推动多类型一刻钟便民生活圈建设"，并提出了"共享共治、商居和谐"等具体目标要求。由此，社区生活圈的建设迈入了硬件设施建设和文明素养环境提升兼顾的新阶段，社区生活圈建设也逐渐被赋予了更多的基层治理功能[122-123]。近年来，社区生活圈建设开始由城市延伸到乡村，很多地方也出台了乡村社区生活圈建设规划。通过社区生活圈建设推动公共服务设施优化配置、促进基层治理水平跃升和社区共同体建设，以持续满足人民美好生活需求成为公众关注的重点课题。

6.1.2 安徽省社区生活圈实践探索

2022年，安徽省在《安徽省稳外贸稳外资促消费行动方案》（皖政办秘〔2022〕44号）首次提出了"实施城市一刻钟便民生活圈建设试点三年行动"。在该方案中提出按照"布局合理、业态齐全、功能完善、规范有序、服务优质、商居和谐"的要求开展便民生活圈示范建设试点工作。同年，安徽省在出台的《安徽省推进城市一刻钟便民生活圈建设试点三年行动实施方案》中（表6-1），提出"将便民生活圈打造为服务保障民生、推动便利消费及扩大就业的重要载体"。由此，安徽省社区生活圈建设开始步入快车道。2022年合肥市、芜湖市入选我国第二批城市一刻钟便民生活圈试点城市，2023年滁州市入选我国第三批城市一刻钟便民生活圈试点城市。近年来，安徽积极推进一刻钟便民生活圈建设，持续满足居民日常生活基本消费和品质消费需求。在社区生活圈建设中，合肥市培育了邻几、生鲜传奇等品牌连锁便利店1300余家，发展了老乡鸡、卡旺卡等本土知名餐饮连锁企业50余家、连锁门店1000余家，上线了多个"智慧平台"提供生活服务，将15分钟的社区商圈打造成为居民便利消费的新场景。❶宿州市埇桥区在"15分钟便民

---

❶ 数据来源：安徽日报2023年5月5日第9版：一刻钟"圈"出便捷生活。

生活圈"建设中主动创新，将服务内容划分为基本服务和特色服务两类，基本服务做到应有尽有，特色服务做到个性需求能保就保。

表6-1　安徽省社区生活圈政策文件概览

年份	文件名	总体要求与主要目标	主要举措
2022	安徽省推进城市一刻钟便民生活圈建设试点三年行动实施方案	各市主城区按照社区居民出家门步行5分钟左右可到达便利店、10分钟左右可到达农贸市场、15分钟左右可到达超市的基本要求，推进15分钟便民生活圈建设。将便民生活圈打造为服务保障民生、推动便利消费及扩大就业的重要载体	①新建社区商业和综合服务设施面积占社区总建筑面积的比例不得低于10%；②在公共设施、交通枢纽或沿居住区主要道路布局设置；③明确不同业态属性，建立类公益性、公益性社区商业设施清单；④完善"一站式"便民服务功能，推动"物业服务+生活服务"模式；⑤延伸服务功能，鼓励发展"一店多能"，推广"中央厨房+冷链+餐厅""中央厨房+外卖"等模式
2022	合肥市推进城市一刻钟便民生活圈建设试点三年行动实施方案	自2022年起每年在主城区选择不少于10个商业业态较为齐全、商业设施和服务功能较为完善的社区开展便民生活圈示范建设试点	①补齐商业设施短板，鼓励物业服务企业向养老、托育、邮政快递、前置仓等领域延伸；②把快递营业场所等纳入社区公共服务设施建设范围；③丰富便民商业业态，支持基本保障类业务网点提供"一点多用"服务；④推进快递智能设施进社区、进门店，提高商业智能化水平
2022	芜湖市推进城市一刻钟便民生活圈建设试点三年行动实施方案	将一刻钟便民生活圈打造为保障民生、推动便利消费、扩大就业的重要载体	①按照5分钟左右到达便利店、10分钟左右到达农贸市场、15分钟左右到达超市的要求推进一刻钟便民生活圈建设；②从2022年起，每年在主城区选择至少6个社区开展社区生活圈建设；③到2025年年底，实现建成区80%以上的社区便民生活圈覆盖，试点区域居民满意度达到80%以上

续表

年份	文件名	总体要求与主要目标	主要举措
2023	滁州市推进城市一刻钟便民生活圈建设省级试点三年行动实施方案	提出按照"一圈一策"思路，实现便民生活圈的布局点位、业态结构、功能配置等满足居民日常生活消费需求	①因地制宜发展品质提升类业态；②发挥市场主体以大带小作用，开展高质量便民服务；③通过微信小程序、App等提供智慧便民服务

注：因各市的社区生活圈建设方案在体现各自特色的基础上，也有一定程度的相似性，在此仅罗列三个城市一刻钟便民生活圈试点方案。

6.2 文献梳理与研究设计

6.2.1 文献梳理

社区生活圈、社会信任和居民生活幸福感作为社会科学领域的重要议题，在学术界被充分地研究。

关于社区生活圈领域的研究，可将学术界研究成果归纳为三个方面：一是社区生活圈的建设内容与标准。作为与居民生活息息相关的社区生活圈，便民商业、交通、教育、医疗卫生服务等公共服务设施是核心建设内容[152-153]。社区生活圈的建设标准也从满足居民基本生活需求层次向满足居民全生命周期的工作与生活需求层次转变，在注重硬件设施建设的同时，也越来越重视居民公共安全、个性化体验等软件设施的建设[154-156]。二是社区生活圈的评价分析。对于社区生活圈建设水平的评价，学术界主要构建评价指标体系进行整体测度评价[157-158]。许多学者也从社区生活圈内公共服务设施的空间配置、区位选择、供给模式等方面进行评价分析[15][124-127]。三是社区生活圈建设水平提升策略。现有研究主要从优化公共服务设施的空间布局、推进供需匹配、强化生活圈内公共服务供给创新、加强数字化技术应用等方面提出政策建议[152][159-161]。部分学者也从人口结构变化视角对社区生活圈建设问题进行了探讨[162-163]。

关于社会信任和居民生活幸福感领域的研究，学术界认为社会信任作为居民对社会上陌生人的信任水平[164]，在增进社会交往、降低社会运行成本、促进个体心理健康、重塑社会秩序等方面发挥着重要作用[165]。此外，社会信任在促进居民消费结构升级、提升居民对政府工作认同感、提升居民生活满意度等方面也有积极效果[94][166-167]。居民生活幸福感作为居民对生活水平的主观感受，学术界多采用等级量表评价方式进行测度。现有研究表明，教育和媒介信息、阶层认知、个体和家庭经济水平、公共服务供给、互联网使用状况等因素对居民生活幸福感都有不同程度的影响[168-172]。

目前关于社区生活圈的研究虽然也有涉及居民获得感、幸福感领域的成果[173-176]，但研究对象主要限于对某类社区、社区某些类型的设施或某项社区服务项目的影响分析。从社区生活圈整体层面研究其对居民生活幸福感影响的成果相对较少，且现有研究也多从定性层面进行分析，实证研究相对缺乏。从社区生活圈层面探讨社会信任问题的研究也相对不足。

综上，虽然学术界对社区生活圈、社会信任、居民生活幸福感三个领域的独立研究较为丰富，但未能就社区生活圈建设对社会信任和居民生活幸福感的影响进行深入探究。同时，现有对社区生活圈建设水平的研究也多为构建评价指标体系进行整体测度，未能对社区生活圈建设状况进行细化研究。

此外，社区生活圈作为民生公共服务供给的重要载体，增进民生福祉、提升居民获得感和满足感也是其建设的重要目标指向。分析其建设水平对社会信任和居民生活幸福感的影响状况对于提出推动社区生活圈良性发展的政策建议十分必要。基于此，本书在前述研究的基础上，以中部六省为研究范围，将社区生活圈建设水平细分为硬件建设水平和软件建设水平两个维度，分析社区生活圈建设水平对社会信任和居民生活幸福感的影响情况，为推进社区生活圈建设、增强社会信任水平和提升居民生活幸福感提供决策依据和政策建议。

6.2.2 研究设计

1. 数据来源

本书的数据来源于2021年CGSS。CGSS作为全国性、综合性、连续性的社会调查项目，系统、全面地收集了社会、社区、家庭、个人多个层次的数据。根据研究需要本书选取了中部六省相关数据。在总计2726个样本数据中，有913个样本包含了社区生活圈建设状况数据（其中有902个样本包含了社会信任数据、910个样本包含了居民生活幸福感数据）。在913个包含社区生活圈建设数据的样本中，山西省样本量为96个，安徽省样本量为150个，江西省样本量为159个，河南省样本量为152个，湖北省样本量为192个，湖南省样本量为164个。在实证分析中，因各解释变量的数据并非同时存在，因而实际采用的样本量存在些许不同。

2.变量选择

（1）被解释变量。

本书中涉及的被解释变量包括社会信任和居民生活幸福感两个指标。

对于社会信任的评价采用CGSS 2021中"总的来说，您同不同意在这个社会上，绝大多数人都是可以信任的？"的统计结果。去掉"不知道"和"拒绝回答"两个选项，该问题还设置了"非常不同意""比较不同意""说不上同意不同意""比较同意""非常同意"五个选项。在本书中将上述选项分别采用"信任水平非常低""信任水平比较低""信任水平一般""信任水平比较高""信任水平非常高"表示，采用"1~5"的整数赋值。该问题的有效样本量为902个。

对于居民生活幸福感的评价数据采用CGSS 2021中"总的来说，您觉得您的生活是否幸福"的同意程度来测度。去掉"不知道"和"拒绝回答"两个选项，该问题还设置了"非常不幸福""比较不幸福""说不上幸福不幸福""比较幸福""非常幸福"五个选项，分别采用"1~5"的整数赋值。鉴于"非常不幸福""比较不幸福"等级样本量很少，在实证分析中，对数据等级进行了处理。将"非常不幸福""比较不幸福""说不上幸福不幸福"三个等级归为"居民生活幸福感低"等级；将"比较幸福"等级归为"居民生活幸福感中"等级；将"非常幸福"等级归为"居民生活幸福感高"等级。处理后的等级采用"1~3"的整数赋值。该问题的有效样本量为910个。

（2）解释变量。

本书中涉及的解释变量包括社区生活圈建设水平、性别、年龄、受教育程度、健康状况、互联网（包括手机上网）使用情况、手机定制消息使用情况、家庭经济状况水平8个解释变量。其中，社区生活圈建设水平数据是依据相关问题测算获得，其他解释变量的数据均是依据相应问题直接整理获得。在社区生活圈建设水平对社会信任的影响分析中，社区生活圈建设水平为核心解释变量；在对居民生活幸福感影响分析中，社区生活圈建设水平、社会信任为核心解释变量。

对于社区生活圈建设水平的测度对应的问题是"在您家周围一千米（步行约15分钟）范围内，您在多大程度上同意下面的说法"，该问题包括6个子问题，分别是关于对"体育锻炼""蔬果采购""公共设施""居住安全""邻里关系""邻里互助"的看法，每个子问题包括"完全不同意""不同意""既不同意也不反对""同意""完全同意"5个选项。为了细化展示社区生活圈建设水平，在参考相关文献基础上，本书将社区生活圈建设状况划分为社区生活圈硬件建设状况和社区生活圈软件建设状况两个子维度。其中，社区生活圈硬件建设状况采用针对"体育锻炼""蔬果采购""公共设施"3个问题的评价进行衡量，社区生活圈软件建设状况采用针对"居住安全""邻里关系""邻里互助"3个问题的评价进行衡量。对于社区生活圈建设水平、社区生活圈硬件建设水平、社区生活圈软件建设水平的测度采用熵值法进行计算。

上述变量的含义、赋值及描述性统计见表6-2。

表6-2 变量含义、赋值与描述性统计

变量类别	变量名称	变量赋值及说明	均值	标准差
被解释变量	社会信任	非常低=1；比较低=2；一般=3；比较高=4；非常高=5	3.595	1.009
	居民生活幸福感	居民生活幸福感低=1；居民生活幸福感中=2；居民生活幸福感高=3	2.024	0.656

续表

变量类别	变量名称	变量赋值及说明	均值	标准差
解释变量	社区生活圈建设水平	采用熵值法计算得分	0.744	0.121
	性别	男性=1；女性=0	0.418	0.494
	年龄	受访者年龄（岁）	52.639	18.248
	受教育程度	小学及以下=1；初中=2；高中、中专与技校=3；专科=4；本科=5；研究生及以上=6	2.278	1.303
	健康状况	很不健康=1；比较不健康=2；一般=3；比较健康=4；很健康=5	3.503	1.101
	互联网使用情况	从不=1；很少=2；有时=3；经常=4；非常频繁=5	3.271	1.705
	手机定制消息使用情况	从不=1；很少=2；有时=3；经常=4；非常频繁=5	1.76	1.216
	家庭经济状况水平	远低于平均水平=1；低于平均水平=2；平均水平=3；高于平均水平=4；远高于平均水平=5	2.619	0.747

3.计量模型构建与多重共线性检验

（1）计量模型构建。

在前述变量选择中已经指出，社会信任和居民生活幸福感分别分为5个等级和3个等级，分别采用"1~5"和"1~3"的整数赋值。作为有序分类变量，本书采用有序LOGISTIC模型分析社会信任和居民生活幸福感的影响因素。使用多元有序LOGISTIC模型需要先通过平行线检验，采用STATA15.1的分析结果显示，模型平行线检验的显著性水平大于0.05，符合有序LOGISTIC模型回归分析要求。

（2）多重共线性检验。

为避免各自变量间因存在多重共线性问题影响到分析结果，在实证分析之前先对各解释变量间的多重共线性进行检验。STATA15.1分析显示，VIF值在1.03~2.32之间，说明各解释变量之间的共线性程度处于合理范围内，能够满足分析要求。

6.3 社区生活圈建设水平测度评价

6.3.1 安徽省社区生活圈建设水平分析

采用熵值对安徽省150个样本的社区生活圈建设水平得分进行计算，结果显示，社区生活圈建设水平得分均值为0.768，社区生活圈软件建设水平得分为0.401，社区生活圈硬件建设水平得分为0.367，社区生活圈软件建设水平高于社区生活圈硬件建设水平。通过对安徽省150个样本数据的细化分析发现，样本量来源于宣城市绩溪县、阜阳市太和县、蚌埠市固镇县、黄山市歙县。对上述4个县社区生活圈建设水平测度结果见表6-3。

表6-3 安徽省四个县社区生活圈建设水平测度结果

类型	宣城市绩溪县	阜阳市太和县	蚌埠市固镇县	黄山市歙县
社区生活圈建设水平	0.748	0.808	0.811	0.679
社区生活圈硬件建设水平	0.359	0.391	0.389	0.315
社区生活圈软件建设水平	0.389	0.417	0.423	0.364
样本量	43	47	33	27

由上述对安徽省四个县社区生活圈建设水平得分均值的统计结果看，社区生活圈建设水平得分均值最高的是蚌埠市固镇县（0.811），得分均值最低的是黄山市歙县（0.679）；社区生活圈硬件建设水平得分均值最高的是阜阳市太和县（0.391），得分均值最低的是黄山市歙县（0.315）；社区生活圈软件建设水平得分最高的是蚌埠市固镇县（0.423），得分均值最低的是黄山市歙县（0.364）。

6.3.2 中部六省社区生活圈建设水平比较分析

采用熵值对社区生活圈建设水平得分的计算结果显示（表6-4），中部六省社区生活圈建设水平得分均值为0.743，社区生活圈硬件建设水平得分均值为0.357，社区生活圈软件建设水平得分均值为0.387，社区生活圈软件建设水平高于社区生活圈硬件建设水平。

对中部六省社区生活圈建设水平的分省统计结果（表6-4）显示，社区生活圈建设水平得分均值最高者为安徽省（0.768），社区生活圈建设水平得分均值最低者为江西省（0.722）；社区生活圈硬件建设水平得分均值最高者为安徽省（0.367），社区生活圈硬件建设水平得分均值最低者为湖南省（0.349）；社区生活圈软件建设水平得分均值最高者为安徽省和河南省（0.401），社区生活圈软件建设水平得分均值最低者为山西省（0.365）。

居委会样本和村委会样本的分类统计结果（表6-5）显示，在社区生活圈建设水平、社区生活圈硬件建设水平方面，居委会样本得分均值均高于村委会样本得分均值；在社区生活圈软件建设水平方面，居委会样本得分均值低于村委会样本得分均值。

表6-4 中部六省社区生活圈建设水平分省统计结果

排序	社区生活圈建设水平	得分均值	排序	社区生活圈硬件建设水平	得分均值	排序	社区生活圈软件建设水平	得分均值
1	安徽省	0.768	1	安徽省	0.367	1	安徽省	0.401
2	河南省	0.758	2	山西省	0.363	1	河南省	0.401
3	湖北省	0.742	3	河南省	0.356	3	湖南省	0.393
3	湖南省	0.742	3	湖北省	0.356	4	湖北省	0.386
5	山西省	0.728	5	江西省	0.349	5	江西省	0.373
6	江西省	0.722	5	湖南省	0.349	6	山西省	0.365

表6-5 中部六省社区生活圈建设水平分类统计结果

居委会样本	得分均值	村委会样本	得分均值
社区生活圈建设水平	0.749	社区生活圈建设水平	0.738
社区生活圈硬件建设水平	0.372	社区生活圈硬件建设水平	0.338
社区生活圈软件建设水平	0.377	社区生活圈软件建设水平	0.400

6.4 社区生活圈建设水平对社会信任及居民生活幸福感的影响分析

6.4.1 社区生活圈建设水平对社会信任的影响分析

1.总体回归分析

采用有序LOGISTIC模型的总体回归分析结果见表6-6。模型1~模型3是单独分析社区生活圈建设水平、社区生活圈硬件建设水平、社区生活圈软件建设水平对社会信任影响状况的回归结果；模型4~模型6是分别加入其他解释变量分析的总体回归结果。

由模型1~模型3可得，社区生活圈建设水平、社区生活圈硬件建设水平、社区生活圈软件建设水平对社会信任均有显著正向影响。其中，社区生活圈软件建设水平的影响程度高于社区生活圈硬件建设水平的影响程度，模型4~模型6的回归分析结果同样支持该结论。模型4~模型6的回归结果还显示，年龄、家庭经济状况水平对社会信任均有显著促进作用，互联网使用情况对社会信任均有显著抑制效果。可能的原因是随着人们对互联网依赖性的逐渐增强，居民使用互联网进行工作、学习、交往成为常态现象。互联网使用程度越高，人们了解不同群体生活情境和知晓不同应用场景及网络不良信息的机会也越多，在增进社会了解的同时也会促使人们产生戒备心理，从而对社会信任产生负面影响。

表6-6　中部六省社区生活圈建设水平对社会信任的影响的总体分析

解释变量	模型1	模型2	模型3	模型4	模型5	模型6
社区生活圈建设水平	3.595*** (0.551)	—	—	3.426*** (0.575)	—	—
社区生活圈硬件建设水平	—	2.834*** (0.762)	—	—	2.551*** (0.794)	—
社区生活圈软件建设水平	—	—	6.930*** (0.982)	—	—	6.747*** (1.019)
性别	—	—	—	0.042 (0.133)	0.022 (0.133)	0.037 (0.133)
年龄	—	—	—	0.015*** (0.005)	0.018*** (0.005)	0.016*** (0.005)

续表

解释变量	模型1	模型2	模型3	模型4	模型5	模型6
受教育程度	—	—	—	0.081 (0.067)	0.076 (0.067)	0.121* (0.067)
健康状况	—	—	—	0.080 (0.068)	0.107 (0.068)	0.080 (0.069)
互联网使用情况	—	—	—	−0.135** (0.053)	−0.133** (0.053)	−0.132** (0.053)
手机定制消息使用情况	—	—	—	0.069 (0.057)	0.087 (0.057)	0.083 (0.057)
家庭经济状况水平	—	—	—	0.168* (0.095)	0.179* (0.095)	0.190** (0.095)
Prob > chi2	0.000	0.000	0.000	0.000	0.000	0.000
Log likelihood	−1124.810	−1139.547	−1121.404	−1064.571	−1077.444	−1060.542
Pseudo R^2	0.019	0.006	0.022	0.037	0.025	0.041
样本量	902	902	902	880	880	880

***、**、* 分别表示在1%、5%、10%的水平上显著；括号内为标准误。

2. 分类回归分析

对居委会样本和村委会样本的分类分析见表6-7。居委会样本和村委会样本的分类分析结果显示，社区生活圈建设水平、社区生活圈硬件建设水平、社区生活圈软件建设水平对社会信任均为显著促进作用，且社区生活圈软件建设水平的促进效果高于社区生活圈硬件建设水平的促进效果。由此可见，强化社区生活圈软件建设水平对促进社会信任水平提升发挥着更大的作用。

表6-7 中部六省社区生活圈建设水平对社会信任的影响的分类分析

解释变量	居委会样本			村委会样本		
	模型7	模型8	模型9	模型10	模型11	模型12
社区生活圈建设水平	3.428*** (0.808)	—	—	3.754*** (0.841)	—	—
社区生活圈硬件建设水平	—	3.327*** (1.207)	—	—	2.455** (1.102)	—
社区生活圈软件建设水平	—	—	5.967*** (1.397)	—	—	8.397*** (1.591)
其他变量	已控制	已控制	已控制	已控制	已控制	已控制
Prob > chi2	0.000	0.004	0.000	0.000	0.000	0.000
Log likelihood	−532.760	−538.051	−532.762	−522.475	−530.193	−518.293
Pseudo R^2	0.030	0.021	0.030	0.049	0.035	0.057
样本量	463	463	463	417	417	417

6.4.2 社区生活圈建设水平与社会信任对居民生活幸福感的影响分析

1. 总体回归分析

以社区生活圈建设水平和社会信任为核心解释变量分析其对居民生活幸福感影响状况的总体回归分析结果见表6-8。模型13~模型16分别为以社区生活圈建设水平、社区生活圈硬件建设水平、社区生活圈软件建设水平、社会信任为核心解释变量的回归结果；模型17~模型19是分别将社区生活圈建设水平、社区生活圈硬件建设水平、社区生活圈软件建设水平与社会信任同时作为核心解释变量的回归分析结果。由总体回归分析结果可得，社区生活圈建设水平、社区生活圈硬件建设水平、社区生活圈软件建设水平、社会信任对居民生活幸福感均为显著促进作用。在模型13~模型19中，年龄、健康状况、家庭经济状况水平均在1%水平上通过显著性检验，对居民生活幸福感有积极作用。一方面说明促进居民健康水平提升和实现收入增长对于提升幸福感具有重要作用，另一方面也说明年轻人相对于年长者的幸福感更低，应该对年轻人群体的工作生活状态予以关注，并将提升年轻人群体的幸福感作为重要工作来抓。

表6-8 中部六省居民生活幸福感影响因素分析

解释变量	模型13	模型14	模型15	模型16	模型17	模型18	模型19
社区生活圈建设水平	1.997*** (0.569)	—	—	—	1.416** (0.586)	—	—
社区生活圈硬件建设水平	—	2.174*** (0.803)	—	—	—	1.735** (0.821)	—
社区生活圈软件建设水平	—	—	2.981*** (1.028)	—	—	—	1.769* (1.064)
社会信任	—	—	—	0.546*** (0.074)	0.517*** (0.075)	0.533*** (0.074)	0.524*** (0.075)
性别	−0.029 (0.137)	−0.036 (0.137)	−0.034 (0.137)	−0.045 (0.139)	−0.033 (0.139)	−0.037 (0.139)	−0.039 (0.139)
年龄	0.026*** (0.006)	0.027*** (0.006)	0.026*** (0.006)	0.025*** (0.006)	0.024*** (0.006)	0.024*** (0.006)	0.024*** (0.006)
受教育程度	0.049 (0.068)	0.044 (0.068)	0.066 (0.068)	0.039 (0.069)	0.032 (0.069)	0.026 (0.069)	0.044 (0.069)
健康状况	0.513*** (0.071)	0.524*** (0.071)	0.518*** (0.071)	0.532*** (0.073)	0.519*** (0.073)	0.526*** (0.073)	0.522*** (0.073)
互联网使用情况	−0.013 (0.054)	−0.013 (0.054)	−0.012 (0.054)	0.023 (0.055)	0.021 (0.055)	0.022 (0.055)	0.021 (0.055)

续表

解释变量	模型13	模型14	模型15	模型16	模型17	模型18	模型19
手机定制消息使用情况	0.019 (0.058)	0.027 (0.058)	0.031 (0.058)	0.032 (0.059)	0.015 (0.059)	0.018 (0.059)	0.025 (0.059)
家庭经济状况水平	0.402*** (0.097)	0.402*** (0.097)	0.414*** (0.097)	0.352*** (0.098)	0.347*** (0.098)	0.344*** (0.098)	0.355*** (0.098)
Prob > chi2	0.000	0.000	0.000	0.000	0.000	0.000	0.000
Log likelihood	−805.041	−807.580	−807.024	−775.370	−772.429	−773.128	−773.982
Pseudo R^2	0.074	0.071	0.071	0.099	0.102	0.101	0.100
样本量	888	888	888	879	879	879	879

***、**、*分别表示在1%、5%、10%的水平上显著；括号内为标准误。

2.分类回归分析

对居委会样本和村委会样本居民生活幸福感的分类回归分析见表6-9。分别以社区生活圈建设水平和社会信任为核心解释变量的分析中，二者均对居民生活幸福感有着显著促进作用；同时以社区生活圈建设水平和社会信任为核心解释变量的分析中，居委会样本的回归分析结果依然支持上述结论；但在村委会样本的分析中，社区生活圈建设水平未能通过显著性检验，社会信任对居民生活幸福感依然为显著促进作用。

表6-9 中部六省居民生活幸福感影响因素分类回归分析

解释变量	居委会样本			村委会样本		
	模型20	模型21	模型22	模型23	模型24	模型25
社区生活圈建设水平	1.914** (0.781)	—	1.426* (0.815)	2.136** (0.848)	—	1.406 (0.865)
社会信任	—	0.546*** (0.106)	0.515*** (0.107)	—	0.567*** (0.104)	0.539*** (0.106)

续表

解释变量	居委会样本			村委会样本		
	模型20	模型21	模型22	模型23	模型24	模型25
其他变量	已控制	已控制	已控制	已控制	已控制	已控制
Prob > chi2	0.000	0.000	0.000	0.000	0.000	0.000
Log likelihood	−410.491	−396.243	−394.703	−391.527	−374.914	−373.587
Pseudo R^2	0.089	0.114	0.118	0.063	0.091	0.095
样本量	465	462	462	423	417	417

***、**、*分别表示在1%、5%、10%的水平上显著；括号内为标准误。

6.4.3 研究结论与政策建议

本书基于CGSS数据对安徽省四县、中部六省社区生活圈建设水平，社区生活圈建设水平对社会信任和居民生活幸福感影响情况进行分析，得出如下结论。

（1）中部六省社区生活圈建设水平得分均值为0.743，社区生活圈硬件建设水平和社区生活圈软件建设水平得分均值分别为0.357和0.387。六省份统计数据显示，社区生活圈建设水平、社区生活圈硬件建设水平得分均值最高者均为安徽省，社区生活圈软件建设水平得分均值最高者为安徽省和河南省。

（2）社区生活圈建设水平、社区生活圈硬件建设水平、社区生活圈软件建设水平对社会信任均有显著正向影响。在对社会信任的影响水平方面，社区生活圈软件建设水平的影响程度大于社区生活圈硬件建设水平的影响程度。

（3）社区生活圈建设水平、社会信任对居民生活幸福感均为显著正向影响。

基于上述研究结论，本书提出如下政策建议：第一，加快提升社区生活圈硬件设施建设水平，促进社区生活圈硬件建设与软件建设协同发展，提升社区生活圈便民服务水平；第二，强化提升社区生活圈用户体验，尤其是注重年轻人群体的消费体验，促成社区生活圈与居民生活良性互动发展局面；第三，引导居民形成良好健康生活习惯，稳步提升社会价值认同，努力实现家庭收入持续增长和共同富裕水平，夯实幸福生活根基。

6.5　本章小结

社区生活圈是居民生活的主要场所，也是推进基本公共服务均等化的基本单元。本章对社区生活圈在促进公共服务发展中的作用和安徽社区生活圈实践创新进行了梳理。运用CGSS数据，运用熵值法对安徽省及其他中部省份社区生活圈建设水平进行测度，实证分析了社区生活圈建设水平对社会信任及居民生活幸福感的影响状况。本章研究利于深化对社区生活圈价值的理解，推动社区生活圈建设，提升居民责任意识、满足感与获得感。

第7章 人口结构变动背景下安徽省乡村公共服务发展分析

推进基本公共服务均等化，着力扩大普惠性非基本公共服务供给是扎实推动共同富裕的应有之义，也是实现农业农村现代化的重要支撑。近年来，虽然安徽省公共服务水平有了较大幅度的提升，但与人民日益增长的美好生活需要相比还存在一定差距，城乡公共服务发展也有着较为明显的差距。能否有效补齐农村公共品供给短板直接关乎共同富裕战略目标的成败。人口结构作为人口自然属性、受教育程度、城乡身份与空间分布等方面的比例关系，直接关系到经济社会发展的方方面面，也深刻影响着公共服务资源配置。因此，在推进安徽省乡村公共服务发展进程中，应重视对人口结构变化趋势的分析，构建适宜的公共服务供给策略，增强乡村公共服务的均衡性与可及性，提升乡村公共服务发展水平。

7.1 安徽省乡村人口结构变化趋势分析

7.1.1 乡村人口数量变化分析

对安徽省乡村人口数量分析见表7-1。2012—2021年，安徽省常住人口数量呈现持续上升走势，由2012年的5978万人增长至2021年的6113万人；常住人口城镇化率从2012年的46.30%持续上升至2021年的59.39%。与安徽省常住人口和常住人口城镇化率持续增长相比，安徽乡村人口数量呈现持续下降走势。安徽乡村人口数量由2012年的3204万人下降至2021年的2482万人，降幅达到22.53%。安徽乡村人口数量占比也从2012年的53.60%下降至2021年的40.60%。

表7-1 安徽常住人口变动情况

年份	常住人口/万人	常住人口城镇化率/%	乡村人口数量/万人	乡村人口数量占比/%
2012	5978	46.30	3204	53.60
2013	5988	47.87	3144	52.51
2014	5997	49.31	3093	51.58
2015	6011	50.97	3041	50.59
2016	6033	52.62	2974	49.30
2017	6057	54.29	2909	48.03
2018	6076	55.65	2865	47.15
2019	6092	57.02	2813	46.18
2020	6105	58.33	2543	41.65
2021	6113	59.39	2482	40.60

数据来源：《安徽统计年鉴》《中国农村统计年鉴》。

随着人口出生率的持续下降，我国在2013年、2015年和2021年三次对计划生育政策进行调整，即单独二孩政策、全面二孩政策和三孩政策。受计划生育政策调整影响，安徽省常住人口出生率在2015—2017年呈现增长态势，常住人口出生率分别为12.92%、13.02%和14.07%（图7-1）。随着生育政策调整带来的适龄生育群体生育意愿的逐渐释放，安徽省育龄妇女生育率由2018年的43.70%下降至2021年的31.34%，常住人口出生率自2018年以来已经出现四连降，相对于2017年14.07%的常住人口出生率，2021年常住人口出生率仅为8.05%，降幅高达42.79%。

图7-1 常住人口出生率情况

依据《安徽省新型城镇化规划（2021—2035年）》，按照2025年和2035年安徽省常住人口城镇化率65%和73%的目标设定，在不考虑人口数量下降的情况下，依据2022年安徽省常住人口数量6127万人计算，2025年和2035年农村常住人口数量将由2022年的2441万人降至2144万人和1654万人，降幅分别为297万和787万。由此可得，未来较长时期内安徽省乡村人口总量将呈现下滑态势。

7.1.2 乡村人口年龄结构和受教育程度变化分析

近年来，随着人口老龄化程度不断提升，安徽省年龄中位数已由2012年的39.79岁上升至2021年的40.24岁（表7-2）；14岁及以下人口数量由2012年的18.35%上升至2021年的18.65%，但相比较于2020年的19.24%，2021年的下滑幅度也达到3.07%；15~64岁的人口数量由2012年的69.58%下降至2021年的65.91%；65岁及以上的人数则由2012年的12.08%上升至2021年的15.44%。在抚养比方面，2012—2021年总抚养比、少儿抚养比和老年抚养比均呈现上升态势，增长幅度分别为18.27%、7.32%和34.97%。可见，人口老龄化问题和抚养压力都有上升态势。人均受教育年限呈现持续提升趋势，从2012年的8.42年提升至2021年的9.51年。

表7-2 安徽人口年龄结构和受教育程度分析

年份	年龄结构/%			抚养比/%			年龄中位数/岁	人均受教育年限/年
	0~14岁	15~64岁	65岁及以上	总抚养比	少儿抚养比	老年抚养比		
2012	18.35	69.58	12.08	43.73	26.37	17.36	39.79	8.42
2013	18.51	69.25	12.24	44.40	26.72	17.68	40.12	8.54
2014	18.68	69.61	11.71	43.66	26.83	16.83	39.42	8.69
2015	18.21	70.06	11.73	42.73	25.99	16.74	39.68	9.06
2016	18.31	69.69	12.00	43.49	26.27	17.22	38.63	9.23
2017	18.60	69.02	12.38	44.89	26.95	17.94	39.62	9.27
2018	18.85	68.18	12.97	46.67	27.65	19.02	40.08	9.30
2019	18.91	67.16	13.93	48.90	28.16	20.74	41.91	9.32
2020	19.24	65.75	15.01	52.09	29.27	22.83	40.04	9.35
2021	18.65	65.91	15.44	51.72	28.30	23.43	40.24	9.51

数据来源：《安徽统计年鉴》。

2010年和2020年安徽省两次人口普查数据显示，安徽省人口平均预期寿命从2010年的75.10岁提高到2020年的77.96岁，十年间人均预期寿命增长了2.86岁。安徽省65岁及以上人口数量占比已由2010年的10.23%上升至2020年的15.01%，乡村65岁及以上人口数量占比更是由11.51%上升至20.03%。安徽省整体和乡村地区已经步入深度老龄化和超级老龄化阶段。未来较长时间内，农村老龄人口数量将持续维持在较高水平上。

7.1.3 义务教育阶段学生数量变化分析

随着人口出生率的下降和城镇化进程的持续推进，乡村义务教育阶段学生数量将呈现下滑态势。数据显示，安徽省乡村小学招生数、初中招生数、高中招生数分别由2010年的524 773人、356 733人、42 514人降至2021年的160 120人、124 499人、12 548人（表7-3），降幅分别为69.49%、65.10%、70.49%。乡村小学、乡村初中、乡村高中数量也分别由2010年的11 950所、1921所、118所降至2021年的4111所、1088所、35所，降幅分别为65.60%、43.36%、70.34%。随着乡村义务教育阶段学生数量的减少，乡村学校学龄人口密度将持续下降，乡村学校将在较长时间内延续合并和关闭的状态。

表7-3 安徽乡村义务教育阶段学校及学生招生数量

年份	安徽乡村小学数量/所	安徽乡村初中数量/所	安徽乡村高中数量/所	安徽乡村小学招生数/人	安徽乡村初中招生数/人	安徽乡村高中招生数/人
2010	11 950	1921	118	524 773	356 733	42 514
2012	9294	1518	49	332 157	178 630	21 541
2015	6141	1286	35	285 858	135 235	15 386

续表

年份	安徽乡村小学数量/所	安徽乡村初中数量/所	安徽乡村高中数量/所	安徽乡村小学招生数/人	安徽乡村初中招生数/人	安徽乡村高中招生数/人
2020	4597	1119	35	194 620	127 186	12 752
2021	4111	1088	35	160 120	124 499	12 548

数据来源：《安徽统计年鉴》。

7.1.4 乡村人口空间布局变化分析

随着城镇化率的逐年提升和外来务工人员随迁子女就读人数的增加，安徽省行政村和自然村数量分别从2010年的16 495个、229 034个下降至2021年的14 360个、192 165个（表7-4），降幅分别为12.94%和16.10%。随着乡村人口数量的下降，合村并居也将稳步推进。由此，乡村人口空间分布也将发生重大变化，中心村、中心镇、县城将成为乡村人口的主要居住地点，乡村人口空间分布将呈现以圈状分布、线状分布等为主导的趋势布局。

表7-4 安徽省行政村与自然村数量变动情况

年份	行政村数量/个	自然村数量/个
2010	16 495	229 034
2012	15 314	226 295
2015	14 284	194 615
2018	15 027	183 867
2019	15 041	243 713
2020	14 794	180 976
2021	14 360	192 165

数据来源：《城乡建设统计年鉴》。

7.2 人口结构变化背景下安徽省乡村公共服务发展需要重点关注内容分析

人口结构变化深刻影响着公共服务资源配置。教育、医疗、养老作为公共服务体系的重要组成，在保障公民生命安全和健康水平、促进经济发展、提高居民生活质量等方面具有突出作用[138][177-180]。在此，选取义务教育、养老、医疗卫生三项与民生密切相关的公共服务领域进行分析。

7.2.1 义务教育领域的重点关注内容分析

首先，在低人口出生率、城镇化率稳步提升的背景下，乡村学校的合并和关闭将持续存在。学校的合并和关闭将会促使教学质量更高、交通优势更为明显、学生生源数量相对充足的地区的学校得以保留。在促进新合并学校师资力量提升的同时，优化学校的空间布局、为师生提供良好的工作学习环境和通勤服务、实现对来自不同地方的教师学生的柔性管理等将成为重要关注内容，为解决部分距离学校较远的教师和学生的住宿问题也将成为需要提前谋划的课题。

其次，随着素质教育的深入推广和普及及个性化教育需求的增长，学校需要更加注重对学生自主学习能力的培养。这将促使学校师生对图书馆、体育场等文体场所设施数量和质量的要求越来越高，也会促进师生对实践教学资源和研学资源需求的增加。学校合并后的文化体育设施、研学资源等的建设也将成为学校重点关注的对象。

7.2.2 养老领域的重点关注内容分析

首先,应重视发展居家养老服务产业。在老龄化程度不断加深、老年人口抚养比持续攀升、农村养老保险普及率较低且发放标准不高、农村青年人外出务工持续增强的情况下,为老年人提供低成本、可便捷获取的养老服务应成为重点关注方向,其中最为符合现实需求的就是居家养老。居家养老既可以减少家庭养老费用支出,也能让老年人不离开熟悉的环境,减轻精神上的孤单感。

其次,老年人口数量增加,乡村公共文化体育设施建设也需要照顾到老年人口的需求。虽然近年来乡村文化体育设施建设投入不断增加,但文化体育设施数量较少、设施管护不及时不到位的问题仍然比较突出。提供适合老年人锻炼的体育设施和锻炼场景,加强对文化体育设施的维修养护、保障文体设施清洁安全将成为未来较长时间内乡村建设的重点内容。

最后,要在交通出行、购物等方面考虑到老年人群体的特殊需求。公共交通站点的规划设计、各类便民商店的布局和购物环境设计等要多考虑老年人群体的身体情况和需求特征,积极打造便民生活圈。

7.2.3 医疗卫生领域的重点关注内容分析

随着人口总量下降和老年人数量的增加,乡村卫生机构服务的重点人群需要适度向老年人群体转移。在保障未成年人、中青年人群等的医疗服务水平的基础上,对于老年人常见疾病的诊断治疗、老年人群体的健康管理和健康生活方式养成也都将成为乡村医疗卫生机构重点加强的环节。

首先，老年人免疫功能下降，容易罹患各种急慢性疾病，应重点加强乡镇卫生院和村卫生室建设标准，提升乡镇卫生院对各种老年人群体易发疾病的诊疗能力和村卫生室的药品供给保障水平，同时逐步提升村卫生室对常见疾病的诊断水平和老年人口健康行为引导能力。

其次，老年人口数量的增加会促进乡村对健康管理服务需求的增多。对老年人进行体格检查、生活方式和健康状况评估并建立完善的健康档案，为健康指导和医疗辅助检查提供精准支持也应成为医疗卫生机构重点加强的项目。

最后，乡村居民尤其是老年人群体健康意识较为淡薄、健康生活方式还未有效形成，这一方面增加了乡村居民染上各种疾病的概率，在自身遭受病痛折磨的同时，也给家庭经济带来更大困难；另一方面也加重了乡村医疗卫生系统负担，造成医疗卫生资源的浪费。

7.3 人口结构变化背景下乡村公共服务发展的政策建议

7.3.1 以规划引领实现乡村公共服务空间布局优化调整

在乡村人口总量逐渐下降、义务教育阶段学生数量减少、人口老龄化水平逐渐提升的背景下，促进乡村相对集中分布既可以实现义务教育、养老、医疗卫生等领域公共服务的集中化供给，也能够避免因乡村空间布局过度分散带来的公共服务领域财政资金投入压力过大问题，同时促使乡村居民能够更为便捷地获取公共服务。为此,安徽省应高度重视发展规划的引领作用,抓紧完善《安徽乡村空间布局规划》,支持有条件的村庄发展为中心村,重点打造人口相对集中、资源条件相对较好、产业发展有一定支撑的新型乡村,使之成为中心村、新型社区或中心镇。通过乡村空间布局的优化调整促进教育、养老、医疗卫生等公共服务向这些人口集中区域布局,进而实现公共服务资源配置与人口空间分布的同步优化调整。在保障财政资金投入可持续的前提下,持续增强乡村公共服务的均衡性和可及性。

7.3.2 推进公共服务供需精准匹配和便民生活圈建设

为促进公共服务供给与乡村居民需求实现有效对接,在公共服务的供给上要始终以人民美好生活需求为出发点和落脚点,在持续推进基本公共服务均等化的同时,更要秉持"基本公共服务保障"向"品质生活提升"的公共服务供给理念,逐步扩大普惠性非基本公共服务的供给数量和质量,满足乡村居民日益多元化的公共服务需求。

为有效促进乡村公共服务的均衡分布和便利获取,要积极推进"便民生活圈"建设,通过对教育、养老、医疗卫生、商业、公共文化体育设施、公共交通等公共服务项目的合理选址和优化布局,促使乡村居民能够便捷到达上述公共服务项目的供给点。在具体实施中,各地可以充分利用闲置下来的学校等场所,逐步推进便民生活圈的建设,逐步从"1小时便民生活圈"向"半小时便民生活圈"和"15分钟便民生活圈"发展。

7.3.3 强化特色公共服务项目供给

在生活节奏加快、少儿抚养比和老年抚养比不断上升的情况下，针对年轻人工作忙碌缺乏精力照顾小孩和老人的情况，政府应积极鼓励、引导和支持社会力量参与托育、教育、养老、医疗卫生等领域的普惠性非基本公共服务供给。按照"标配+选配"的模式，推进养老、托育和老幼融合等"一老一小"服务场景落地建设。例如，在幼儿园、小学、中学校园内或在其周边设立"校园食堂"或"公益食堂"，通过收取合理费用方式满足学生、老年人等群体的就餐需求；在老年人较多的社区或居住区建设"老年食堂"以满足老年人群体的饮食需求；在条件允许的社区和村庄设置"农家书屋"或"文体休闲场所"，满足不同群体的精神文化需求。

7.3.4 提升公共服务设施的硬件和软件建设水平

公共服务设施的建设既要注重数量的增加，更要注重质量的提升。为此，应从硬件建设和软件建设两个方面加强努力。在硬件建设方面，义务教育阶段学校要加强图书馆、体育场和体育设施、研学基地和研学资源、午休或住宿场所等的建设；养老方面要加强文体设施、养老机构和养老服务项目供给；医疗卫生方面要提高村卫生室和乡镇卫生院常见疾病的诊断治疗能力和药品保障水平。在软件建设方面，要加强对教育、养老、医疗卫生机构工作人员的培训，提升其职业素养和专业技能；在社区、学校或主要健身区域安排健身指导员促进居民科学健身；在健康管理方面，提升乡村居民的健康素养水平，促进居民健康行为养成。

7.3.5 提升居民数字素养与技能水平

随着数字教育、数字医疗、数字养老等公共服务应用平台的广泛应用，数字化、智能化成为提升公共服务效能的重要手段。为增强公共服务便捷性和可及性，要将提升乡村居民数字素养与数字技能水平作为推动乡村公共服务发展的重要举措，促进乡村居民熟悉主要数字化应用平台的使用，使其掌握应用互联网查询公共服务信息的技能，促进居民融入数字公共服务发展进程。在实践中，可以构建覆盖乡村的智能医疗卫生健康服务平台，让乡村居民通过手机进行在线咨询、完成常见疾病的就医购药操作，提高公共服务的便捷性。

为更好地促进乡村居民尤其是老年人对数字化应用平台的操作水平，可以通过组织政务工作人员下村，组织高校大学生利用寒暑假下乡进行服务指导等方式对居民数字化应用技能进行专项培训。同时也要积极吸引更多的专业人才来到农村地区从事公共服务工作，以提高公共服务的专业化水平。

7.3.6 做好动态监测跟踪跟进服务

政府在加强公共服务供给的同时，也应完善乡村公共服务的监管和评估工作。一是通过建立健全监管和评估机制，加强对乡村公共服务的监督，推动公共服务的规范化、标准化和信息化建设水平。二是加强对乡村公共服务的监测，及时掌握乡村居民公共服务诉求、村庄规划设计、乡村人口数量变动等信息，及时掌握乡村居民的公共服务需求和评价信息，为进一步完善公共服务供给提供科学依据。三是加强公共服务平台建设管理，保障公共服务平台提供的服务及时准确地回应居民的需求。

7.4　本章小结

本章从乡村人口数量、乡村人口年龄结构和教育程度、义务教育阶段学生数量、乡村人口空间布局四个方面对安徽省乡村人口结构变化趋势进行了分析。选取义务教育、养老、医疗卫生三项与民生密切相关的公共服务领域进行分析，指出人口结构变化背景下乡村公共服务发展需要重点关注的内容。提出了人口结构变化背景下乡村公共服务发展的政策建议：以规划引领实现乡村公共服务空间布局优化调整、推进公共服务供需精准匹配和便民生活圈建设、强化特色公共服务项目供给、提升公共服务设施的硬件和软件建设水平、提升居民数字素养与技能水平、做好动态监测跟踪跟进服务。本章为人口结构变动背景下安徽省乡村公共服务发展提供了科学依据和决策支持。

第8章 安徽省公共服务发展的实践创新与主要启示

近年来,安徽省持续完善公共服务政策体系,不断加强公共服务建设力度,注重通过实践创新推动公共服务高质量发展,形成了具有安徽特色的公共服务发展体系。本章将聚焦安徽省公共服务实践探索,梳理具有安徽特色的公共服务发展模式和典型案例,为更好地总结安徽经验和推动公共服务持续健康发展提供支持。

8.1 安徽省公共服务发展的实践创新

8.1.1 以都市圈引领公共服务发展的实践创新

都市圈是以大城市为节点,辐射带动周边城市和地区,形成以核心城市为中心,周边城市和地区为辐射区域的城市群。作为统筹区域协调发展的重要载体,都市圈在推动公共服务一体化方面的作用日益受到关注。在推动安徽公共服务发展进程中,安徽省积极谋划,主动作为,走出了以都市圈引领公共服务高质量发展之路。以都市圈推动公共服务发展的实践创新见表8-1。

表8-1 以都市圈推动公共服务发展的实践创新

都市圈	涵盖地域	公共服务发展成绩
南京都市圈	以南京为中心的经济区域带，安徽省滁州、马鞍山、芜湖、宣城四市的11个市辖区、5个县级市和12个县包含其中	①交通互联，助力区域一体化；②公共服务便利共享，打造民生"幸福圈"；③协同扩大优质教育资源供给，实现区域教育现代化；④推进智慧旅游体系建设，实现文化旅游合作发展；⑤共推就业与社会保障
合肥都市圈	包括合肥市、淮南市、六安市、滁州市、芜湖市、马鞍山市、蚌埠市、桐城市（县级市），区域面积占安徽省的40.6%，人口占安徽省的43.2%	以"一体化发展"引领发展，按照战略统筹一体化、基础设施互联互通、产业创新协同共进、生态环境共保联治、公共服务共建共享思路统筹城乡融合发展
杭州都市圈	包括安徽省黄山市	①推进机制共建、规划共绘、交通共联、产业共兴、环境共治、服务共享；②推动公共交通、公共卫生、文化旅游、智慧医疗、教育培训合作共建

安徽省滁州、马鞍山、芜湖、宣城四市的11个市辖区、5个县级市和12个县积极融入南京都市圈发展，在交通互联、公共卫生和公共教育资源供给、智慧公共服务体系建设方面实现了互联互通和协同发展。

合肥都市圈以"一体化发展"为引领，在基础设施互联互通、公共服务共建共享方面实现融合发展。为推动区域一体化发展，构建和谐宜居生活环境，都市圈建设中努力践行均衡性原则（公共服务资源均衡配置），优先原则（优先考虑最需要的地区和群体，确保公共服务供给和需求匹配），公平原则（公共服务获取机会均等）和可持续性原则（确保公共服务供给的可持续性）。在医疗卫生方面，通过组建医疗联合体实现医院间的资源共享；在教育方面，推动高校间合作办学水平和监理合作研究机制；在交通运输方面，建设便捷的交通网；在环境保护方面，推动城市间的环保协作。上述举措的实施都对合肥都市圈公共服务整体水平提升产生积极促进作用。

在长三角一体化发展中，通过实施"交通互联互通""医疗教育共建共享""跨省'一网通办'"等区域合作发展举措，推动区域公共服务共建共享水平实现跃升（表8-2）。

表8-2 以区域合作推动公共服务共建共享

序号	区域合作	区域合作推动公共服务共建共享成绩
1	交通互联互通	形成一体联通的交通网络、一体衔接的运输服务质量、一体融合的业态模式、一体协同的体制机制
2	医疗教育共建共享	①长三角异地门诊费用直接结算通道也全面开通，截至2022年年底已覆盖长三角全部41个城市的1.5万余家医疗机构；②推进长三角教育协同发展，依托校长及教师培训联动平台加强基础教育合作交流，积极引入沪苏浙优质职教资源和"双一流"建设高校
3	跨省"一网通办"	①2019年5月，长三角"一网通办"正式上线；②2021年10月，长三角区域启动首次申领居民身份证"跨省通办"工作；③推进社会保障卡居民服务"一卡通"应用

数据来源：《安徽日报》2023年06月05日第11版《民生一体化 共享长三角》。

8.1.2 强化农村基层治理体系和治理能力建设的实践创新

1.青阳县基层治理体系和治理能力建设实践

安徽省池州市青阳县通过建立包括基层管理、全员参与、资金统筹和公共资源回收利用在内的4大机制，构建了立体化的农村基层治理体系，为促进农村公共服务水平提升构筑支撑基础（表8-3）。

表8-3 青阳县农村公共服务能力提升实践创新

序号	主要举措	实现目标
1	建立乡镇人居环境管护站	实现农村事务有人问，农民需求有人管
2	以大学生、退伍军人、致富能手、能工巧匠等为主体建立人才库	吸纳人才参与本地公共服务工作
3	统筹资金加大公共服务投入力度	完善农村基础设施，提升公共服务水平
4	实施公共资源"变废为宝"工程	与家庭农场、种植大户、农业合作社等新型农业经营主体合作，将农户粪污交其进行合理化利用，实现资源效益最大化
5	推动基础设施改造升级	农村卫生厕所覆盖率大幅跃升，污水处理设施提档升级，行政村户厕和公厕维修管护实现全覆盖

资料来源：安徽省人民政府网站 https://www.ah.gov.cn/zwyw/ztzl/jzfptp/sxdt/554085861.html.

2.大塘村基层治理体系和治理能力建设实践

安徽省太湖县江塘乡大塘村在推进乡村治理进程中，制定了《大塘村公德超市管理实施办法》，提出了"大塘村公德超市积分细则"（表8-4）。实践中，村党总支部根据村民个人信用、家庭环境卫生、履行《村规民约》及参加村集体活动等情况，每月组织积分评定活动。村民凭借积分存折在村公德超市兑换物资。实施积分兑换实物的方式极大地激发了村民参与村庄治理的积极性，提升了乡村人居环境和社会治理水平。

表8-4 大塘村公德超市积分细则

	项目		分数		项目	分数
加分项	人居环境	房前屋后无杂草杂物、无乱堆乱放	加1~5分	加分项	光荣参军 参加应征报名并顺利入伍	加100分
		厨房厕所干净整洁	加1~3分		光荣参军 参加应征报名因体检或审查未能入伍	加50分
		庭院整洁	加1~3分		化解矛盾 主动化解各类矛盾纠纷1起	加2分
		创新"五小园"建设（小菜园、小果园、小花园、小禽园、小竹园），有栅栏无杂草、干净美观	加1~3分		公益事业 为公益事业捐钱捐物1次	加5分
		积极参加村组环境整治活动1次（2小时以上）	加2分		无偿献血 参与无偿献血1次	加10分
	乡风文明	当年高考家庭不举办升学宴	加5分		器官捐献 获得表彰荣誉	加100分
		红白喜事严格按照《村规民约》办理	加5分		见义勇为 获得表彰荣誉	加100分
	教育	子女当年被清华大学、北京大学录取	加100分		表彰奖励 国家级	加100分
		子女当年被"双一流"院校录取	加50分		省级	加50分
		子女当年被本科院校录取	加30分		市级	加40分
		子女当年被太湖中学录取	加20分		县级	加30分
	文明实践	参加文明实践活动1次	加2分		乡级	加20分
		在文化活动中参演节目1个	加2分		村级	加10分

续表

	项目		分数		有下列情形的，一次性扣除所有积分，并进行说服教育，情节严重的依法依规处理。 1. 散布不当言论，抵制党组织决议决定的； 2. 支持或参加邪教组织、封建迷信活动的； 3. 非法组织或参与集体上访、越级上访的； 4. 破坏生态环境和损坏公共设施的
扣分项	人居环境	破坏环境卫生	扣1~5分	一次性扣除	
		有残垣断壁	扣1~5分		
		家禽散养	扣1~5分		
	乡风文明	红白喜事大操大办	扣5~10分		
		邻里吵架、发生矛盾纠纷	扣5~10分		

由表8-4可知，大塘村公德超市积分细则中，加分项包括人居环境、乡风文明、教育、文明实践、光荣参军、化解矛盾、公益事业、无偿献血、器官捐献、见义勇为、表彰奖励等项目，涵盖了基层公共服务治理的方方面面。扣分项也主要集中于人居环境治理和文明乡村培育两个方面。大塘村的创新实践可以说是抓住了基层治理的核心内容。

为激励村民参与基层治理热情，提升村民自治能力，大塘村制定了公德超市积分兑换标准（表8-5），村民可以定期到公德超市进行积分换商品。

表8-5 大塘村公德超市积分兑换标准

类别	物品清单	积分	类别	物品清单	积分
杂物类	大剪刀	15	厨房类	碗	5
	小剪刀	3		筷子	10
	雨伞	15		醋	8
	拖鞋	20		酱油	12

续表

类别	物品清单	积分	类别	物品清单	积分
杂物类	水杯	5	厨房类	盐	2
	扫把	10		食用油（2.5kg）	80
	洗衣服	15		大米（10kg）	60
	卫生纸	5		洗洁精	10
	衣架	15		电饭煲	150
	茶叶	50		电水壶	10
	手电	15		电磁炉	150
洗漱类	脸盆	10	学习用品类	作业簿	1
	香皂	5		软封面笔记本	2
	肥皂	3		硬封面笔记本	4
	牙膏	10		水性笔	1
	牙刷	3		橡皮	1
	刷牙杯	5		圆规	5
	洗发露	30		文具盒	15
	毛巾	10		书包	40
	梳子	5		文件夹	5

数据来源：2023年暑期实地调研。

3.毛畈村基层治理体系和治理能力建设实践

毛畈村坚持党建引领，以信用村建设赋能产业发展、助力乡风文明、推进社会治理，形成了"决策共谋、产业共兴、文化共建、新风共育、成果共享"的"五共"工作法，获得岳西县文明村镇、安徽省"五个好"村党组织标兵、全国乡村治理示范村等多个荣誉称号。

在实践中，毛畈村制定了《党建引领信用村建设积分标准》《党建引领信用村建设扣分标准》（表8-6与表8-7）和《信用超市商品兑换细则》。每季度根据道德评议会、红白理事会、禁赌禁毒会、村民理事会等评议结果确定红榜和黑榜名单，同时给予相应积分或扣分，不定期为获得积分的村民进行商品兑换。通过红榜点赞、黑榜亮丑及兑换商品，引导群众说文明话、行文明事、做文明人。

表8-6 毛畈村党建引领信用村建设积分标准

序号	类别	项目	分值
1	孝敬老人	孝敬老人，有口皆碑，家庭和睦	100
		在孝老爱亲方面获评相关荣誉表彰	100
2	家庭教育	家庭成员获得荣誉称号	国家级1000、省级500、市级400、县级300、镇级200、村级100
		家庭成员获得研究生以上学历	300
		坚持"学习强国"学习，支部排名前5	200
		主动到农家书屋学习1小时以上	10
3	兄弟姐妹关系	兄弟姐妹团结和谐、互帮互助	100
4	邻里关系	照顾帮扶邻里	50
		充当"调解员"角色，主动化解周边邻里及家庭纠纷	50
5	热心公益	积极自愿无偿参加防汛抗旱、铲雪除冰、森林防火、治安巡查等抢险救灾活动	100
		积极自愿参加文明实践活动	50
		捐资捐物，帮扶困难群众，关心关爱弱势群体	50
		见义勇为行为	100
		积极参加无偿务献血	200
		捐献造血干细胞、人体组织、器官或遗体	1000

续表

序号	类别	项目	分值
6	支持村两委工作	支持镇、村重点工程工作	100
		创办新型农业经营主体,带动群众就业	50
		支持村级文化事业发展,出演村文艺节目	50
		青年应征参军及获得嘉奖	300
7	移风易俗	积极响应移风易俗,做到喜事廉办、丧事简办、小事不办	100
8	摒弃陋习	勤劳致富,带动周边5户以上增收	50
		落实"门前三包",做到"四净两规范"	100

表8-7 毛畈村党建引领信用村建设扣分标准

序号	项目	分值
1	不孝敬老人,对老人不管不顾,甚至虐待老人	-500
2	夫妻关系严重不和,产生离婚诉讼,造成人伤等严重后果的	-200
	插足他人家庭,婚内出轨,被举报,经村评议会核实的	-200
	虐待儿童、有家庭暴力的,被举报,经村评议会核实的	-100
	家庭成员有违纪违法行为	-500
	子女未完成义务教育的	-100
3	兄弟姐妹明争暗斗,发生矛盾冲突,调解无效的	-100
4	挑拨邻里关系,搬弄是非,产生纠纷后果	-100
	拉帮结派,搞家族势力,被举报核实	-100
5	无故不参加镇村组组织的各类会议培训等	-100
		-20
	有乱丢垃圾、乱排乱放、乱砍滥伐、违规露天焚烧秸秆等破坏农村环境整治行为	-200
	侵占、私改、破坏公共空间、公共设施、公共绿化	-100
	遇到急难险重任务如森林防火、抗旱救灾等,故意躲避或临阵脱逃	-50
	有捕猎野生动物、炸鱼电鱼等破坏自然生态行为	-100

续表

序号	项目	分值
6	在选举及村"两委"有关会议中有妨碍或破坏行为	-50
	在村"两委"开展调查统计等工作中虚报瞒报有关信息	-50
	违规造假申请各类政策待遇或补贴补助，被举报核实	-50
	无事实依据拨打各类举报电话、上访、组织煽动，有诽谤造谣、传谣行为的	-500
	欠缴税费，催缴无效的	-100
	不支持村内公益事业的	-100
	经银行或相关部门认定为失信人员	-200
7	超当地村规民约标准，大操大办红白事	-100
8	好吃懒做，坐等政府救助，劝阻无效等行为	-100
	传播封建迷信思想，制作迷信物品，搞巫医、信邪教等	-100

与大塘村做法类似，毛畈村信用超市商品兑换细则见表8-8。被评上信用户的家庭享受普惠金融、交通出行、生活购物、文化体育、医疗健康、评优评先六大类21项优惠政策，以此促进村民自治行为形成。

表8-8 信用超市商品兑换细则

序号	商品	兑换所需积分	序号	商品	兑换所需积分
1	香皂	50	10	水晶杯	200
2	毛巾	80	11	拖把	200
3	脸盆	100	12	塑料桶	200
4	抽纸	100	13	雨伞	300
5	蚊香	100	14	热水瓶	300
6	洗洁精	100	15	洗衣液	400
7	牙膏	100	16	电热水壶	800
8	洗衣粉	200	17	大米	800
9	手电筒	200	18	食用油	800

续表

序号	商品	兑换所需积分	序号	商品	兑换所需积分
19	小型电风扇	800	22	炒锅	1500
20	电动剃须刀	800	23	电饭煲	2000
21	豆浆机	1500	24	微波炉	2000

8.1.3 以数字赋能推动公共服务发展的实践创新

公共服务体系日益完善，数字赋能扮演着重要角色。商务部等12部门联合印发《关于加快生活服务数字化赋能的指导意见》（商服贸发〔2023〕302号）中明确提出"通过数字化赋能推动生活性服务业""推动提升商贸服务、交通运输、文化旅游、教育、医疗、健康等领域数字化水平"。在文件中提出"到2025年，初步建成'数字+生活服务'生态体系""到2030年，基本实现生活服务数字化"。当前，数字技术已经与教育、医疗卫生、养老等公共服务领域进行全面融合，在公共服务便捷获取和应用中发挥着越来越重要的作用。

安徽省积极推进社区智慧化建设，先后出台《安徽省智慧社区建设试点工作方案（2018—2020）》和《智慧社区建设指南》，为安徽省智慧社区建设提供明确依据。铜陵市依托"WE社区"智慧应用，重点打造"微资源""微协商""微网格""微服务"四大模块，引领基层治理跃入"智治"快车道。"微资源"模块让基础信息流起来，"微协商"让群众参与畅起来，"微网格"让事件管理细起来，"微服务"让小微需求活起来。滁州市琅琊区通过建设"智慧社区综合一体化服务平台"，推动公共服务资源向社区下沉，

提高基层治理的精细化、智能化、专业化水平。❶

安徽省南陵县在农村人居环境整治中，采取"五金店维修+集中储粪池处理"方式推动厕所管护改革。为确保厕所管护及时到位，南陵县开发了智慧管护小程序，随手拍一拍、清单点一点，便可以上传户厕照片，对问题进行留言，提交订单后便可实现"维修清掏，一键上门"。❷

在公共文化服务领域，安徽省也积极打造"互联网+公共文化服务"模式，2021年全省94%的县级以上公共文化场馆接入了"安徽文化云"平台，图书馆、文化馆持续加强数字资源建设、开展网络直播、提升数字服务。❸公共文化服务数字化发展趋势明显。南陵县民政局通过实施智慧养老指导中心建设，对养老机构、老年助餐、家庭养老床位和政府购买居家养老服务实行智能化监管，为居家养老服务提供支持。❹

广播电视作为重要的传播媒介，在促进经济社会发展和数字赋能中有着特殊的作用。推动广播电视服务高质量发展对于普及公众科学文化知识，提升公共服务数字化发展水平具有重要作用。自2021年3月安徽肥西县、全椒县、阜南县、青阳县、南谯区5个县区被国家广电总局批复开展全国广播电视基本公共服务试点以来，安徽省广播电视局积极在上述5个县区积极推动广播电视公共服务均等化、普惠化、便捷化，奋力破解广电公共服务存在难题，形成了广播电视公共服务发展的安徽经验（表8-9）。

---

❶ 数据来源：安徽省民政厅官网http：//mz.ah.gov.cn/xwzx/sxdt/121560341.html.
❷ 数据来源：新华网 http：//www.ah.xinhuanet.com/2023-01/14/c_1129283121.htm.
❸ 数据来源：安徽省人民政府官网https：//www.ah.gov.cn/zwyw/jryw/554102341.html.
❹ 数据来源：南陵县人民政府官网https：//www.nlx.gov.cn/xwzx/bmdt/12128027.html.

表8-9 安徽省广播电视局助力公共服务数字化发展的实践创新

序号	主要举措	实现目标
1	健全广电网络，解决设施薄弱问题	①农村有线电视网全面升级；②应急广播终端网全面覆盖；③基层广电服务网全面完成
2	构建长效机制，解决保障不足问题	①经费保障方面，建立政府主导、社会资本参与的模式；②制度保障方面，形成了包括建设、运管、维护、绩效评价的管理和服务制度；③在运行保障方面，建立流程化、标准化服务机制
3	精准托底，解决服务不平衡问题	①针对特殊群体，出台相应的政策文件予以保障；②针对特殊区域，实现广电有线网络全面覆盖
4	视听助农，解决服务不充分问题	①统筹推进对农节目供给；②开展对农公益助销
5	创新智慧应用，解决发展质量不高问题	创新实施智慧广电赋能行动，积极推动广播电视公共服务实现功能型向智慧型转型
6	编制体系，解决行业规范缺失问题	①确立安徽省广播电视公共服务标准体系框架；②编制《安徽省广播电视公共服务标准规范指引（2022年试行版）》；③明确服务事项、服务流程和服务要求，优化服务机制，提升服务质量

资料来源：安徽省广播电视局官网https：//gdj.ah.gov.cn/ztzl/jzjstpgjahgdzxd/fpyw/148514591.html。

8.1.4 积极推进社区生活圈建设的实践创新

社区生活圈作为公共服务供给的主要场域，增加社区生活圈内公共服务设施的供给数量和提升公共服务设施供给质量，对于满足社区居民日常生活需求，实现公共服务均衡发展有着积极作用。很多地方在推进公共服务设施空间布局优化中，都将社区生活圈建设作为重要的手段。

在2023年3月宿州市政协组织的"宿州市新型城镇化加快突破"专题调研中，课题组跟随调研组赴宿州市萧县新廷社区调研"公共服务促进新型城镇化发展"。萧县新廷社区秉持"引领、创新、共赢"理念，开展"公共服务送到家"活动。在具体实践中，新廷社区组织了三支队伍（党群服务队、专业服务队、志愿者服务队），通过"七个统一"（统一资源、统一清单、统一流程、统一配置、统一标识、统一队伍、统一着装），开展九项服务内容（扶贫济困、产业就业、民政社保、社会治理、卫生健康、移风易俗、环境整治、农林水电、金融物流）。为解决农村劳动力就业工作，新廷社区积极贯彻实施"三公里"就业圈建设，促进社区居民"家门口"就业。

安徽省蒙城县通过实施"5分钟便利店+10分钟农贸市场+15分钟超市"便民生活圈、"15分钟健身圈"和"15分钟阅读圈"的"三圈"建设来推进社区公共服务设施配套升级。在具体实践中，一是围绕"三圈"完善城市基础设施。在"三圈"周边建设"迷你型"小广场、小停车场、小游园，便利市民生活、健身和阅读。二是疏堵结合服务"三圈"建设。围绕"三圈"科学设置便民疏导点，强化市容秩序管理，为"三圈"建设和运行提供保障。三是围绕"三圈"完善卫生设施保障民生。通过增加垃圾回收处置设施、规范垃圾处理制度来确保"三圈"环境整洁。四是做好设施设备维修养护，满足"三圈"建设需要。❶

滁州市在旧城改造中注重以打造宜居"生活圈"提升民生"幸福感"。来安县在旧城改造项目中，充分挖掘老旧小区周边的存量资源，完善老城区

---

❶ 数据来源：安徽新闻网 http://sqr.ahnews.com.cn/news/2022/01/14/c_179025.htm。

的配套设施,改造和增设公共卫生设施、综合超市、便利店、便民市场、托育点、幼儿园、老年食堂,提升老旧小区居民健康服务、公共休闲服务、出行和停车服务,形成了集医、食、行、文、娱于一体的"5分钟居家服务圈"。在旧城改造过程中,为促进信息公开和发挥居民自治主体作用,来安县积极利用"互联网+"的数字化方式将改造工作信息同步到网络平台,畅通民意反馈渠道,为居民监督提供平台,最大限度吸纳居民参与。[1]

8.1.5 公共文化体育服务融合发展的实践创新

《安徽省"十四五"文化和旅游发展规划》和《安徽体育事业发展"十四五"规划和2035年远景目标》的出台为文化、旅游、体育事业发展提出了明确方向,同时也对文化旅游体育领域的公共服务发展提出了新要求。安徽省各地在上述三个领域公共服务发展方面也大胆探索,走出了一条创新发展之路。

近年来,阜阳市深入落实"十四五"公共文化服务体系规划,在公共文化服务均等化、数字化、品质化、社会化方面推进高质量发展。阜阳市积极争取省级、市级项目资金,建设了市、县、乡、村一体化的公共图书馆服务体系。目前,阜阳市171个乡镇文化站建设了图书阅览室、电子阅览室、办公室、培训室多功能厅。村级综合文化服务中心基本都建设有广场、舞台、文化活动室、图书阅览室、体育器材、音响、广播等,具备齐全的文化服务功能。2023年1月至5月,阜阳市开展"送戏进万村"活动达到1060场,"四

---

[1] 数据来源:滁州市人民政府官网 https://www.chuzhou.gov.cn/zxzx/xqcz/1110687326.html。

季村晚"演出109场，临泉县长官镇长东村成功入选全国夏季"村晚"示范展示点。❶

安徽寿县在文化旅游公共服务发展中通过打好"四张牌"提升公共服务质量（表8-10）。

表8-10　安徽寿县文化旅游公共服务发展经验

序号	主要举措	主要内容
1	打好阵地建设"升级牌"	公共文化场馆免费开放；推进县博物馆、图书馆、文化馆老馆综合利用和村级综合性文化服务中心建设；开展乡镇综合文化站专项治理，解决设施闲置、活动匮乏等问题
2	打好惠民工程"服务牌"	支持乡村民营剧团发展；开展"送戏进万村"、农村公益电影和"爱教"电影放映等系列文化惠民工程；加强公共文化管理服务平台建设；推进文化馆、图书馆等提档升级
3	打好厕所革命"监督牌"	建立旅游厕所电子档案；按照A级等级标准推进旅游厕所管理工作
4	打好智慧旅游"创新牌"	注册运营寿县文旅抖音、微博等；打造旅游公共信息和咨询平台

数据来源：淮南市文化和旅游局官网 https://wlj.huainan.gov.cn/xwzx/whyw/551587376.html.

宿州市在推动公共服务发展中，通过扎实做好公共文化体系服务网络建设、壮大基层文化人才队伍，强化智慧文化建设来推动公共文化事业发展（表8-11）。

---

❶ 数据来源：中国文化报2023年6月30日第A05版：高处着眼 实处用力 推进公共文化服务高质量发展。

表8–11 宿州市公共文化服务发展经验

序号	主要举措	主要内容
1	建成公共文化体系服务网络	乡镇或街道文化站、村或社区综合文化服务中心的覆盖率全部实现100%；建成"市、县有馆，乡镇有站，村有中心"的四级公共文化网络
2	基层人才队伍日渐壮大	组建包括乡村文化带头人、专兼职文化管理员、文化志愿者的乡村文化振兴人才队伍
3	加强智慧文化建设	实施数字化赋能工程；采用数字平台对民间文艺团队进行辅导，展示乡村特色文化

数据来源：安徽省文化和旅游厅官网https：//ct.ah.gov.cn/zwxw/qswlxxlb/8778451.html.

在体育公共服务设施建设方面，宣城市、芜湖市、蚌埠市积极利用小区、河岸、街头游园等公共空间开辟群众运动休闲空间，打造群众身边的"体育馆"，提升全民健身设施数量和质量。宿州市的智慧健身步道通过人机互动、健身打卡、记录运动数据等方式让科技赋能全民健身活动。滁州市城区学校体育场地通过有序向社会开放让市民能够分段进行健身。淮北市相山区通过实施"百姓健身房+口袋体育公园+健身路径+健身步道"的多位一体公共健身服务网络体系建设，实现存量盘活、增量扩大，满足群众就近健身需求。❶

8.1.6 医疗卫生服务质效提升的实践创新

医疗卫生是医疗服务和公共卫生的统称，包括社会公共卫生服务、医疗服务、健康促进服务与上述服务相关的保障体系、组织管理及监督体系等。良好的医疗卫生服务不仅能够提高公众的健康水平，增强居民的幸福感，而且能促进社会发展进步。

---

❶ 数据来源：安徽省发展和改革委员会https：//fzggw.ah.gov.cn/ywdt/ztzl/ahmsgc/stms/148105051.html.

安徽省在基层医疗卫生服务能力建设方面，采取了人才培养和设施改造双管齐下的有力举措。在人才培养方面，通过招录乡村医生定向委托专科生方式向农村输送医疗卫生人才。截止到2023年5月，全省累计招录乡村医生定向委托专科生人数达到4183人，累计培养农村定向医学生达5289人。在医疗机构软件设施和硬件设施改造方面，积极利用人工智能技术开展"智医助理"建设和应用。2021年至2023年期间，安徽省财政每年安排1亿元进行城市社区卫生机构和村卫生室标准化建设项目，通过改善基础设施和配备医疗设备，夯实基层医疗卫生服务能力。❶

在提升医疗卫生服务质量方面，黄山市作为山区城市，面临参保人员分散、医保经办机构主要集中于区县县城的现实状况，积极推动医疗卫生服务改革创新，着力解决群众"急难愁盼"问题（表8-12）。

表8-12 黄山市医疗卫生服务实践创新

序号	主要举措	主要内容
1	规范医保服务，提升服务能力	实施经办管理服务统一规范；组织培训与比赛，提升医保服务能力
2	推动医保服务工程智慧化	慢特病资格认定线上申请；职工生育津贴待遇线上申报
3	医保服务亲民化和人性化	慢特病购药费用和城镇职工生育医疗费用直接结算；传统服务与智能化服务相结合，在窗口开展经办人性化服务
4	医保服务"多元化"，满足群众多样化需求	推出"两全两公布"制度。"两全"即事项全预约和时间全覆盖；"两公布"即公布预约办公电话和公布首席代表手机号码
5	支付方式"精细化"，管理"科学化"	推进医保支付方式改革工作；统筹医疗机构管理工作

数据来源：安徽省医疗保障基金管理中心网站http://ybj.ah.gov.cn/ztzl/ahsybjjglzx/tszs/147589751.html.

❶ 数据来源：安徽省卫生健康委员会官网https://wjw.ah.gov.cn/public/7001/56769141.html.

作为全国基层卫生健康综合试验区，濉溪县通过创新"塔形结构"推进"创新紧密型县域医共体"建设。具体举措包括：一是做稳"塔基"，优化村级卫生室服务，强化村级卫生室标准化建设，引导群众形成"有序就医、逐级转诊"习惯。二是做强"塔腰"，提升乡镇卫生院能力，推进乡镇卫生院基础设施、基本设备和信息化建设。调整优化基层医疗机构空间布局，建设乡村急诊急救体系，打造15分钟优质医疗服务圈。三是做精"塔尖"，提升县级医院水平，强化专业技术人才的进修培训和带教帮扶，提升县级医院的医疗卫生服务技术水平。[1]

8.2 安徽省公共服务实践创新的主要启示

8.2.1 重视发挥数字赋能的作用

数字赋能可以打破地区之间、部门之间的藩篱，实现"让数据多跑路、让群众少跑腿"的目的。数字赋能公共服务能够有效简化公共服务流程，提高公共服务效率。从安徽省公共服务实践创新看，借助数字技术的智慧社区建设和"互联网+公共文化服务"模式创新都很好地提升了公共服务供给质量。智慧阅读资源、智慧医疗卫生服务、智慧治理等数字化公共服务应用场景的持续普及，很好地提升了居民公共服务获得的便利性与满意度。"互联网+文化旅游""互联网+医疗服务""互联网+健康生活""互联网+居家养老"等工程也很好地迎合了年轻群体、老年群体等不同类型人群的个性化需求，

---

[1] 数据来源：安徽省卫生健康委员会官网 https://wjw.ah.gov.cn/xwzx/sxgz/56134961.html。

在推进基本公共服务均等化同时，也提升了普惠性非基本公共服务的发展质量。

8.2.2 重视不同类型公共服务融合发展

从近年来安徽省公共服务实践创新来看，融合发展居于重要位置。随着生活水平的持续提升，居民对文化旅游的需求越来越多，对高品质生活的追求不断提升，可以说居民的休闲越来越讲究文化品位。在公共服务供给中，安徽省通过构建市、县、乡、村一体化的公共图书馆服务体系，推进文化旅游公共服务融合发展，实施数字赋能公共服务发展等举措，有效推动公共文化、公共体育等不同类型公共服务的融合发展，不仅提升了不同公共服务获得的便捷性，也对城乡融合发展产生了积极作用。

8.2.3 重视公共服务设施共建共享

公共服务共建共享，是推动区域经济社会协同发展的有效支撑。安徽省在公共服务发展中，通过发展都市圈、生活圈来推动公共服务设施优化配置，实现教育、医疗、养老、文化体育等公共服务设施共建共享。近年来，安徽省积极融入长三角一体化发展，推动体制机制与沪苏浙的"等高对接"，在交通互联互通、教育共建共享、跨省"一网通办"等方面让安徽民众获得了实实在在的"一体化"红利，有力支撑了"民生一体化，共享长三角"的发展目标。

8.2.4 重视发挥基层自治作用

基层治理是社会治理的重要支撑，是国家治理的基石。基层有效治理作为国家善治的重要组成部分，在中国式现代化发展进程中发挥着重要作用。公共服务关乎民生，连接民心。作为公共服务发展的直接受益群体，社会公众的积极参与对于公共服务发展质量有着积极影响。在安徽省公共服务实践创新中，始终注重鼓励和引导基层自治组织和社区居民参与公共服务供给。在实践中，不仅多方面吸纳人才参与基层公共服务工作，而且积极推进公共服务体制机制创新，通过出台居民参与基层治理的积分标准和健全村规民约等方式，促进社区居民主动参与基层治理。基层自治作用的有效发挥对保障基层公共服务供给同样也产生了很好的促进作用。

8.3 本章小结

本章从都市圈引领公共服务发展、强化农村基层治理体系和治理能力建设、数字赋能推动公共服务发展、推进社区生活圈建设、公共文化体育服务融合发展、医疗卫生服务质效提升等方面对安徽省公共服务发展的实践创新进行了归纳。总结了安徽省公共服务实践创新的主要启示：重视发挥数字赋能作用、重视不同类型公共服务融合发展、重视公共服务设施共建共享、重视发挥基层自治作用。

第 9 章 研究结论与政策建议

9.1 研究结论

健全完善的公共服务体系是扎实推进共同富裕的政策基石与基本支撑,对于增强社会的凝聚力和增进人民福祉具有重要作用。近年来,安徽省经济社会发展取得长足进步,公共服务发展成效显著。为全面展示安徽省公共服务发展成就,明晰安徽省公共服务发展存在的问题与不足,为促进安徽省公共服务高质量发展打下坚实根基,本书在全面梳理公共服务发展内涵、功能、主要内容和总结公共服务发展历程及主要特征与时代意义的基础上,沿着"公共服务发展现状考察—安徽省公共服务发展水平测度评价—公众对公共服务发展状况感知分析—安徽省义务教育数字化教学能力和教学资源共建共享水平分析—社区生活圈建设水平及其对社会信任及居民生活幸福感的影响分析—人口结构变动背景下安徽省乡村公共服务发展分析—安徽省公共服务发展的实践创新与主要启示"的逻辑主线展开研究,得出以下结论。

第一,安徽省公共服务发展现状考察。安徽省近年来公共服务发展取得显著成绩。2012—2021年,学前教育经费、普通小学教育经费、普通初中教育经费分别上升了260.45%、96.78%、90.58%,幼儿园生均教育经费、小学生均教育经费、初中生均教育经费增幅分别为165.83%、69.90%和76.60%。每万人口卫生技术人员数由2012年的39.44人上升到2021年的71.21人。城乡居民基本养老保险参保人数由2012年的3351万人上升至2021年的3458万人,增加了107万人;城乡居民基本养老保险参保率由2012年的56.06%上升至2021年的56.57%。城乡人均最低生活保障支出增幅分别为95.80%和253.47%。城乡居民人均住房建筑面积分别由2012年的32.38平方米、35.88平方米增长至2021年的42.31平方米和54.68平方米。2012—2021年,城乡人均教育文化娱乐消费支出涨幅分别为64.03%和412.54%。城市人均公园绿地面积由2012年的11.92平方米提升至2021年的14.49平方米;人均道路面积由2012年的18.47平米增长至2021年的23.74平方米;农村自来水普及率由2012年的53.6%增加到2021年的89.2%;农村燃气普及率由2012年的68.5%增加到2021年的90.32%;村庄园林绿化投入由2012年的36 084.0万元增加到2021年的97 379.1万元。

第二,安徽省公共服务发展水平测度评价。熵值法的测度结果显示,2012—2021年,安徽省公共服务发展整体水平由2012年的0.228上升至2021年的0.881,增幅达2.86倍;公共教育发展水平增幅为2.30倍;医疗卫生服务发展水平增幅为1.70倍;社会保障发展水平增幅为4.67倍;公共文化发展水平增幅为3.51倍;收支与居住条件发展水平增幅为5.11倍。障碍度分析模型计算结果显示,2021年主要障碍因子排序为医疗卫生服务、公共教育、社保障障、公共文化、收支与居住条件。医疗卫生服务、公共教育已成为制约公共服务发展的主要因素。

第三，公众对公共服务发展状况感知分析。调查结果显示，认为小学校园设施与教学条件"差距非常大"和"差距比较大"的合计占比为31.09%。认为初中校园设施与教学条件"差距非常大"和"差距比较大"的合计占比为32.26%。在医疗服务供给状况感知分析中，认为诊断治疗水平"很低"和"较低"的合计占比为24.21%。认为养老机构提供入住数量"完全不充足"和"比较不充足"的合计占比为29.18%。认为居住价格"非常贵，很难承受""比较贵""有点贵"的占比分别为5.64%、16.49%和29.44%。对就业服务感到"比较满意"和"非常满意"的合计占比为24.66%，回答"很不满意"和"比较不满意"的合计占比为23.47%，回答"一般"的占比为51.87%。对运动休闲设施供给状况和文化设施供给状况评价中，总体满意度也相对偏低。对公共服务均衡性与可及性评价中，小学教育均衡性水平高于初中教育均衡性水平，医疗卫生服务的均衡性与可及性水平高于养老服务，就业创业的均衡性水平和可及性水平均较低，运动休闲设施供给状况均高于文化设施供给状况。

第四，安徽省义务教育数字化教学能力和教学资源共建共享水平分析。小学教师受访者在计算机数量和质量满足教学程度、数字化教学设施满足教学需要程度的评价中，回答"完全能满足需要"的占比为60.4%，小学教师受访者回答"网络信号覆盖情况较好"和"网络信号稳定性情况较好"的占比分别为81.5%和46.6%。初中教师受访者在计算机数量和质量满足教学程度、数字化教学设施满足教学需要程度的评价中，回答"比较能满足教学需要"和"完全能满足需要"的占比分别为46.5%和49.3%,回答"网络能覆盖校园大部分场所"和"网络能完全覆盖校园全部场所"的合计占比为69.0%,回答"网络信号稳定性"为"比较好"和"非常好"的合计占比为38.1%。数字化教学设备使用频率、数字化教学培训次数、数字化应用技能培训次数对数字化教学水平提升均具有促进作用。

第五,社区生活圈建设水平及其对社会信任及居民生活幸福感的影响分析。采用熵值法对安徽省150个样本的社区生活圈建设水平得分进行计算,结果显示,社区生活圈建设水平得分均值为0.768,社区生活圈软件建设水平得分为0.401,社区生活圈硬件建设水平得分为0.367。对安徽省四个县社区生活圈建设水平得分均值的统计结果看,社区生活圈建设水平最好的是蚌埠市固镇县,社区生活圈硬件建设水平最好的是阜阳市太和县,社区生活圈软件建设水平最好的是蚌埠市固镇县。实证分析结果显示,社区生活圈建设水平、社区生活圈硬件建设水平、社区生活圈软件建设水平对社会信任均为显著正向影响,社区生活圈建设水平、信任水平对居民生活幸福感均为显著正向影响。

第六,人口结构变动背景下安徽省乡村公共服务发展分析。2012—2021年,安徽省乡村人口数量由2012年的3204万人下降至2021年的2482万人,安徽省乡村人口数量在安徽常住人口中的占比也由2012年的53.60%下降至2021年的40.60%。安徽省年龄中位数已由2012年的39.79岁上升至2021年的40.24岁。安徽省65岁及以上人口数量占比已由2010年的10.23%上升至2020年的15.01%,乡村65岁及以上人口数量占比更是由11.51%上升至20.03%。随着乡村义务教育阶段学生数量的减少,乡村学校学龄人口密度将持续下降。随着乡村人口数量持续下降，安徽省行政村和自然村数量分别从2010年的16 495个、229 034个下降至2021年的14 360个、192 165个，降幅分别为12.94%和16.10%。在此背景下，在义务教育领域，乡村学校的合并和关闭将持续存在，优化学校的空间布局、为师生提供良好的工作学习环境和通勤服务、实现对来自不同地方的教师学生的柔性管理等将成为重要关注内容。在养老领域，提供低成本、可便捷获取的养老服务，加强对文化体育设施的维修养护、保障文体设施清洁安全将成为重点关注内容。在医疗卫生领域，随着人口总量下降和老年人数量的增加，乡村卫生机构服务的重点人群需要适度向老年人群体转移。在保障未成年人、中青年人群等的医疗服务水平的基础上，对于老年人常见疾病的诊断治疗、老年人群体的健康管理和健康生活方式养成都将成为乡村医疗卫生机构重点加强的环节。

第七，安徽省公共服务发展的实践创新与主要启示。安徽省在公共服务发展中注重通过实践创新推动公共服务高质量发展：都市圈引领、加强基层治理体系和治理能力建设、注重数字赋能、推进社区生活圈建设、实施公共文化体育服务融合发展、注重医疗卫生服务质效提升。这些实践创新形成了公共服务发展的安徽范式，对推动我国公共服务发展提供了参考借鉴。

9.2　政策建议

9.2.1　提升公共服务数字化水平

首先，利用数字技术实现公共服务供给和群众公共服务需求的精准匹配。通过数字技术建立网络反馈渠道，及时了解群众的公共服务需求信息，形成公共服务清单。

其次，利用数字技术创建公共服务应用场景。充分运用数字技术打造多层次、全方位的公共服务场景，以此满足不同群体的公共服务需求。

再次，利用数字技术构建政府、市场与公民参与的公共服务共同体。借助数字技术促进政府、市场、公民三者之间的有效互动，提升公共服务供给韧性。

最后，提升公众数字化素养水平。创新数字化教育培训模式，提升公共服务机构人员和人民群众的数字化素养，为数字赋能公共服务发展夯实根基。

9.2.2 提升公共服务供给质量

一是优化公共服务资源配置。根据不同群体的公共服务需求和特点，优化公共服务资源的配置，提升公共服务供给的针对性和有效性。

二是强化公共服务机构建设。加强机构内部的培训和考核，提高服务人员的专业素质和服务意识，持续提升公共服务机构的管理水平和服务能力。

三是创新公共服务供给模式。充分运用数字技术，创新多元化的公共服务供给模式，提高公共服务供给的创新性和灵活性。

四是完善公共服务的监督和反馈机制。鼓励社会公众参与公共服务评价和监督，及时发现问题并改进服务。

9.2.3 切实增强乡村公共服务水平

农村公共服务是农民最基本的民生需求。针对乡村公共服务相对不足的特点，在乡村公共服务供给中，一是加大政府投入，提高财政预算中用于乡村公共服务的比例，确保乡村基本公共服务的普惠性和公平性。二是加强乡村基础设施建设，提高基础设施的覆盖率和便利性，为乡村居民提供更好的生活条件。三是利用信息技术手段，推进乡村公共服务的数字化建设水平，提高服务效率和质量，满足乡村居民的多样化需求。四是鼓励社会力量参与乡村公共服务的提供，形成多元化的供给机制，提高服务水平和效率。五是加强乡村公共服务人才队伍建设，提高服务人员的专业素质和服务意识，为乡村公共服务的发展提供人才保障。六是推进城乡基本公共服务标准统一化进程，促进城乡公共服务的均衡发展，缩小城乡差距。七是建立健全乡村公共服务的监督和反馈机制，鼓励乡村居民参与服务评价和监督，及时发现问题并改进服务。

9.2.4 关注老年人群体的特殊公共服务需求

一是完善养老服务体系，优化养老服务机构的空间布局，根据不同老年人群体的养老需求为老年人提供针对性的养老服务。

二是加强老年人的医疗卫生服务，建立老年人健康档案，提供定期健康检查和疾病预防等服务。

三是提供适合老年人的文化体育活动，如书法、绘画、舞蹈等，丰富老年人的精神文化生活。

四是关注老年人的心理健康，提供心理咨询和心理疏导等服务，帮助老年人保持良好的心理状态。

五是建立完善的社区服务体系,为老年人提供日常生活的便利服务,如购物、理发、洗衣等。

针对农村医疗卫生条件相对落后的情况,在硬件设施建设方面应着眼于农村人口结构现状,加强农村卫生室的标准化建设和提升常见疾病诊断治疗条件,让村民尤其是老年人能够不出村就对常见疾病进行诊断并买得到相应药物。在软件建设方面,一是要不断提升乡村医生和卫生员的专业素养,提高他们对农村常见疾病的诊断能力和职业素养;二是要提升农村老年人口的健康防护意识和健康信息获取能力。在具体实施中,政府可以通过推出类似健康App的软件,对居民使用手机获取健康知识和学习常见疾病诊断方法与技能进行培训,也可以组织医生(卫生人员)定期下乡开展义诊和组织培训。

9.2.5 推动城乡融合发展

继续实施县域城镇化和都市圈引领城乡融合发展的方式,促进城乡要素双向流动,并最终实现产业、基础设施、公共服务的融合发展。在推进城乡融合发展中,要强化数字技术和"互联网"功能的应用,重点建设"强服务、优流程、利群众"的公共服务跨域通办平台。通过跨域通办公共服务平台的建设,推进跨域政务通办、社会保险异地接续与农民工城市化。如此,既能够推进县域城镇化与城市群的稳步发展,也能够有效促进城乡融合发展,最终实现公共服务城乡一体化的发展目标。

9.3 研究展望

本书聚焦于安徽省公共服务发展研究，对安徽省公共服务发展现状进行了翔实展示，并重点对教育、医疗卫生、养老等公共服务进行分析。但未能对安徽省各地级市的公共服务发展现实状况进行全面分析，也未从不同群体层面对具体的公共服务项目需求和供给问题进行深入研究。在下一阶段的研究中，课题组将着眼于县域公共服务发展视角，展示安徽省县域公共服务发展现实特征，分析安徽省县域公共服务发展的演进历程和面临的主要制约因素，总结推动安徽省县域公共服务发展的典型案例和主要经验，为从县域层面推动安徽省公共服务高质量发展提供实证依据和科学参考。

参考文献

[1] 卢映川，万鹏飞.创新公共服务的组织与管理[M].北京：人民出版社，2007.

[2] 李燕凌，彭园媛.城乡基本公共服务均等化的财政政策研究[J].财经理论与实践，2016，37（3）：56-61.

[3] 陈振明，李德国.以高效能治理引领公共服务高质量发展[J].人民论坛，2020（29）：61-63.

[4] 陈浩，王皓月.农村公共服务高质量发展的内涵阐释与策略演化[J].中国人口·资源与环境，2022，32（10）：183-196.

[5] GUO S L，LIU S Q，LUO R F，et al. Determinants of Public Goods Investment in Rural Communities in Mountainous Areas of Sichuan Province，China [J]. Journal of Mountain Science，2014，2（3）：371-385.

[6] 李燕凌.农村公共产品供给侧结构性改革：模式选择与绩效提升——基于5省93个样本村调查的实证分析[J].管理世界，2016（11）：81-95.

[7] 陈浩，罗力菲.财政能力、公共服务供给与流动人口居留意愿[J].中国人口·资源与环境，2022，32（10）：197-208.

[8] 佟大建，金玉婷.城市公共服务何以提升农民工城市永久迁移意愿——参照系替代下多维相对贫困改善视角[J].湖南农业大学学报（社会科学版），2022，23（4）：55-63.

[9] 王大哲，朱红根，钱龙.基本公共服务均等化能缓解农民工相对贫困吗？[J].中国农村经济，2022（8）：16-34.

[10] 胡志平.基本公共服务促进农民农村共同富裕的逻辑与机制[J].求索，2022（5）：117-123.

[11] 林毅夫.供给侧改革的短期冲击与问题研究[J].河南社会科学，2016，24（1）：1-4.

[12] 李庄园.公共服务在中国经济增长中的作用——基于人口结构和人口聚集的研究[J].人口研究，2020，44（5）：92-107.

[13] 李伟.公共服务获得与居民消费——基于流动人口微观视角的分析[J].山西财经大学学报，2022，44（7）：1-15.

[14] 周生春，汪杰贵.乡村社会资本与农村公共服务农民自主供给效率——基于集体行动视角的研究[J].浙江大学学报（人文社会科学版），2012，42（3）：111-121.

[15] 黄伟，黄军林.基于耦合协调发展理论的社区级公共服务设施"供-需"均衡性评价[J].湖南师范大学自然科学学报，2022，45（6）：21-31.

[16] 缪小林，王婷，高跃光.转移支付对城乡公共服务差距的影响——不同经济赶超省份的分组比较[J].经济研究，2017，52（2）：52-66.

[17] 叶璐，王济民.我国城乡差距的多维测定[J].农业经济问题，2021（2）：123-134.

[18] 何文炯.共同富裕视角下的基本公共服务制度优化[J].中国人口科学，2022（1）：2-15，126.

[19] 官永彬.民主与民生：民主参与影响公共服务满意度的实证研究[J].中国经济问题，2015，289（2）：26-37.

[20] 肖文宇.公共文化服务数字化建设的实践研究——以云平台为例[J].大众文艺，2022（19）：14-16.

[21] 李德智，杨茜，谷甜甜，等.保障房社区公共服务满意度及影响因素研究——以南京市岱山保障房社区为例[J].现代城市研究，2021（3）：127-132.

[22] 柳劲松.基于灰关联分析的农村公共服务供需优先序研究[J].贵州师范大学学报（社会科学版），2009（2）：10-13.

[23] 游祥斌，杨薇，郭昱青.需求视角下的农村公共文化服务体系建设研究——基于H省B市的调查[J].中国行政管理，2013（7）：68-73.

[24] 高鸣.中国农村人口老龄化：关键影响、应对策略和政策构建[J].南京农业大学学报（社会科学版），2022，22（4）：8-21.

[25] 崔红志.共同富裕目标下农民养老的困境与应对[J].当代经济管理，2022，44（11）：9-14.

[26] 张成福，王祥州.人工智能嵌入公共服务治理的风险挑战[J].电子政务，2023（1）：37-51.

[27] 张亨明，尹小贝.我国就业公共服务体系的实践困境与突破路径[J].东岳论丛，2023，44（7）：116-125，192.

[28] 徐雨璇，罗方焓，陈少杰，何斌.深圳都市圈公共服务设施分布与人口特征协调性研究[J].城市规划学刊，2022（S1）：70-76.

[29] 周学馨.人口高质量发展：中国式现代化的支撑与进路[J].探索，2023（4）：2，29-40.

[30] 张鹏，郭金云.跨县域公共服务合作治理的四重挑战与行动逻辑——以浙江"五水共治"为例[J].东北大学学报（社会科学版），2017，19（5）：497-503.

[31] 花楷，刘晓宇.基于公众评价的体育公共服务财政投入现实困境与提升路径[J].武汉体育学院学报，2018，52（12）：18-23.

[32] 刘万奇，杨金侠，汪志豪，等.中国基本公共卫生服务实施经验、问题与挑战[J].中国公共卫生，2020，36（12）：1677-1681.

[33] 常露露.区域协调发展视角下城乡公共服务均衡化发展的路径选择[J].区域经济评论，2022（2）：141-146.

[34] 王宁宁，程文广.全民健身公共服务智慧化实践困境及行动路向[J].体育文化导刊，2022（10）：65-72.

[35] 李昕泽，余蓉晖，蔡建光，等."元治理"论域下农村公共体育服务高质量供给的现实困境与路径选择[J].天津体育学院学报，2022，37（5）：578-584.

[36] 王学军.迎难而上还是知难而退：棘手问题挑战的公共服务动机效应[J].上海行政学院学报,2023,24(1):59-73.

[37] 赵洲洋.智能社会治理中的民众权益保障：困境、挑战与优化[J].社会科学,2022(6):106-118.

[38] 黄祖辉,叶海键,胡伟斌.推进共同富裕：重点、难题与破解[J].中国人口科学,2021(6):2-11,126.

[39] 张江海.农村公共服务高质量发展：价值、问题与路径[J].福建农林大学学报（哲学社会科学版）,2022,25(4):65-70.

[40] 尹晓玉.我国农村公共服务供给的社会资本缺失及改革路径[J].领导科学,2016(29):62-64.

[41] 胡志平.利益博弈、公共政策偏向与农村公共服务供给[J].农村经济,2011(11):8-12.

[42] 谢秋山,陈世香.中西部农村公共服务数字化转型面临的挑战及其应对[J].电子政务,2021(8):80-93.

[43] 赵耀辉,杨翠红,李善同,等.人口结构变化与社会经济发展[J].管理科学学报,2021,24(8):154-162.

[44] 林宝.从七普数据看中国人口发展趋势[J].人民论坛,2021(15):56-59.

[45] 叶欠,李翔宇,刘春雨,等.我国县域常住人口发展趋势[J].宏观经济管理,2021(11):33,48.

[46] 解安,林进龙.中国农村人口发展态势研究：2020—2050年——基于城镇化水平的不同情景模拟分析[J].中国农村观察,2023(3):61-86.

[47] 海颖,高金岭.低生育率下我国学前教育托幼一体化供给潜力预测——基于2023—2035年人口趋势的研究[J].教育与经济,2023,39(3):86-94,96.

[48] 刘厚莲,张刚.我国人口负增长态势：机遇、挑战与应对[J].行政管理改革,2023(2):55-62.

[49] 杨胜利，吕红平.城市居民公共服务满意度及其影响因素——源于河北省的调查[J].河北大学学报（哲学社会科学版），2020，45（4）：127-136.

[50] 侯江红，刘文婧.公共服务满意度及其影响因素研究——基于CGSS2005与CGSS2015的数据分析[J].福建行政学院学报，2019，173（1）：72-81.

[51] 唐娟莉，刘春梅，朱玉春.农村公共服务满意度与优先序的实证分析——基于陕西省农户层面的实地调研[J].华东经济管理，2011，25（11）：99-102.

[52] 冯亚平，徐长生，范红忠.大中小城市及小城镇居民基本公共服务满意度比较研究[J].经济经纬，2016，33（3）：126-131.

[53] 纪江明，胡伟.中国城市公共服务满意度的熵权TOPSIS指数评价——基于2012连氏"中国城市公共服务质量调查"的实证分析[J].上海交通大学学报（哲学社会科学版），2013，21（3）：41-51.

[54] 赵大海，胡伟.中国大城市公共服务公众满意度的测评与政策建议[J].上海行政学院学报，2014，15（1）：23-29.

[55] LUPO T. A Fuzzy Framework to Evaluate Service Quality in the Healthcare Industry：An Empirical Case of Public Hospital Service Evaluation in Sicily [J].Applied Soft Computing，2016，40：468-478.

[56] 龚佳颖，钟杨.公共服务满意度及其影响因素研究——基于2015年上海17个区县1调查的实证分析[J].行政论坛，2017，24（1）：85-91.

[57] GRIMA S，SPITERI J V，et al. High Out-of-pocket Health Spending in Countries with a Mediterranean Connection [J]. Frontiers in Public Health，2018，6：145.

[58] 姜文芹.民生类基本公共服务绩效指标体系构建[J].统计与决策，2018，34（22）：36-40.

[59] 张春华，吴亚婕.社区教育满意度评价模型构建及实践研究[J].中国远程教育，2020，41（7）：69-75，77.

[60] 纪江明，张乐天.农村老年人社区养老满意度及影响因素研究——基于多分类因变量LOGISTIC模型的实证分析[J].浙江社会科学，2021，296（4）：68-80，157-158.

[61] 王艺芳, 姜勇. 我国普惠性学前教育公共服务发展水平的测评与分析[J]. 湖南师范大学教育科学学报, 2022, 21（4）：16-24.

[62] 魏泳博. 供给侧结构性视角下的城市公共服务效率测度[J]. 统计与决策, 2022, 38（21）：93-97.

[63] 吴强, 黄坤, 叶意雯, 等. 共同富裕目标下地级市公共服务成本差异测度与分析[J]. 管理现代化, 2022, 42（4）：140-147.

[64] 熊斌, 吴欣欣. 高质量就业视角下我国省级公共就业服务均等化水平及区域差异[J]. 开发研究, 2023（2）：50-59.

[65] 陈官灿. 中国农村社会保障水平的区域比较分析[J]. 浙江统计, 2009, 291（1）：19-21.

[66] 朱玉春, 乔文, 王芳. 农民对农村公共品供给满意度实证分析——基于陕西省32个乡镇的调查数据[J]. 农业经济问题, 2010, 31（1）：59-66.

[67] 纪江明, 胡伟. 我国城市公共交通公众满意度的影响因素研究——基于"2012连氏中国城市公共服务质量调查"的实证分析[J]. 软科学, 2015, 29（6）：10-14.

[68] 张梁梁, 金亮. 中国式分权、社会资本与农村公共服务满意度[J]. 审计与经济研究, 2023, 38（1）：116-127.

[69] 马东平, 尹文强, 林经纬, 等. 山东省农村居民对村卫生室公共卫生服务的满意度及其影响因素研究[J]. 中国卫生事业管理, 2019, 36（11）：844-846.

[70] 孔德鹏, 史传林. 感觉与认知：经济发展水平与公共服务满意度的悖论逻辑[J]. 上海行政学院学报, 2020, 21（3）：46-58.

[71] 蔡秀云, 李雪, 汤寅昊. 公共服务与人口城市化发展关系研究[J]. 中国人口科学, 2012, 153（6）：58-65, 112.

[72] 王艳霞, 王艳. 新型城镇化建设中"城中村"公共服务满意度影响因素分析——基于河北省的实地调查[J]. 产业与科技论坛, 2017, 16（17）：98-101.

[73] 丘大为. 公共体育服务满意度的影响因素分析[J]. 云南行政学院学报, 2018, 20（4）：113-118.

[74] WISNIEWSKI M. Using Servqual to Assess Customer Satisfaction with Local Authority Services [J]. Managing Service Quality, 2001（11）：380-388.

[75] 萨瓦斯，敬乂嘉，胡业飞.访纽约城市大学E.S.萨瓦斯（E.S.SAVAS）教授[J].复旦公共行政评论，2013（2）：252-257.

[76] 孟子龙.媒介接触如何影响农村环境公共服务满意度——基于全国经验性数据的考察[J].湖南农业大学学报（社会科学版），2022，23（5）：76-83.

[77] 马晓河，刘振中，钟钰.农村改革40年：影响中国经济社会发展的五大事件[J].中国人民大学学报，2018，32（3）：2-15.

[78] 宋佳莹.基本公共服务均等化测度：供给与受益二维视角——兼论转移支付与财政自给率的影响[J].湖南农业大学学报（社会科学版），2022，23（4）：85-95.

[79] 方颖，白秀叶.城市空间形态、公共服务空间均等化与居民满意度[J].经济学（季刊），2022，22（4）：1405-1424.

[80] 张奇林，马艺丹.我国省级公共体育服务效率评价及影响因素[J].决策与信息，2023（2）：52-61.

[81] 许婵，文天祚，王坤晓.北京市核心区医疗设施可达性研究[J].地域研究与开发，2019，38（3）：60-65，101.

[82] MCLAFFERTY S, GRADY S. Immigration and Geographic Access to Prenatal Clinics in Brooklyn, NY：A Geographic Information Systems Analysis [J]. American Journal of Public Health, 2005, 95（4）：638-640.

[83] 范方志，王晓彦.中国农村基本公共服务供给效率的评价研究[J].宁夏社会科学，2020，223（5）：83-91.

[84] WU Y T, PRINA A M, JONES A, et al. Micro-scale Environment and Mental Health in Later Life：Results from the Cognitive Function and Ageing Study Ii（CFAS II）[J]. Journal of Affective Disorders, 2017, 218：359-364.

[85] XU F, COHEN S A, LOFGREN I E, et al. Relationship Between Diet Quality, Physical

Activity and Health-related Quality of Life in Older Adults: Findings From 2007—2014 National Health and Nutrition Examination Survey [J]. The Journal of Nutrition Health and Aging, 2018, 22 (9): 1072-1079.

[86] ZHU Q, YAO Y, NING C X, et al. Trace Element Levels in the Elders Over 80 from the Hainan Province of China [J]. The Journal of Nutrition Health and Aging, 2019, 23 (9): 883-889.

[87] HOU B. Impacts of Migration on Health and Well-being in Later Life In China: Evidence from the China Health and Retirement Longitudinal Study (Charls) [J]. Health & place, 2019, 58: 102073.

[88] MICHEL J P. Urbanization and Ageing Health Outcomes [J]. The Journal of Nutrition Health And Aging, 2020, 24 (5): 1-3.

[89] 柏星驰,满晓玮,程薇.中国人口老龄化对居民医疗卫生支出的影响研究[J].中国卫生政策研究,2021,14(5):50-58.

[90] 王晓峰,冯园园.人口老龄化对医疗卫生服务利用及医疗卫生费用的影响——基于CHARLS面板数据的研究[J].人口与发展,2022,28(2):34-47.

[91] PEYVAND K. Decentralization and Public Services: The Case of Immunization [J]. Social Science & Medicine, 2004, 59 (1): 163-183.

[92] ANDREWS R, ENTWISTLE T. Does Cross-sectoral Partnership Deliver? An Empirical Exploration of Public Service Effectiveness, Efficiency, and Equity [J]. Journal of Public Administration Research and Theory, 2010, 20 (3): 679-701.

[93] GRISORIO M J, PROTA F. The Short and The Long Run Relationship Between Fiscal Decentralization and Public Expenditure Composition in Italy[J].Economics Letters, 2015, 130: 113-116.

[94] 刘中起,瞿栋.社会阶层、家庭背景与公共服务满意度——基于CGSS2015数据的实证分析[J].北京行政学院学报,2020,128(4):93-100.

[95] 保海旭.信任对公共服务满意度的影响及其区域差异化研究——基于CGSS2015年中国28个省份的截面数据[J].管理评论，2021，33（7）：301-312.

[96] 张会萍，闫泽峰，刘涛.城市公共服务满意度调查研究——以宁夏回族自治区银川市为例[J].财政研究，2011，343（9）：54-57.

[97] 燕连福，王亚丽.全体人民共同富裕的核心内涵、基本遵循与发展路径[J].西安交通大学学报（社会科学版），2022，42（1）：1-9.

[98] 杨文圣，李旭东.共有、共建、共享：共同富裕的本质内涵[J].西安交通大学学报（社会科学版），2022，42（1）：10-16.

[99] 于成文.坚持"质""量"协调发展扎实推动共同富裕[J].探索，2021（6）：31-47.

[100] 史琳琰，胡怀国.高质量发展与居民共享发展成果研究[J].经济与管理，2021，35（5）：1-9.

[101] 杨宜勇，王明姬.共同富裕：演进历程、阶段目标与评价体系[J].江海学刊，2021（5）：84-89.

[102] 肖若石.实现共同富裕与缩小地区收入差异因素分解研究[J].价格理论与实践，2021（8）：87-90，186.

[103] 郭晓琳，刘炳辉."浙江探索"：中国共同富裕道路的经验与挑战[J].文化纵横，2021（6）：32-40.

[104] 张子贤，孙伯驰.公共服务供给效率对城乡收入差距的影响及其提升路径[J].求索，2022（1）：152-164.

[105] 邹克，倪青山.普惠金融促进共同富裕：理论、测度与实证[J].金融经济学研究，2021，36（5）：48-62.

[106] 范从来，秦研，赵锦春.创建区域共同富裕的江苏范例[J].江苏社会科学，2021（3）：49-57，242-243.

[107] 黄国武，邵小风，涂伟.共同富裕背景下劳动者8小时工作制的思辨：守正与创新[J].社会保障研究，2021（5）：26-38.

[108] 徐飞.共同富裕的理念演进、实践推动与基础性制度安排[J].人民论坛·学术前沿，2021（22）：96-104.

[109] 李松龄.资本有序或无序扩张的理论界定及其制度规范[J].现代经济探讨，2022（10）：1-9.

[110] 张占斌，王海燕.新时代中国经济高质量发展若干问题研究[J].北京工商大学学报（社会科学版），2022，37（3）：1-9.

[111] 曹海军，梁赛.赓续百年目标：共同富裕的因由寻绎、意蕴索隐和路径构想[J].云南社会科学，2022（1）：54-61，187-188.

[112] 寇垠，刘杰磊.东部农村居民公共文化服务满意度及其影响因素[J].图书馆论坛，2019，39（11）：79-86.

[113] 张智，成皓，张旻.转移支付对山西省公共体育服务均等化的推进效益研究[J].山西大同大学学报（社会科学版），2022，36（4）：149-154.

[114] 宫蒲光.关于社会救助立法中的若干问题[J].社会保障评论，2019，3（3）：104-119.

[115] 王凯霞.县域城镇化促进城乡公共服务融合发展的路径研究[J].经济问题，2022（4）：124-129.

[116] 高奎亭，陈家起，宋杰，等.我国现代化城市群体育公共服务跨域协同治理的理论架构与实践优化[J].西安体育学院学报，2023，40（3）：318-327.

[117] 胡坤，符正平，邝婉桦.社会资本参与农村公共服务基础设施建设的困境及化解[J].农业经济，2023（3）：93-95.

[118] 叶宁.人口变迁下老龄化社会协同共治阶段重点研究[J].重庆社会科学，2020（6）：97-109.

[119] 夏永久，廖蜜，颜冉.安徽省养老机构空间分布特征及其分异研究[J].安徽农业大学学报（社会科学版），2023，32（2）：105-111.

[120] 张鹏，高小平.数字技术驱动公共服务高质量发展——基于农村的实践与优化策略[J].理论与改革，2022，247（5）：82-93，149-150.

[121] 陈朝兵，赵阳光.数字赋能如何推动农村公共服务高质量供给——基于四川省邛崃市陶坝村"为村"平台的案例研究[J].农业经济问题，2023：1-13.

[122] 王婧，刘奔腾，李裕瑞.京津冀地区人口发展格局与问题区域识别[J].经济地理，2017，37（8）：27-36.

[123] 王雪.基于社区生活圈的乡村公共服务供给水平分析——以山西省3个样本县为例[J].建筑与文化，2023（7）：82-85.

[124] 曾鹏，王珊，朱柳慧.精明收缩导向下的乡村社区生活圈优化路径——以河北省肃宁县为例[J].规划师，2021，37（12）：34-42.

[125] 孙道胜，柴彦威，张艳.社区生活圈的界定与测度：以北京清河地区为例[J].城市发展研究，2016，23（9）：1-9.

[126] 李萌.基于居民行为需求特征的"15分钟社区生活圈"规划对策研究[J].城市规划学刊，2017（1）：111-118.

[127] 赵彦云，张波，周芳.基于POI的北京市"15分钟社区生活圈"空间测度研究[J].调研世界，2018（5）：17-24.

[128] 黄明华，张谨，易鑫，等.以人为本的社区生活圈模式探析[J].西安建筑科技大学学报（自然科学版），2022，54（3）：355-363.

[129] 陈强.高级计量经济学及STATA应用[M].北京：高等教育出版社，2014.

[130] 尚虎平.保障与孵化公民基本生存与发展权利——我国基本公共服务均等化的历程、逻辑与未来[J].政治学研究，2021（4）：64-74，156-157.

[131] 卜万红.论我国社区服务的转型[J].学术交流，2004（1）：114-119.

[132] 张薇.我国基本公共服务均等化的发展历程和建设策略[J].哈尔滨工业大学学报（社会科学版），2019，21（6）：123-129.

[133] 万正艺.城市社区公共服务的发展历程与变迁逻辑[J].城市问题，2020（4）：33-39.

[134] 修永富.回顾与展望：改革开放40年我国教育信息化的演进历程[J].天津电大学报，2020，24（1）：61-66.

[135] 胡兴强，任军.中国公共卫生服务发展与改革历程[J].中国公共卫生管理，2019，35（3）：339-342.

[136] 卢文云.我国农村公共体育服务发展历程、经验及展望[J].体育文化导刊，2020（3）：54-61，84.

[137] 费太安.中国式现代化：高质量发展与共同富裕的人口逻辑[J].经济研究参考，2023（3）：24-40.

[138] 高小平.构建均衡公共服务体系的理论框架及路径[J].治理现代化研究，2023，39（1）：49-55.

[139] 邹维.优质而均衡的义务教育治理：取向、模式与展望[J].四川师范大学学报（社会科学版），2021，48（5）：176-182.

[140] MORRIS J M，DUMBLE P L，WIGAN M R. Accessibility Indicators for Transport Planning[J]. Transportation Research Part A：General，1979，13（2）：91-109.

[141] PENCHANSKY R，THOMAS J W. The Concept of Access [J]. Medical Care，1981，19（2）：127-140.

[142] 冯献，李瑾.数字化促进乡村公共文化服务可及性的影响与作用机制分析——以北京市650份村民样本为例[J].图书馆学研究，2021（5）：19-27.

[143] 宋维虎.信息技术环境下缩小城乡教育数字鸿沟的策略[J].内江科技，2013，34（3）：96，61.

[144] 廉雪冰，胡卫星，徐多，等.辽宁省城市和农村数字校园建设对比研究[J].中国教育信息化，2017（9）：76-79.

[145] 赵宏，蒋菲，汤学黎，等.在线教育：数字鸿沟还是数字机遇?——基于疫情期间在线学习城乡差异分析[J].开放教育研究，2021，27（2）：62-68.

[146] 郑磊，祁翔，朱志勇，等.家庭互联网接入与城乡初中生的认知能力差距[J].教育发展研究，2021，41（6）：10-18.

[147] 马威，张人中.数字金融的广度与深度对缩小城乡发展差距的影响效应研究——基于居民教育的协同效应视角[J].农业技术经济，2022（2）：62-76.

[148] 张辉蓉，毋靖雨，刘懑，等.城乡基础教育的"数字鸿沟"：表征、成因与消弭之策——基于线上教学的实证调查研究[J].教育与经济，2021，37（4）：20-28.

[149] 吕飞，许大明，孙平军.基于城乡规划专业数字化课程体系建设初探[J].高等建筑教育，2016，25（2）：167-170.

[150] 卢春，阳小，曹清清，等.基础教育数字资源应用影响因素实证研究——以中部H省为例[J].软件导刊（教育技术），2019，18（4）：26-29.

[151] 李锦峰.公共服务供给空间布局的基层创变——以上海浦东新区"家门口"服务体系为例[J].理论与改革，2022（2）：112-122，151.

[152] 李敏稚，怀露.15分钟生活圈视角下城市公共绿地服务评价[J].南方建筑，2023（6）：32-41.

[153] 肖凤玲，杜宏茹，张小雷."15分钟生活圈"视角下住宅小区与公共服务设施空间配置评价——以乌鲁木齐市为例[J].干旱区地理，2021，44（2）：574-583.

[154] CARLOS M，ZAHEER A，DIDIER C，et al. Introducing The "15-minute City"：Sustainability，Resilience and Place Identity in Future Post-pandemic Cities [J]. Smart City，2021，4：93-111.

[155] 忻静.面向"15分钟社区生活圈"规划的养老设施建设测度[J].遥感信息，2019，34（2）：118-123.

[156] 沈育辉，童滋雨.人本尺度下社区生活圈便利性评估方法研究[J].南方建筑，2022（7）：72-80.

[157] 塔娜，柴彦威.理解社区生活时间：基于时空间行为的视角[J].人文地理，2023，38（3）：29-36.

[158] 马文军，李亮，王奕曾，等.面向健康安全高密度城市治理的社区生活圈体检评估[J].同济大学学报（自然科学版），2022，50（11）：1628-1636.

[159] 田洁玫.基于POI数据的社区生活圈基本公共服务设施均等化测度分析[J].测绘地理信息，2023，48（1）：152-156.

[160] 魏伟，洪梦谣，谢波.基于供需匹配的武汉市15分钟生活圈划定与空间优化[J].规划师，2019，35（4）：11-17.

[161] 张雁.乡村振兴背景下上海未来乡村社区顶层规划战略思考[J].上海城市规划，2022（3）：143-148.

[162] 江曼琦，田伟腾.中国大都市15分钟社区生活圈功能配置特征、趋势与发展策略研究——以京津沪为例[J].河北学刊，2022，42（2）：140-150.

[163] 宋铁男，来龙，陈庆杰.基于更高水平全民健身公共服务的城市体育公园空间布局研究[J].西安体育学院学报，2022，39（3）：319-324.

[164] 何静，周典，刘天野，等.老龄化社会西安城市公共服务设施环境质量评价方法研究[J].建筑学报，2022（S2）：23-30.

[165] 王伟同，周佳音.互联网与社会信任：微观证据与影响机制[J].财贸经济，2019，40（10）：111-125.

[166] 张文宏，于宜民.社会网络、社会地位、社会信任对居民心理健康的影响[J].福建师范大学学报（哲学社会科学版），2020（2）：100-111，170.

[167] 杜鹏程，刘艺铭.社会信任对居民消费的影响及其机制研究[J].经济与管理研究，2023，44（1）：38-54.

[168] 王宇明.公众社会信任与政府绩效评价[J].云南行政学院学报，2019，21（6）：154-160.

[169] 王鹏.收入差距对中国居民主观幸福感的影响分析——基于中国综合社会调查数据的实证研究[J].中国人口科学，2011（3）：93-101，112.

[170] 赵岩.阶层认知对东北地区居民生活幸福感的影响[J].哈尔滨工业大学学报（社会科学版），2018，20（6）：61-68.

[171] 张伟.信息存量对个体生活幸福感的影响机制——基于CGSS混合截面数据的实证分析[J].哈尔滨工业大学学报（社会科学版），2019，21（4）：62-71.

[172] 李莹.民生公共服务、居民获得感与生活满意度关系研究——基于天津市城乡居民调查数据的分析[J].价格理论与实践，2022（5）：182-185，208.

[173] 丁雨桥，温勇.互联网的使用对中老年人生活幸福感的影响[J].心理学探新，2022，42（1）：69-75.

[174] 李杨，梁宇萱，王勇.社区商业生态配置对民生获得感和幸福感的双路径作用机制研究[J].管理学报，2022，19（12）：1784-1791.

[175] 许玉婷，吴文恒，李研，等.西安市企业社区老年居民幸福感的建成环境影响[J].热带地理，2022，42（12）：2007-2019.

[176] 刘晓菲，王振波，宋静，等.住区环境对居民主观幸福感的影响机制研究——以深圳混合居住区为例[J].地理科学进展，2022，41（11）：2099-2107.

[177] 梁土坤.社区智慧服务对居民幸福感的影响机制——基于"2022年居民民生保障需求调查"的分析[J].城市问题，2022（10）：72-81.

[178] 郜佳，刘军，田美蓉，等.基于BOOTSTRAP-MALMQUIST指数模型的我国基层医疗卫生机构投入产出效率评价[J].医学与社会，2021，34（11）：59-63.

[179] 唐立健，王长青，钱东福.江苏省农村医疗卫生资源配置现状及效率分析[J].中国卫生事业管理，2021，38（8）：610-614.

[180] 汪连杰.中国式现代化与社会保障高质量发展论纲[J].当代经济管理，2023，45（9）：62-70.

[181] 金红磊.高质量社会保障体系内容及构建路径：一项基于社会质量理论的分析[J].中国行政管理，2022（11）：74-80.

附　　录

附录1　城乡数字教育发展状况调查问卷

尊敬的朋友：

您好！非常感谢您参与本次调研。本问卷旨在调查城乡数字化教育发展状况，本调查采用无记名方式，所得信息仅供分析使用，敬请放心填写。

感谢您的支持与合作！

1. 您的性别（　　）。

A. 男　　　　　　　　B. 女

2. 您的年龄（　　）。

A. 30岁及以下　　　　B. 31~35岁　　　　C. 36~40岁

D. 41~45岁　　　　　E. 46~50岁　　　　F. 51~60岁

3. 您的文化程度是（　　）。

A. 中专　　　　　　　B. 大专　　　　　　C. 本科

D. 硕士研究生　　　　E. 博士研究生

4.您的教学年限是（　　）。

A.1年以内　　　B.1~3年　　　　C.3~5年

D.5~10年　　　E.10~15年　　　F.15年以上

5.您任教的学校是（　　）。

A.幼儿园　　　B.小学　　　　C.初中

D.高中　　　　F.大学

6.您任教的学校所在地区（　　）。

A.农村　　　　B.乡镇　　　　C.县城　　　　D.城市

7.您所在学校的学生有计算机方面的课程吗（　　）？

A.有　　　　　B.没有

8.学生平均每周接受计算机课程教育的次数是（　　）。

A.0次　　　　B.1次　　　　C.2次　　　　D.3次

E.4次　　　　F.5次　　　　G.6次及以上

9.学校的计算机数量和质量能够满足教学需要吗（　　）？

A.完全不能满足教学需要　　　B.比较不能满足教学需要

C.一般　　　　　　　　　　　D.比较能满足教学需要

E.完全能满足需要

10.教室电脑/投影设施满足教学需要的程度（　　）。

A.完全不能满足教学需要　　　B.比较不能满足教学需要

C.一般　　　　　　　　　　　D.比较能满足教学需要

E.完全能满足需要

11.学校网络信号覆盖情况（　　）。

A.没有网络 B.网络仅能覆盖校园小部分场所

C.网络能覆盖校园一半左右场所 D.网络能覆盖校园大部分场所

E.网络能完全覆盖校园全部场所

12.学校网络信号稳定性情况（ ）。

A.很不好 B.比较不好 C.一般

D.比较好 E.非常好

13.您平均每周使用电脑/投影上课的次数（ ）。

A.0次 B.1次 C.2次 D.3次

E.4次 F.5次 G.6次及以上

14.您平均每年接受网络教学/线上教学培训的次数（ ）。

A.0次 B.1次 C.2次 D.3次

E.4次 F.5次 G.6次及以上

15.您每年接受办公软件使用/视频音频制作/图片处理/动画制作等培训的次数（ ）。

A.0次 B.1次 C.2次 D.3次

E.4次 F.5次 G.6次及以上

16.您能够熟练进行课件制作/电脑绘图吗（ ）？

A.完全不能 B.比较不能 C.一般

D.比较能 E.完全能

17.您对自己从网络获取教学资源能力的评价是（ ）。

A.很不具备 B.比较不具备 C.一般

D.比较具备 E.很具备

18.您与本校其他教师进行数字化/电子/网络教学资源共建情况是（   ）。

　　A.从未有过　　　B.很少　　　　C.比较少

　　D.一般　　　　　E.比较多　　　F.非常多

19.您每年与乡镇/农村学校教师交流网络/数字化教学资源的情况是（   ）。

　　A.从未有过　　　B.很少　　　　C.比较少

　　D.一般　　　　　E.比较多　　　F.非常多

20.您每年与县城/市里学校交流网络/数字化教学资源的情况是（   ）。

　　A.从未有过　　　B.很少　　　　C.比较少

　　D.一般　　　　　E.比较多　　　F.非常多

问卷调查到此结束，谢谢您的参与！

附录2　城乡居民公共服务满意情况调查问卷

尊敬的朋友您好：

非常感谢您参与本次调研。本调查旨在获取城乡公共服务发展状况数据，调查采用无记名方式，所得信息仅供分析使用，敬请放心填写。

感谢您的支持与合作！

1.您的性别（　　）。

A.男　　　　　　B.女

2.您的年龄（　　）。（请填写周岁）

3.您的文化程度是（　　）。

A.小学及以下　　　B.初中　　　C.高中及相关学历

D.大专　　　　　　E.本科　　　F.硕士研究生

H.博士研究生

4.您是否是党员（　　）。

A.是　　　　　　　B.否

5.您目前居住地所在省市是（　　　　　）。

6.您的居住地属于（　　）。

A.城市　　　　　B.县城　　　　　C.乡镇　　　　　D.农村

7.您在居住地生活的年数是（　　）。

A.不足半年　　B. 0.5~1年　　C. 1~2年　　D. 2~3年

E. 3~5年　　　F. 5~10年　　　G. 10~15年　　H. 15年以上

8.您的职业类型是（　　）。

　　A.产业工人　　　　　B.个体经营者　　　　　C.农业劳动者

　　D.企业单位人员　　　E.商业服务业人员　　　F.教师

　　G.学生　　　　　　　H.机关事业单位人员　　K.自由职业者

　　M.待业/下岗人员　　　N.其他

9.您的家庭成员数量（请填写具体数字）（　　）。

10.家庭中是否有60岁以上的老人（　　）。

　　A.是　　　　　　B.否

11.家庭中是否有未成年（未满18周岁）的小孩（　　）。

　　A.是　　　　　　B.否

12.您家庭的年人均可支配收入（也就是人均纯收入）是多少（　　）。

　　A.5000元以下　　　B.5000元~1万元　　　C.1.1万~1.5万元

　　D.1.6万~2万元　　　E.2.1万~3万元　　　　F.3.1万~5万元

　　G.5.1万~10万元　　　H.10.1万~20万元　　　K.20万元以上

13.您是否有居住地的社区或村庄的微信群（　　）。

　　A.是　　　　　　B.否

14.您家中是否有电脑（　　）。

　　A.是　　　　　　B.否

15.您家中是否安装了固定宽带网络（　　）。

　　A.是　　　　　　B.否

16.您居住地各个小学的教学质量情况是（　　）。

　　A.教学质量相差非常大　　　　B.教学质量相差比较大

C.教学质量差距有一些　　　　D.教学质量差距比较小

E.教学质量基本没差距　　　　G.不知道/不清楚/不便回答

17.您居住地的各个小学的校园设施与教学条件差距情况（　　）。

A.差距非常大　　　　　　　　B.差距比较大

C.差距有一些　　　　　　　　D.差距比较小

E.基本没差距　　　　　　　　G.不知道/不清楚/不便回答

18.您居住地的小学在接送小学生上学便利吗（　　）？

A.非常不便利　　　　　　　　B.比较不便利

C.一般　　　　　　　　　　　D.比较便利

E.非常便利　　　　　　　　　G.不知道/不清楚/不便回答

19.您居住地各个初中学校的教学质量情况是（　　）。

A.教学质量相差非常大　　　　B.教学质量相差比较大

C.教学质量差距有一些　　　　D.教学质量差距比较小

E.教学质量基本没差距　　　　G.不知道/不清楚/不便回答

20.您居住地各个初中学校的校园设施与教学条件差距情况（　　）。

A.差距非常大　　　　　　　　B.差距比较大

C.差距有一些　　　　　　　　D.差距比较小

E.基本没差距　　　　　　　　G.不知道/不清楚/不便回答

21.您居住地各个初中学校上学交通条件便利吗（　　）？

A.非常不便利　　　　　　　　B.比较不便利

C.一般　　　　　　　　　　　D.比较便利

E.非常便利　　　　　　　　　G.不知道/不清楚/不便回答

22.您对居住所在地的医疗卫生机构的诊断治疗水平的评价是( )。

A.总体水平很低,远不能满足需要

B.总体水平较低

C.一般

D.总体治疗水平比较好

E.总体治疗水平很好,完全能够满足居民需要

G.不知道/不清楚/不便回答

23.您能够很便利的到达所在地的较为满意的医疗卫生服务机构吗( )?

A.非常不便利,很费时间　　　B.比较不便利

C.一般　　　　　　　　　　　D.比较便利

E.非常便利　　　　　　　　　G.不知道/不清楚/不便回答

24.您对居住地的医疗卫生服务价格水平的评价是( )。

A.非常贵,很难承受　　　　　B.比较贵

C.有点贵　　　　　　　　　　D.感觉合理,基本能够承受

E.价格比较合理,能够承受　　G.不知道/不清楚/不便回答

25.您那里养老机构能够提供的入住数量充足吗( )?

A.完全不充足,仅能容纳很少的老人入住

B.比较不充足　　　　　　　C.一般

D.比较充足　　　　　　　　E.完全充足

G.不知道/不清楚/不便回答

26.您那里养老机构提供的服务质量能够满足老年人的期望吗( )?

A.完全不能　　　　　　　　B.比较不能

C.一般 D.比较能

E.完全能 G.不知道/不清楚/不便回答

27.您那里养老机构的收费情况是（　　）。

A.非常贵，很难承受 B.比较贵

C.有点贵 D.感觉合理，基本能够承受

E.价格比较合理，能够承受 G.不知道/不清楚/不便回答

28.您居住所在地的住房（租房）价格情况是（　　）。

A.非常贵，很难承受 B.比较贵

C.有点贵 D.感觉合理，基本能够承受

E.价格比较合理，能够承受 G.不知道/不清楚/不便回答

29.您所在小区（村庄）的电梯维修保养、道路、绿化、卫生情况是（　　）。

A.很不好，维修管理、卫生清理、绿化等很不及时

B.比较不好 C.一般

D.比较好 E.非常好

G.不知道/不清楚/不便回答

30.您对您所在地的就业环境的评价情况是（　　）。

A.很不满意 B.比较不满意

C.一般 D.比较满意

E.非常满意 G.不知道/不清楚/不便回答

31.您居住所在地的创业环境情况是（　　）。

A.很不满意 B.比较不满意

C.一般 D.比较满意

E.非常满意 G.不知道/不清楚/不便回答

32.您居住所在地支持就业创业的举措力度大吗（ ）？

A.支持力度很小 B.支持力度比较小

C.一般 D.支持力度比较大

E.支持力度很大 G.不知道/不清楚/不便回答

33.您居住地的公园/绿地/运动场/体育馆等居民运动休闲场所的运动设施数量情况是（ ）。

A.数量很少，根本不能满足需要 B.数量比较少

C.数量一般 D.数量较多，基本能满足居民需要

E.数量充足，完全能满足居民需要 G.不知道/不清楚/不便回答

34.您从居住地到达公园/绿地/运动场/体育馆等便利吗（ ）？

A.非常不便利，很费时间 B.比较不便利

C.一般 D.比较便利

E.非常便利 G.不知道/不清楚/不便回答

35.您居住地提供居民阅读学习的图书馆/阅览室/农家书屋等数量充足吗（ ）？

A.非常少 B.比较少

C.一般 D.比较充足

E.非常充足 G.不知道/不清楚/不便回答

36.您居住地提供居民阅读学习的图书馆/阅览室/农家书屋等能很方便的到达吗（ ）？

A.非常不便利,很费时间　　　　　B.比较不便利

C.一般　　　　　　　　　　　　D.比较便利

E.非常便利　　　　　　　　　　G.不知道/不清楚/不便回答

37.您对居住地政府部门工作效率情况感到满意吗（　　）?

A.非常不满意　　　　　　　　　B.比较不满意

C.一般　　　　　　　　　　　　D.比较满意

E.非常满意　　　　　　　　　　G.不知道/不清楚/不便回答

38.您对居住地政府部门服务态度情况感到满意吗（　　）?

A.非常不满意　　　　　　　　　B.比较不满意

C.一般　　　　　　　　　　　　D.比较满意

E.非常满意　　　　　　　　　　G.不知道/不清楚/不便回答

39.您对您居住地周围的自然环境情况感到满意吗（　　）?

A.非常不满意　　　　　　　　　B.比较不满意

C.一般　　　　　　　　　　　　D.比较满意

E.非常满意　　　　　　　　　　G.不知道/不清楚/不便回答

问卷到此结束,谢谢您的支持!

附录3 安徽省"十四五"公共服务规划

序　言

公共服务关乎民生，连接民心。习近平总书记多次强调，要做好普惠性、基础性、兜底性民生建设，健全基本公共服务体系，全面提高公共服务共建能力和共享水平。"十四五"时期，推动公共服务发展，健全完善公共服务体系，持续推进基本公共服务均等化，着力扩大普惠性非基本公共服务供给，不断丰富多层次多样化生活服务供给，对增强人民群众获得感、幸福感、安全感，促进人的全面发展和社会全面进步，具有十分重要的意义。

公共服务是政府为满足公民生存和发展需要，运用法定权利和公共资源，面向全体公民或特定群体，组织协调或直接提供的产品和服务。其中，基本公共服务是保障全体人民生存和发展基本需要、与经济社会发展水平相适应的公共服务，政府承担兜底保障供给数量和质量的责任。普惠性非基本公共服务是为满足公民更高层次需求、保障社会整体福利水平所必需但市场自发供给不足的公共服务，政府通过支持公益性社会机构或市场主体，增加服务供给、规范服务质量，实现大多数公民以可承受价格付费享有。生活服务是公共服务体系的有益补充，完全由市场供给、居民付费享有，政府主要负责营造公平竞争的市场环境，引导相关行业规范可持续发展。

本规划依据国家《"十四五"公共服务规划》《安徽省国民经济和社会发展第十四个五年规划和2035年远景目标纲要》编制，坚持把实现好、维护好、发展好最广大人民群众根本利益作为发展的出发点和落脚点，明确总体思路、重点任务和重大举措，提升公共服务质量水平，推动实现幼有所育、学有所教、劳有所得、病有所医、老有所养、住有所居、弱有所扶、优军服务保障、文体服务保障，是"十四五"时期促进安徽公共服务发展的综合性、基础性、指导性文件。规划期为2021—2025年。

第一章 规划背景

我省进入实现新的更大发展的关键时期，公共服务发展基础更加坚实，进一步发展面临新的机遇和挑战。

第一节 发展基础

"十三五"期间，省委、省政府高度重视公共服务发展，民生支出占全省财政支出稳定在80%以上，公共服务体系建设不断加强，基本民生底线筑牢兜实，公共服务供给水平全面提升。

公共服务重点领域保障水平稳步提升。教育发展更加公平包容，普惠性幼儿园覆盖率超过80%，九年义务教育巩固率95.5%，高中阶段教育毛入学率92.3%，高等教育毛入学率超过50%。基本医疗和公共卫生服务体系进一步完善，每千人口医疗卫生床位数6.1张，每千人口医疗卫生机构执业（助理）医师数2.69人，基本医疗保险参保率达99%，紧密型县域医共体实现全覆盖。公共文化体育设施更加完善，省、市、县、乡、村五级公共文化服务设施网络基本建立，每万人口拥有公共文化设施建筑面积217.64平方米，人均体育场地面积2.2平方米。养老服务体系初步建立,每千名老年人拥有养老床位数达46.9张,基本养老保险参保率超过95%。婴幼儿照护服务加快发展。城镇新增就业342.9万人。社会服务兜底能力不断增强,残疾人"两项补贴"覆盖率100%。

城乡基本公共服务均等化水平不断提高。基本公共服务覆盖面持续扩大,城乡人群间基本公共服务差距不断缩小。县域义务教育基本均衡提前3年实现全覆盖,多数进城务工人员随迁子女在公办学校就读或者享受政府购买学位的服务。统筹城乡的基本医疗卫生制度框架基本建立,"新农合"与城镇居民医保制度并轨运行,城乡居民基本医疗保险和大病保险实现统一。基本养老保险实现全覆盖,城乡养老服务三级中心全面建成。100%的乡镇建成文化站,96%的行政村建成综合文化中心。农村低保平均保障标准从3261元/年提高到7670元/年。

贫困地区基本公共服务能力显著提升。建档立卡家庭经济困难学生国家资助和"雨露计划"等教育资助措施全面落实,资助建档立卡家庭学生455.7万人次、金额53.8亿元。"三保障一兜底一补充"综合医疗保障体系基本建立,全省贫困人口享受"351"住院兜底保障待遇和"180"慢性病门诊补充医疗保障待遇累计2307万人次。全面完成8.5万贫困人口易地扶贫搬迁和34.1万户贫困户危房改造,贫困群众实现"解危安居"。全省127.5万建档立卡贫困人口纳入低保、特困供养救助范围。大别山革命老区、皖北地区及沿淮行蓄洪区公共服务供给能力不断提升。

生活服务快速发展。文化旅游、体育健身、健康养老、家政等服务消费持续提质扩容,生活服务发展潜力进一步释放。合肥市、芜湖市、铜陵市入

选首批国家文化和旅游消费试点城市，2019年全省文化产业增加值1665.4亿元、占GDP比重为4.52%，全

省旅游业总收入8526亿元，旅游业增加值2029亿元、占GDP比重为5.47%。合肥市、黄山市入选全国首批体育消费试点城市，2019年体育产业总产出1186.4亿元，居全国第11位，年均增长35%以上。全省养老机构总数2456家、床位40.5万张，社区养老服务设施总配建面积192万平方米，医养结合机构489家，护理型床位占比42%。2019年全省家政服务业营业收入17.1亿元，家政从业人员14.7万人。"互联网+生活服务"新业态不断涌现，生活服务朝数字化、网络化、智能化、多元化、协同化方向发展。

人民生活显著改善。幼有所育、学有所教、劳有所得、病有所医、老有所养、住有所居、弱有所扶取得明显成效。2020年劳动年龄人口平均受教育年限达到10.4年，人均预期寿命达到77.96岁、高于国家平均水平，基本养老保险参保人数4773.64万人、基本医疗保险参保人数6705.03万人，建成保障性安居工程156.44万套，改造农村危房47.37万户，公共服务发展更加均衡、保障更加精准、品质持续提升。新冠肺炎疫情防控取得重大战略成果，应对突发事件的公共服务能力和水平显著提升。

附表3-1 "十三五"时期基本公共服务发展主要目标完成情况

领域	指标	2020年目标	2020年实绩
基本公共教育	九年义务教育巩固率/%	95	95.5
	义务教育基本均衡县（市、区）的比例/%	100	100
基本劳动就业创业	城镇新增就业人数/万人	[300]	[342.9]

续表

领域	指标	2020年目标	2020年实绩
基本社会保险	基本养老保险参保率/%	>95	>95
	基本医疗保险参保率/%	>99	99
基本医疗卫生	孕产妇死亡率（1/10万）	<18	8
	婴儿死亡率（1/7）	<7	3.47
	5岁以下儿童死亡率（1/7）	<9	4.85
基本社会服务	每千名老年人拥有养老床位数/张	45	46.9
	其中：养老床位中护理型床位比例/%	30	42
	生活不能自理特困人员集中供养率/%	50	55
基本住房保障	城镇棚户区住房改造/万套	[105]	[135.39]
	农村危房改造/万户	[49.8]	[47.37]
基本公共文化体育	公共图书馆年流通人次/万人次	2000	2391.79
	文化馆/站年服务人次/万人次	2200	2251.99
	广播、电视人口综合覆盖率/%	99以上	99.9
	国民综合阅读率/%	82	82.1
	经常参加体育锻炼人数/万人	2500	2600
残疾人基本公共服务	困难残疾人生活补贴和重度残疾人护理补贴覆盖率/%	100	100
	残疾人基本康复服务覆盖率/%	80以上	99

注：[ ]内数据为五年累计数。

第二节 机遇挑战

"十四五"时期，人民群众日益增长的美好生活需要对公共服务体系提出新的更高要求，公共服务高质量发展机遇与挑战并存。

新发展格局在更广空间里推动公共服务提质发展。"十四五"时期，国家提出构建国内国际双循环新发展格局，坚持扩大内需，形成强大国内市场。我省经济长期向好,发展韧性强劲,"一老一小"服务供给不断升级,消费潜力持续释放,为提升公共服务质量、更好满足人民高品质多样化个性化需求提供新契机。

长三角一体化在更高平台上促进公共服务开放发展。当前长三角一体化已进入全面提速、推动实质性进展新阶段,长三角公共服务一体化发展的紧密度、协同度、融合度不断提升,有利于我省在一体化发展中补齐民生短板,共建共享高品质公共服务,与沪苏浙共同率先实现基本公共服务均等化。

新技术在更深层次上赋能公共服务创新发展。新一轮科技革命和产业变革加速演化,大数据、云计算、人工智能、物联网、互联网、区块链等信息领域新兴技术快速发展,应用场景不断拓展,渗透经济社会发展各领域,为公共服务供给方式和服务模式创新提供强力支撑,成为公共服务数字化升级新动能。

十大新兴产业在更强力度上助力公共服务高效发展。"十四五"期间,我省将开展十大新兴产业高质量发展行动,坚持市场逻辑,运用资本力量,"双招双引"全力推进,有效投资持续扩大,资源配置更加优化,为公共服务领域重大项目建设落地和人才集聚提供崭新动力,助推公共服务高质量发展。

同时也要清醒看到,我省民生保障仍存在短板,社会治理还有弱项。从外部环境看,疫情常态化长期化对就业、卫生健康、养老服务等领域提出更大挑战;人口老龄化程度加深,二孩政策的全面展开和三孩生育政策的实施,解决好"一老一小"保障问题面临更大压力;新型城镇化建设加快农业

转移人口市民化进程，城镇公共服务供给保障能力亟需提升；人民群众需求和期待不断

扩容升级，对公共服务供给质量、服务方式创新等方面提出更高要求。从自身基础看，我省整体经济基础不强，公共服务优质资源总体供给不足，特别是与长三角先发地区相比存在明显差距；城乡、区域、人群之间公共服务资源配置不够均衡，设施布局与人口分布存在偏差，公共服务覆盖面、受益面受限，公共服务提质扩容仍任重道远。

第二章　总体思路

第一节　指导思想

以习近平新时代中国特色社会主义思想为指导，全面贯彻落实党的十九大和十九届历次全会精神，全面落实习近平总书记对安徽作出的系列重要讲话指示批示，认真落实"五位一体"总体布局、"四个全面"战略布局，坚持以人民为中心的发展思想，立足新发展阶段，完整、准确、全面贯彻新发展理念，服务和融入新发展格局，推动高质量发展，牢牢抓住人民群众最关心最直接最现实的民生问题，科学合理界定基本公共服务与非基本公共服务范围，正确把握处理政府和市场关系，持续推进基本公共服务均等化，多元扩大普惠性非基本公共服务供给，创新推动生活服务高品质多样化升级，协同推进长三角区域公共服务便利共享，全面提升公共服务效能，不断增强人民群众获得感、幸福感和安全感，在高质量发展中促进共同富裕，共同谱写现代化美好安徽建设新篇章。

第二节　基本原则

政府主导、保障基本。强化政府基本公共服务职能，优先保障基本公共服务投入，立足服务人口和服务半径，聚焦薄弱环节，优化资源布局，推进基本公共服务纵深化、全覆盖，推动基本公共服务均等化、普惠化、便利化。

多元参与、扩大供给。放宽市场准入，支持社会力量参与公共服务，充分发挥各类企事业单位、协会商会、公益团体等市场主体和社会组织的作用，推动普惠性非基本公共服务市场化、多元化、优质化。

创新服务、提升质量。以全面深化改革破除体制障碍，创新提供方式，加强服务供需对接，优化资源配置，营造公平竞争的市场环境，提质扩容公共服务资源，拓展生活服务发展空间，更好满足广大人民群众高品质、多样化、个性化需求。

尽力而为、量力而行。综合考虑经济发展状况和财力负担的可持续性，既要不断加大投入力度，积极而为切实履行保基本职责，又要不超越发展阶段，合理引导社会预期，有序推进公共服务保障水平与经济社会发展水平相适应，使发展成果更多更公平惠及全体人民。

第三节　主要目标

到2025年，公共服务制度体系更加健全，政府保障基本、社会多元参与、全民共建共享的公共服务供给格局基本形成，民生福祉达到新水平。

基本公共服务均等化水平明显提高。涵盖幼有所育、学有所教、劳有所得、病有所医、老有所养、住有所居、弱有所扶和优军服务保障、文体服务保障的基本公共服务制度建立健全，基本公共服务标准全面实施，标准化手段得到普及应用，基本公共服务资源持续向农村、基层倾斜，实现人群全覆盖、服务全达标、财力有保障。

普惠性非基本公共服务实现提质扩容。坚持社会效益优先，进一步推进普惠性非基本公共服务内容丰富化、获取便捷化、供给多元化，推动付费可享有、价格可承受、质量有保障、安全有监管，逐步实现幼有善育、学有优教、劳有厚得、病有良医、老有颐养、住有宜居、弱有众扶。

高品质多样化生活服务蓬勃发展。生活服务产业规模明显扩大，新业态新模式不断涌现，标准化、品牌化建设加快推进，供给体系对多元服务需求的适配性不断增强，需求牵引供给、供给创造需求的更高水平动态平衡逐步形成。

附表3-2 "十四五"社会发展与公共服务主要指标

类别	指标	2020年	2025年	属性
幼有所育	每千人口拥有3岁以下婴幼儿托位数/个	0.9	4.6	预期性
	孤儿和事实无人抚养儿童保障覆盖率/%	—	应保尽保	约束性
学有所教	学前教育毛入园率/%	94.9	>95	预期性
	九年义务教育巩固率/%	95.5	99	约束性
	高中阶段教育毛入学率/%	92.3	不低于全国平均水平	预期性
	劳动年龄人口平均受教育年限/年	10.4	达到全国平均水平	约束性
劳有所得	参加各类补贴性职业技能培训人数/万人	[379]	[>350]	预期性
病有所医	人均预期寿命/岁	77.96	78.8	预期性
	每千人口执业/助理医师数/人	2.69	3.2	预期性
	每千人口拥有注册护士数/人	3.08	3.8	预期性
	基本医疗保险参保率/%	99	95	预期性

续表

类别	指标	2020年	2025年	属性
老有所养	养老机构护理型床位占比/%	42	≥55	约束性
	新建城区、居住(小)区配套建设养老服务设施达标率/%	—	100	约束性
	基本养老保险参保率/%	>95	>95	预期性
	养老服务床位总量/万张	40.5	45	预期性
住有所居	城镇户籍低保、低收入家庭申请公租房的保障率/%	100	应保尽保	约束性
	符合条件的农村低收入群体住房安全保障率/%	—	应保尽保	预期性
	城镇老旧小区改造/个	[3024]	[5000]	预期性
弱有所扶	困难残疾人生活补贴和重度残疾人护理补贴目标人群覆盖率/%	100	100	约束性
文体服务保障	每万人接受公共文化设施服务次数/次	9500	15000	预期性
	人均体育场地面积/平方米	2.2	>2.6	预期性
	每百户居民拥有社区综合服务设施面积/平方米	—	>30	预期性

注：1.[ ]内数据为五年累计数。

2.新建城区、居住（小）区配套建设养老服务设施达标率：按照《国务院关于加快发展养老服务业的若干意见》规定，各地在制定相关规划时，必须按照人均用地不少于0.1平方米的标准，分区分级规划设置养老服务设施；凡新建城区和居住（小）区，要按标准要求配套建设养老服务设施。

3.公共文化设施包括公共图书馆、文化馆（站）、美术馆、博物馆和艺术演出场所。

4.人均体育场地面积：体育场地内可供开展训练、比赛和健身活动的有效面积与人口的比值。

第三章　推进基本公共服务均等化

聚焦基本公共服务重点领域，以促进机会均等为核心，落实基本公共服务均等化重点任务，补齐基本公共服务短板，推动实现基本公共服务公平可及、均等享有。

第一节 推进基本公共服务标准体系建设

完善基本公共服务标准体系，围绕"幼有所育、学有所教、劳有所得、病有所医、老有所养、住有所居、弱有所扶、优军服务有保障、文体服务有保障"目标，出台安徽省基本公共服务实施标准，制修订分行业领域标准。推动基本公共服务达标，对省基本公共服务实施标准落实情况加强监测预警，促进标准信息公开共享，强化实施效果反馈利用。积极参与国家基本公共服务标准化试点，实施重点领域基本公共服务标准化工程。推动基层服务机构标准化管理。统筹考虑经济社会发展水平和财政保障能力等因素，对基本公共服务实施标准进行动态调整。

附表3-3 安徽省基本公共服务项目清单

服务领域	服务项目
幼有所育	农村免费孕前优生健康检查、孕产妇健康服务、基本避孕服务、生育保险、预防接种、儿童健康管理、特殊儿童群体基本生活保障、困境儿童保障、农村留守儿童关爱保护（共计9项）
学有所教	学前教育幼儿资助、义务教育阶段免除学杂费、义务教育免费提供教科书、义务教育家庭经济困难学生生活补助、贫困地区学生营养膳食补助、普通高中国家助学金、普通高中免学杂费、中等职业教育国家助学金、中等职业教育免除学费（共计9项）
劳有所得	就业信息服务，职业介绍、职业指导和创业开业指导，就业登记与失业登记，流动人员人事档案管理服务，就业见习服务，就业援助，职业技能培训、鉴定和生活费补贴，"12333"人力资源和社会保障电话服务，劳动关系协调，劳动用工保障，失业保险，工伤保险（共计12项）
病有所医	建立居民健康档案、健康教育与健康素养促进、传染病及突发公共卫生事件报告和处理、卫生监督协管服务、慢性病患者健康管理、地方病患者健康管理、严重精神障碍患者健康管理、结核病患者健康管理、艾滋病病毒感染者和病人随访管理、社区易感染艾滋病高危行为人群干预、基本药物供应保障服务、食品药品安全保障、职工基本医疗保险、城乡居民基本医疗保险、农村符合条件的计划生育家庭奖励扶助、计划生育家庭特别扶助（共计16项）

续表

服务领域	服务项目
老有所养	老年人健康管理、老年人福利补贴、职工基本养老保险、城乡居民基本养老保险（共计4项）
住有所居	公租房保障、城镇棚户区住房改造、农村危房改造（共计3项）
弱有所扶	最低生活保障、特困人员救助供养、医疗救助、临时救助、受灾人员救助、法律援助、困难残疾人生活补贴和重度残疾人护理补贴、无业重度残疾人最低生活保障、残疾人托养服务、残疾人康复服务、残疾儿童及青少年教育、残疾人职业培训和就业服务、残疾人文化体育服务、残疾人和老年人无障碍环境建设（共计14项）
优军服务保障	优待抚恤、退役军人安置、退役军人就业创业服务、特殊群体集中供养（共计4项）
文体服务保障	公共文化设施免费开放、送戏进万村、收听广播、观看电视、观赏电影、读书看报、公共体育设施开放、全民健身服务（共计8项）

第二节 补齐基本公共服务短板

推动义务教育优质均衡。统筹义务教育学校布局结构调整，促进学校布局建设与人口流动趋势相协调。实施义务教育质量提升工程，继续做好义务教育薄弱环节改善与能力提升工作，改善乡村小规模学校和乡镇寄宿制学校条件，有序增加城镇学位供给。推进智慧学校建设。全面实施中小学教师"县管校聘"管理改革，推动县（区）域内义务教育校长教师交流轮岗。健全教师培养培训体系和人才引进机制，实施乡村中小学首席教师岗位计划、定向培养乡村教师计划、"特岗计划"、优师计划。进一步优化中小学教师岗位结构比例。全力推进"双减"工作（见专栏3-1）。

专栏3-1　义务教育提质扩容工程

> 优化基础设施空间布局，新建、改扩建义务教育教学设施约1000万平方米。推广集团化办学、名校办分校、委托管理、学校联盟等办学形式。开展义务教育发展优质均衡县督导评估，到2025年，全省实现优质均衡发展的县（市、区）达到25%。

提高就业社保服务水平。积极培育新产业、新模式、新业态，更好发挥民营经济、中小微企业就业主渠道作用，促进高校毕业生、农民工、退役军人、退捕渔民等重点群体就业。实施技工强省建设工程、"技能安徽"暨职业技能提升行动，开展企业职工技能提升培训、转岗转业培训。实施新一轮"创业江淮"行动计划，推动创业孵化平台建设。加大援企稳岗力度，规范企业裁员行为。加强公益性岗位托底安置，确保零就业家庭动态清零。健全就业需求调查和失业风险监测预警机制，建立就业失业统计指标共享体系。在省内持续攻坚区建设公共就业服务机构，提供全方位公共就业服务。完善劳动者权益保障、劳动关系协调和矛盾调处机制，推动省级以上开发区劳动关系公共服务中心和市、县两级标准化劳动人事争议仲裁院全覆盖。推进工伤保险省级统筹，扩大失业保险政策覆盖面。推进灵活就业人员在就业地参加社会保险，实现法定人群全覆盖（见专栏3-2）。

增强医疗卫生服务能力。健全公共卫生应急管理体系，完善重大疫情防控体制机制和省、市、县三级疾病预防控制机构网络，强化不明原因疾病和异常健康事件早期监测预警，提高传染病救治能力。改善妇幼保健机构基础设施条件，提高妇女儿童健康服务能力。普及卫生健康教育和科学知识，

专栏3-2　就业社保服务提质工程

　　就业创业。持续开展"四进一促"稳就业专项活动，实施高校毕业生就业促进计划和基层成长计划，推进青年见习计划和就业启航计划。实施创业筑巢、青年创业、返乡农民工创业工程。推动省级留学人员创业园设区市全覆盖。建设5家左右省级示范性公共实训基地和一批市级公共实训基地、产教融合实训基地、农村劳动力就业创业实训基地、安全生产实训基地，建设8家左右省级高水平技师学院和一批高水平专业（工种）集群。推进国家级人力资源服务业集聚区建设，到2025年，形成2—3个省级人力资源服务产业园，15家左右具有全国示范引领作用的人力资源行业领军企业。实施"智慧就业"工程，实现全省就业服务信息联网。

　　服务能力提升。建设全省人力资源社会保障综合服务平台，开展人力资源社会保障信息化创新提升攻坚行动。深入开展全省人社系统窗口单位业务技能练兵比武活动。全面开展人社政务服务"好差评"，健全监督问责机制。

强化慢性病早期筛查和早期发现，重视精神卫生和心理健康管理。全面加强社区医院建设，分类推进乡镇卫生院能力提升。健全中医药服务网络，提升基层中医药服务能力。完善紧密型县域医共体和城市医联体，加快形成基层首诊、双向转诊、急慢分治、上下联动的分级诊疗模式。加强医护人员培养，扩大儿科、全科、精神科、麻醉科、老年医学科、康复科等短缺医师和注册护士规模。以儿科、全科、精神科等紧缺专业为重点，加强住院医师规范化培训基地建设。实施乡村医疗卫生服务能力提升"百千万"工程。推动基本医疗保险省级统筹，逐步将门诊医疗费用纳入基本医疗保险统筹范围。完善重特大疾病医疗保险和救助制度。改革职工基本医疗保险个人账户，建立健全职工门诊共济保障机制。健全医疗保障经办管理服务网络，推进标准化、信息化建设，提高基层医疗保障经办服务能力（见专栏3-3）。

专栏3-3 医疗卫生服务能力提升工程

公共卫生。省疾控中心提升生物安全三级实验室能力，争创国家区域公共卫生中心。推动二级及以上综合医院（含中医院）、传染病专科医院和县级以上疾控中心建设符合生物安全二级标准的实验室。市、县（市、区）疾病预防控制机构开展病原微生物网络实验室标准化建设。建设省级中西医结合传染病救治基地和2个区域性救治基地。省、市、县三级原则上均应当设置1所政府举办、标准化的妇幼保健机构，到2025年，省级和一半以上的市级妇幼保健机构达到三级妇幼保健机构标准，1/3以上的县级妇幼保健机构达到二级妇幼保健机构标准。每个乡镇卫生院、社区卫生服务中心至少配备1名专职公共卫生医师。

医疗服务。鼓励人口在100万以上的县和有条件的县创建三级医院，提升15000所左右城市社区医疗卫生机构和村卫生室医疗服务能力。开展重大疑难疾病中西医协同攻关，加强中医优势专科和特色专科建设。实施促进中医药传承创新发展专项行动，支持亳州打造"世界中医药之都"，支持黄山建设新安医学传承创新中心。推进"互联网+医疗健康"示范省建设，加快完善全省统筹区域全民健康信息平台，建设国家（中部）医疗大数据中心和全省统一远程医疗服务平台，推广使用电子健康卡。

提升养老服务质量。城市新建住宅小区按照每百户不少于30平方米标准配建社区养老服务用房，老旧城区和已建住宅区按照每百户不低于20平方米的标准补齐社区养老服务设施。加强乡镇（街道）范围内具备综合功能的养老服务机构建设。实施特困人员供养服务设施和服务质量达标工程，鼓励农村特困供养服务机构（农村敬老院）在满足特困人员集中供养需求的前提下，剩余床位提供给经济困难的农村失能、高龄老年人。推进困难老年人家庭适老化改造，开展"家庭养老床位"试点。健全老年人能力评估和长期护理需求评估体系，逐步在全省探索建立长期护理保险制度。推广安宁疗护试点。建设安徽省养老服务综合信息系统。开展养老服务人才培训提升行动，壮大养老护理员、老年社会工作者队伍。实施企业职工基本养老保险省级统筹，构建基本养老保险、职业（企业）年金与个人储蓄性养老保险、商业保险相衔接的养老保险体系。健全城镇职工基本养老金合理调整机制，适时调整城乡居民基础养老金标准（见专栏3-4）。

专栏3-4 养老服务质量提升工程

> 优化养老服务三级中心运营。遴选30个县区开展省级农村养老服务改革试点。每个县建设1所县级失能半失能特困人员照护服务机构。每年实施不少于10 000户困难老年人居家适老化改造。支持公办养老机构增加人才培训模块、增设实习实训设施设备。

优化住房保障服务。强化城镇住房和收入困难家庭公租房保障，实行实物保障和货币补贴并举，对城镇户籍低保、低收入住房困难家庭依申请应保尽保。推进城镇老旧小区改造，重点解决供水、供电、供气等问题，鼓励有条件的小区加装电梯、增设停车位等便民设施，到2025年，基本完成2000年底前建成的需改造城镇老旧小区改造任务。推进棚户区改造，重点改造老城区内脏乱差的棚户区和国有工矿区、林区、垦区棚户区。推进农村危房改造，对符合条件的农村低收入群体等重点对象住房安全做到应保尽保。严格工程质量安全监管。

促进文体服务全域共享。持续做好国家公共文化服务体系示范区创新管理。加快建设省文化馆滨湖新馆、省非物质文化遗产展示馆、省图书馆滨湖新馆，推进智慧图书馆、智慧博物馆、数字文化馆（站）建设。推动工人文化宫、青年之家、妇女儿童活动中心、青少年校外活动场所等免费提供公共文化服务，鼓励高校博物馆、美术馆等向社会开放。继续实施文化惠民工程。拓展城乡实体书店网点，提升农家书屋服务水平，建设"书香安徽"。实施精品出版工程，组织主题领航、高峰攀登、重点突破、融合攻坚"四项行动"。推进地方戏曲振兴工程，推动安庆戏剧等省级文化生态保护区建设。推进数字广播电视户户通。加强应急广播体系建设。实施全民健身设施补短板工程，持续完善五级全民健身设施网络，实现城镇社区"15分钟健身圈"全覆盖。实施全民健身普及工程，实现科学健身指导体系省、市、县三级全覆盖，开展全民运动健身模范市、县（市、区）创建（见专栏3-5）。

完善社会服务功能。建立健全以基本生活救助、专项社会救助、急难社会救助为主体、社会力量参与为补充的分层分类梯度救助制度体系，实现救助服务网络全覆盖。加大对残疾、留守妇女等特殊妇女群体的关爱帮扶，严厉打击暴力侵害妇女、拐卖妇女等犯罪行为。健全未成年人保护工作机制和

专栏3-5 文体服务能力强化工程

> 公共文化。统筹利用和完善现有广播电视资源，建设形成省、市、县、乡、村五级贯通，与全省各级预警信息发布系统有效对接的应急广播体系。以革命老区为重点，推动县级公共图书馆和文化馆达标。充实基层专职文化管理员队伍。
>
> 公共体育。到2025年，县（市）建有小型体育馆、小型体育场、游泳设施、全民健身活动中心、体育公园；市辖区建有全民健身活动中心、体育公园；乡镇（街道）建有小型室内健身中心（活动中心）、全民健身广场、多功能球类运动场或笼式足球场；行政村（社区）建有公共体育设施。鼓励运动员、教练员、体育专业师生、体育科研人员参与乡村体育指导志愿服务，推动全省行政村社会体育指导员配备全覆盖，到2025年社会体育指导员超过20万名。

未成年人监护制度，实施困境儿童关爱保护工程，加大对农村留守儿童和困境儿童的关爱力度。建立困难残疾人生活补贴和重度残疾人护理补贴动态调整机制，健全残疾人康复托养服务体系和残疾儿童康复救助制度，培育残疾人社会服务组织，创建省特殊教育职业学院。妥善安置滞留军队离退休干部、退休士官、伤病残士官和义务兵，实施退役军人创业工程。加强公共法律服务平台建设，健全完善基层法律援助机构设置，支持法治宣传阵地建设。加强法律援助专业人员培训，提升法律援助质量，优化法律援助人员资质（见专栏3-6）。

专栏3-6　社会服务兜底工程

社会救助经办服务。改善救助管理机构基础设施条件。提升基层社会救助经办服务能力，推动村级设立社会救助协理员。

社会福利设施。推进儿童福利机构、未成年人救助保护机构转型升级和儿童福利中心建设，推动设立乡镇未成年人保护工作站，在村（居）民委员会设立专人专岗负责未成年人保护工作。建设10个市级精神卫生福利机构。

殡葬服务设施。加强殡仪馆、公益性骨灰安葬（放）设施建设，推动农村公墓建设和老旧殡仪馆改造，实现基本殡葬服务设施市县全覆盖。

残疾人服务保障。在机构、社区养老服务设施、敬老院、福利院等场所"嵌入"残疾人托养功能，建设3个地市级专业化残疾人托养设施、28个县级残疾人托养设施，实现每个市都有1所专业化的残疾人康复或托养设施。实施6.8万户低收入重度残疾人家庭无障碍设施改造。推进乡镇（街道）残疾人之家和村（社区）残疾人工作站建设。

优军服务保障。加强光荣院、军供站、退役军人服务中心（站）建设，到2025年，新建或改扩建3—5所示范光荣院。推进省荣军医院和省荣军康复医院改造，分别创建现代化三级精神病专科医院和三级康复医院，争创国家级示范优抚医院。实施烈士纪念设施提质改造工程，启动军人公墓规划建设。

提升医保经办管理服务质量。推进医保经办服务事项清单管理，实现医保经办服务事项名称、事项编码、办理材料、办理时限、办理环节、服务标准"六统一"。推进医保公共服务标准化规范化，实现一站式服务、一窗口办理、一单制结算。推动政务服务整体联动、全流程在线，做到线上线下一套服务标准、一个办理平台，实现"聚合办"。大力推行医保服务事项网上办、掌上办、刷脸办，坚持传统服务与智能服务创新并行，加快推动智能化并提高适老化水平。健全行风建设专项评价长效机制，全面实施"好差评"制度，开展体验式评价和群众满意度调查（见专栏3-7）。

专栏3-7 医疗保障经办服务提升工程

> 实现县区以上医保经办标准化窗口全覆盖。出台省级医疗保障管理服务窗口标准规范，制定示范窗口评定标准，实现医保经办机构的地标识别功能，规范服务。建成区县级以上医保经办服务示范窗口；建设医疗保障基层服务示范点；建设医疗保障定点医疗机构示范点；建设智慧医保管理服务示范点。推广预约服务、延时服务、上门服务、应急服务，畅通优先服务绿色通道。推进流动就业人员基本医疗保险关系转移接续跨省通办。加强窗口规范化建设，强化窗口制度建设，推广综合柜员制。

完善异地就医直接结算服务。适应人口流动和就业转换需求，优化跨省就医结算流程，依托国家异地就医管理子系统，推进异地就医线上备案、住院和门诊费用跨省直接结算，提供线上线下一体化服务。健全跨区域医疗保障管理体系和协作机制，加强国家、省级异地就医结算中心建设和跨区域业务协作。优化跨省异地就医结算管理服务，完善省级跨省异地就医管理子系统，全面提升跨省异地就医结算管理服务能力（见专栏3-8）。

专栏3-8　异地就医结算能力建设工程

健全跨区域医疗保障管理工作体系和协作机制。加强省异地就医结算管理中心建设，完善各级异地就医业务管理、基金管理和信息管理岗位职责，确保基金安全和信息安全，保障异地就医直接结算平稳运转。

优化跨省异地就医结算管理服务。扩大跨省直接结算的覆盖范围，提高直接结算率。探索重大公共卫生事件医保费用异地就医直接结算的实现路径，开展医疗费用手工（零星）报销线上服务，提供住院、普通门诊、门诊慢特病费用线上线下一体化的异地就医结算服务。

第三节　加快提升基本公共服务均等化水平

加快城乡基本公共服务制度统筹，优化基本公共服务对象认定制度，缩小城乡、区域、人群间基本公共服务差距。

缩小区域基本公共服务差距。完善基本公共服务支出保障机制，推动公共财政支出规模与公共服务覆盖人口规模基本匹配。通过生态补偿、转移支付等方式，加大对皖西、皖北等基本公共服务薄弱地区的资源倾斜，逐步缩小不同区域之间基本公共服务供给差距。

加快城乡基本公共服务制度统筹。落实安徽省基本公共服务实施标准，增加农村教育、医疗、养老、文化等服务供给。深化户籍管理制度改革，完善以公民身份号码为标识、与居住年限相挂钩的基本公共服务提供机制，推动实现基本公共服务由常住地供给、覆盖全部常住人口。落实农业转移人口市民化财政支持政策，完善异地结算、钱随人走等相关制度，保障符合条件的外来人口与本地居民平等享有基本公共服务。推进县城、人口特大镇公共服务设施提级扩能，增强综合承载能力及对周边农村地区辐射服务能力。

优化基本公共服务对象认定制度。健全最低生活保障家庭、最低生活保障边缘家庭、特困人员认定办法，制定与经济社会发展水平相适应的最低生活保障家庭财产限定标准或条件，结合财力状况动态调整。落实社会救助和保障标准与物价上涨挂钩的联动机制。将优抚对象优先纳入覆盖一般群众的救助、养老、医疗、住房以及残疾人保障等各项社会保障制度。健全公办养老机构入住综合评估制度，优先满足失能老年人的基本养老服务需求。落实全学段的学生资助政策，推动教育、民政、乡村振兴等领域信息共享，确保符合条件的家庭经济困难学生按规定享受教育资助和社会救助。

第四章　扩大普惠性非基本公共服务供给

强化政府引导作用，鼓励支持社会力量积极参与托育、教育、养老、医疗、住房等领域普惠性非基本公共服务供给，缓解非基本公共服务领域供需矛盾。

第一节　加强重点领域非基本公共服务供给

提升普惠托育服务能力。加快构建主体多元、形式多样、政策完备、应享尽享、应护尽护的婴幼儿照护服务体系，基本实现全省城乡社区托育机构全覆盖。各市、县（市、区）将需要独立占地的婴幼儿照护服务机构建设布局纳入相关规划。依法落实产假、护理假、育儿假等政策，鼓励用人单位采取灵活安排工作时间等措施,为婴幼儿照护提供便利条件。实施普惠托育服务专项行动,开展"一乡镇一街道一普惠"试点,设区市要建设承担指导功能的示范性、综合性托育服务中心,鼓励有条件的幼儿园开设托班。加强婴幼儿照护服务队伍建设,开展从业人员入职前培养和入职后培训,依法逐步实行婴幼儿照护工作人员职业资格准入制度。完善婴幼儿照护服务机构备案登记制度、信息公示制度和质量评估制度。

促进学前教育普及普惠。实施学前教育普及普惠工程,完善普惠性学前教育保障机制,大力发展公办园,引导社会力量举办普惠性幼儿园,提高普惠性幼儿园覆盖率。完善普惠性幼儿园规划布局,及时修订和调整居住区人口配套学位标准,全面落实城镇小区配套幼儿园政策,推动城市居住区、易地搬迁安置区配套建设与人口规模相适应的幼儿园。优化农村学前教育资源布局,办好乡镇公办中心园。严格落实幼儿园教师持教师资格证上岗,强化幼儿园教师配备补充和工资待遇保障。加强对规范办园的督查力度,规范民办幼儿园的准入与退出机制。

加强县域普通高中建设。出台安徽省"十四五"县域普通高中发展提升行动计划,实施改善普通高中学校办学条件建设项目,加快消除普通高中大班额,积极稳妥化解大规模学校,组织有关高校和地方协商制定县中托管帮扶工作实施方案,实施县中托管帮扶工程,提升县中办学水平。加强县中校长教师培训,完善教师补充机制,扩大学校用人自主权。

扩大普惠养老服务供给。深入推进普惠养老城企联动专项行动,支持养老服务骨干网、综合性养老服务机构、普惠旅居养老服务机构建设,支持党政机关和国有企事业单位所属培训疗养机构转型发展普惠养老。引导专业化机构进社区、进家庭，大力培育居家社区养老服务企业和社会组织，实施"社区示范长者之家"项目和"社区助餐工程"，打造城市养老服务"十五分钟"服务圈。加强农村幸福院等互助养老设施建设。加强医养结合试点示范，支持闲置床位较多的一、二级医院和专科医院转型为老年人护理院。全面保障外资举办养老服务机构享受国民待遇。探索具备条件的公办养老机构改制为国有养老服务企业。

推进优质医疗均衡发展。鼓励发展全科医疗服务，加快发展专业化服务，有序发展前沿医疗服务。推进创伤、肿瘤、心血管、神经等领域国家区域医疗中心合作共建，努力争创国家医学中心。实施省域优质医疗资源扩容下沉项目，建设省级区域医疗中心、区域专科医疗中心。扩大三甲医院总量，增加高水平医疗资源供给。推动县级医院提标扩能，加强胸痛、卒中、创伤、危重孕产妇、危重新生儿和儿童等救治中心以及肿瘤综合治疗中心、慢性病管理中心建设。加强智慧医院建设。依托综合医院、职业病专科医院，提高尘肺病、化学中毒等职业病诊断救治康复能力。健全集预防保健、疾病治疗、康复养生于一体的中医药服务体系。

改善优化住房条件。在合肥等人口净流入城市重点发展保障性租赁住房，主要解决符合条件的新市民、青年人等群体的住房困难问题。因地制宜、探索发展中小户型为主的共有产权住房，供应范围以面向户籍人口，逐步扩大到常住人口。探索支持利用集体建设用地按照规划建设租赁住房，引导租赁企业收储分散式房源集中改造后开展经营，鼓励支持房地产企业将自持住房用于租赁经营。不断扩大住房公积金制度覆盖范围，持续推进住房公积金缴存扩面，鼓励灵活就业人员参加住房公积金制度（见专栏3-9）。

专栏3-9　普惠性非基本公共服务扩容工程

普惠托育。新建和在建城市居住小区，按照每千人口不少于10个托位标准，规划建设托育服务设施及配套安全设施。老城区和无托育服务设施的已建成居住小区，按照每千人口不少于8个托位标准建设托育服务设施。各市每年至少建成2~3个示范性托育服务机构，各县（市、区）每年至少建成1个普惠性托育服务机构。鼓励有条件的单位在工作场所为职工提供托育服务，鼓励有条件的妇幼保健院、妇女儿童医院、儿童医院、社区卫生服务中心等设立临时托育场所。

普惠学前教育。实施教育提质扩容工程、教育强国推进工程和学前教育促进工程，新建、改扩建一批公办幼儿园，支持人口集中流入地、农村地区、原集中连片特困地区县和省扶贫开发工作重点县普及学前教育。全省实施幼儿园建设项目1000个，补齐普惠性资源短板，确保城乡学前教育资源全覆盖。

普惠养老。支持20个县区建设连锁化运营、标准化管理的示范性社区居家养老服务网络。支持公办养老机构增加护理型床位，支持社区卫生服务机构、乡镇卫生院或社区养老机构、敬老院内部改扩建社区（乡镇）医养结合服务设施。引导民间资本对企业厂房、商业设施及其他可利用的社会资源进行整合和改造后用于普惠养老服务。

优质医疗。建设芜湖、蚌埠、阜阳、安庆等4个省级区域医疗中心，布局建设10~15个省区域专科医疗中心。争创2个以上国家区域中医医疗中心，布局建设10个省级中医医疗中心。加快建设复旦大学附属儿科医院安徽医院，基本建成国家儿童区域医疗中心。支持中国科学技术大学加强新医科建设，支持安徽医科大学建设新医科中心。建设集智慧就医、智慧诊断、智慧治疗、智慧病房、智慧后勤和智慧管理于一体的智慧医院体系。

第二节 推动非基本公共服务普惠化发展

盘活现有设施资源，低价或无偿提供给普惠性非基本公共服务供给主体，降低服务成本。健全非基本公共服务价格调整和信息公开机制，引导非基本公共服务供给主体优质优价运营，促进价格普惠。探索包容而有效的审慎监管方式，强化政府事中事后监管能力，鼓励建立行业协会开展第三方服务认证，拓展公众参与监管的渠道，构建责任清晰、多元参与、依法监管的服务质量治理和促进体系。

第五章 推动生活服务为公共服务提档升级拓展空间

适应消费升级和产业升级趋势，优先发展能够与公共服务密切配合、有序衔接的高品质多样化生活服务，创新服务业态和服务产品，强化服务标准，突出品牌引领，为公共服务提档升级汇聚资源、拓展空间。

第一节 推动重点行业可持续发展

推动健康产业提质扩面。加强医疗卫生服务与文化、旅游、体育、养老、食品等产业联动，发展医疗康复、健康管理、心理咨询、中医药养生保健等健康产业。鼓励社会力量开展医学检验等医疗服务，推动检验检查结果互认。积极发展精准医疗、移动医疗、第三方医疗服务评价、家庭医生签约、专业护理、营养保健指导等服务。支持打造专业性医院管理集团。丰富商业健康保险产品，发展医疗责任险、医疗意外险等执业保险。推动康复辅助器具产业发展。

推动养老服务高质量发展。实施"养老服务+行业"行动，促进养老服务与文化、旅游、体育、健康、家政等行业融合发展，培育一批养老服务业发展园区（基地），规划建设皖西、皖南等区域性健康养老基地。发展银发经济，推进老年人适用产品、技术研发和应用，创新"子女网上下单、老人体验服务"等消费模式。探索"物业服务+养老服务"模式，鼓励各类社会资源为失能老年人家庭提供"喘息服务"，推动养老服务向精神慰藉、康复护理、紧急救援、临终关怀等领域延伸。培育发展养老服务行业组织，提高行业协会服务能力。

推动文旅融合发展。高水平建设皖南国际文化旅游示范区、合肥都市圈文化发展核心区、大别山等革命老区红色旅游发展示范区和皖江文化发展集聚带、淮河文化发展集聚带，高质量打造杭黄世界级自然生态和文化旅游廊道。加大高A级旅游景区和国家级旅游度假区创建力度，争创文化特色鲜明的国家级旅游休闲城市和街区，培育形成一批世界级旅游目的地。培育发展康体养生、现代主题公园、演艺动漫、低空飞行、邮轮游艇等新型旅游产品。大力发展"智慧文旅"，强化智慧景区建设。

推动智慧广电创新发展。实施全媒体传播工程，打造新型主流媒体。推动广播电视媒体平台IP化、云化、融合化、智慧化，加强广电5G网络建设和场景应用，打造交互式全省广播电视新媒体云平台和5G新媒体平台。发展高清及超高清电视，推动超高清电视在有线电视、卫星电视、IPTV和互联网电视的应用。支持省级媒体跨区域跨行业整合资源，鼓励市级媒体集团化发展，推动县级融媒体中心提质增效。促进智慧广电与智慧城市、智慧社区、智慧家庭及智慧政务等融合发展，拓展综合信息服务等新业态。完善视听全产业链发展格局，加快培育新型业态、新型消费模式。

推动体育服务繁荣发展。发展足球、篮球、排球、冰雪、水上等运动，积极申办国内外重要赛事。鼓励发展各类健身俱乐部和健身组织，开发新兴时尚健身项目。打造合肥都市圈体育产业增长极、皖江城市体育装备制造产业带、皖南体育旅游示范区、皖北体育用品制造业聚集区。促进体育旅游、体育传媒、体育会展、体育经纪等发展，培育体育消费新业态新模式，创建一批国家级体育消费试点（示范）城市。

推动家政服务提质扩容。支持中小家政服务企业专业化、特色化发展，积极开展家政服务标准化试点。鼓励有条件的企业品牌化、连锁化发展，培育一批具有区域引领和示范效应的龙头企业。发展员工制家政企业，对员工制家政企业实行企业稳岗返还和免费培训。培育产教融合型家政企业，实现城区常住人口100万以上的设区市家政服务培训能力全覆盖。推动家政服务业与养老、育幼、物业等融合发展。加快建立家政服务人员持证上门制度，推动家政服务进社区。支持家政行业协会建设，开展家政服务质量第三方认证（见专栏3-10）。

第二节　推动生活服务品牌化标准化建设

加强服务品牌培育。引导龙头型领跑型服务企业集约式发展，鼓励中小微企业创新发展，塑造代表性特色化服务品牌，保护传承"老字号"，开发打造"特字号"，培育壮大"新字号"。持续提升"2+N"招聘品牌质量，打响"创业江淮"名片，实施"江淮名医""徽乡名医"培养工程，做优"书香安徽""江淮读书月"阅读品牌，打造黄山登山、合肥马拉松、亳州五禽

专栏3-10　生活服务提档升级工程

健康产业。依托合肥综合性国家科学中心大健康研究院建设，搭建新型研发机构等成果转化平台。设立安徽省生命健康产业发展基金，加强"双招双引"力度，促进大健康产业高质量发展。

养老产业。鼓励企业、高等院校和研究机构研发应用提供亲情陪护、康复理疗等服务的人工智能产品，重点发展适老化的康复辅具、健康监测可穿戴设备、智能穿戴设备、服务型机器人与无障碍科技产品、移动应用软件（APP）等。实施智慧养老建设示范工程，开展省级智能养老社会治理实验基地试点，每年遴选发布10个智慧养老应用场景。

文旅融合产业。推进旅游景区、线路、业态、商品、企业"五个一批"精品工程建设。打造一批高品质的文化旅游特色小镇、特色园区（基地）、特色街区、特色乡村、旅游演艺等特色产品。支持黄山市打造具有国际影响力的文化旅游城市、美丽中国建设示范城市，支持六安市打造全国知名红色旅游示范基地和康养基地，支持亳州市打造中医药文化旅游养生示范基地。依托江淮大数据中心，建设安徽省文化和旅游大数据中心分平台。

智慧广电。完善省、市、县广播电视媒体融合发展规划布局，建设1个省级技术平台、2家新型主流媒体集团、省市县3级传播矩阵。推动发展5G+4K、5G交互式视频、5G沉浸式视频、5G+VR/AR、5G广播等场景应用。

体育产业。创建一批国家级体育产业示范基地、国家授牌汽车自驾运动营地、国家体育旅游精品项目，培育一批在全国有竞争力的体育企业，到2025年体育产业总规模突破2200亿元。

戏等体育赛事品牌，支持打造黄山"新安医学国医名师"、亳州"世界中医药之都"等特色区域品牌，推动皖西南养生养老、皖北长三角康养基地等品牌建设。鼓励银行业金融机构向企业提供以品牌为基础的商标权、专利权等质押贷款。

强化服务标准建设。建立地方标准和行业标准协同发展、协调配套的标准体系，推动行业标杆化服务标准建设。支持行业协会等社会组织制定团体标准，鼓励企业制定高于国家标准或行业标准的企业标准。建立健全生活服务认证认可制度，推动生活服务职业化发展。

第六章 推动长三角区域公共服务便利共享

紧抓长三角区域一体化发展战略契机，加快公共服务体制机制接轨，扩大优质公共服务资源供给，推动公共服务便利共享。

第一节 加快公共服务政策标准衔接统一

依托长三角健康、人社、信用等专题合作组，加强与沪苏浙协商沟通，推动建立教育、健康、养老、文化旅游等重点领域制度规则、重大政策制定和跨区域公共服务设施建设的长效协同机制，逐步建立合理的利益补偿、共济制度。加强与沪苏浙基本公共服务标准体系对接，推进服务领域、项目、保障范围等衔接一致。推进在长三角范围内逐步建立有条件的基本公共服务项目财政支出跨区域结算机制。建立健全基本公共服务标准动态调整机制，适时调整服务内容、标准及对象范围，不断缩小与沪苏浙的水平差距。

第二节 协同推进公共服务便利化

联合沪苏浙率先实现区域内待遇互认、数据互通、设施共建、成本共担和服务共享。制定实施统一的基本医疗保险政策方案，建立健全长三角异地费用联审互查机制，完善住院费用异地直接结算制度，逐步扩大异地门诊费用直接结算覆盖范围，推动建立跨省异地就医直接结算信息沟通机制和应急联动机制。推进社会

保险异地办理，积极参与长三角地区异地居住人员数据交换和比对、社会保险待遇领取资格认证合作。探索建立联合招聘机制，打造长三角公共创业联盟。推动以社会保障卡为载体建立居民服务"一卡通"，在交通出行、旅游观光、文化体验等方面率先实现"同城待遇"，探索社会保障卡与"安康码""健康码"深度融合、"一码通用"。实现长三角地区国家综合档案馆异地查档在线出证。协同推进长三角区域老年人能力评估、护理需求评估、医养结合服务、养老服务设施和照护需求标准的互认互通。

第三节 推动优质资源联通共享

支持我省师资紧缺地区与华东师范大学、南京师范大学、浙江师范大学等师范院校建立中小学和幼儿园教师培养培训机制，推动我省优质基础教育数字资源面向长三角教师和学生开放。深化长三角城市群医院协同发展战略联盟建设，积极参与长三角卫生健康科技项目联合攻关。联合发展江海联运邮轮旅游，努力将池州九华山旅游码头打造成为长江中下游邮轮母港。推动打造沪苏浙皖卫视品牌联盟，参与建立长三角广电网络数字经济产业联盟，共建长三角区域音乐教育与艺术产业发展联盟。鼓励在皖单位与沪苏浙有关

单位联合成立长三角院士工作站。构建良好营商环境,合理引导沪苏浙社会资本积极参与我省教育、医疗、养老等公共服务重点领域的服务供给(见专栏3-11)。

专栏3-11　优质资源联通共享工程

教育。推动中国科学技术大学、合肥工业大学、安徽大学等高校与沪苏浙优质高校全面合作。引进沪苏浙一流大学、科研院所设立分支机构。推进产教融合实训基地、标杆城市和企业建设,打造长三角区域"职教人才成长带"。

医疗健康。常态化推进长三角疫情联防联控"7+5"工作机制和协同事项,建设长三角公共卫生等重大突发事件应急管理体系。围绕儿科、肿瘤、心血管、创伤、中医等重点方向,加强与长三角高水平医院深度合作。

养老托育。支持池州、黄山、芜湖等地开展长三角区域一体化养老试点,加快打造长三角健康养生基地。引进沪苏浙优质婴幼儿照护服务品牌,跨区域布局服务点。

文化旅游体育。共建杭黄国际黄金旅游线,打造上海"一大"会址—浙江嘉兴南湖—江苏淮安周恩来故里—安徽大别山金寨两源两地等红色旅游精品线路。共同办好长三角国际文化产业博览会等文化品牌活动。打造皖江城市文化黄金旅游带、皖北历史和中医药文化黄金旅游圈。与沪苏浙联合打造长三角汽车联赛等赛事品牌,共同申办、举办重大国际性体育赛事。

第七章　系统提升公共服务效能

合理规划公共服务设施布局，丰富公共服务供给主体，全方位健全公共服务要素保障体系，强化服务国家重要战略能力。

第一节　统筹规划公共服务设施布局

充分考虑服务半径、服务对象数量、年龄结构等因素布局建设公共服务设施，合理控制规模，不"贪大求全"。对于幼儿园和小学、社区养老托育设施、卫生站（室）等服务频次高、服务对象活动能力弱的设施，适度减小规模、增加布点，合理安排设施密度。对于公共文化体育场馆等高频次、受众广的服务设施，通过总分馆（院）、连锁等多种方式推动优质资源共享。对于服务频次相对较低或多个服务事项具有较强相关性的设施，统筹考虑服务链条，适度集中布局。人员居住相对分散的皖西、皖南偏远农村地区，因地制宜、统筹布局固定服务设施和流动服务设施。

第二节　构建公共服务多元供给格局

深化事业单位改革。加快推进政事分开、事企分开、管办分离，强化公益属性，提高治理效能。引导事业资源参与基础性、兜底性、普惠性公共服务供给。统筹盘活用好沉淀和低效配置的事业编制资源，加快对新型城镇化建设进展较快地区统筹调剂力度，解决义务教育、公共卫生、基本医疗、公共文化等编制需求。能够通过政府购买等方式提供的公共服务，不再直接举办事业单位提供。

鼓励社会力量参与。集中清理在市场准入方面对企业资质、资金、股比、人员、场所等设置的不合理条件，对民办机构和公办机构在资格准入、职称评定、土地供给、财力支持、政府采购、监督管理等方面同等对待，推进准入公平。深化"放管服"改革，精简许可事项，优化审批程序，规范审批行为。鼓励社会力量通过公建民营、政府购买服务、政府和社会资本合作（PPP）等方式参与公共服务供给。

支持社会组织发展。大力培育发展社区社会组织、社会工作类社会组织和慈善组织，支持社区组织承接社区公共服务、引导社会工作者提供专业服务、动员志愿者参与公共服务。逐步扩大政府向社会组织购买服务的范围和规模，对社会领域公共服务项目，同等条件下优先向社会组织购买。完善激励保障措施，落实慈善捐赠的相关优惠政策。

发挥国有经济作用。支持国有经济参与公共服务并做大做强，进一步明确国有经济参与领域和条件，全面清理整合涉及国有资本进入公共服务领域的行政审批事项，引导国有经济以兼并、收购、参股、租赁、承包等多种形式参与社会公共服务。重点培育一批实力雄厚、具有较强竞争力和影响力的大型社会公共服务企业和企业集团，有效推动国有资本在公共服务领域发挥保障作用。

第三节 提高公共服务资源供给效率

促进新技术广泛应用。大力发展"互联网+公共服务"，依托"皖事通办"平台，推进公共服务同源管理，培育跨行业跨领域综合性平台和行业垂直平台。推进人工智能、5G等信息技术和智能硬件的深度应用，促进公共服务用品制造向智能制造、柔性生产等数字化转型。坚持传统服务方式与智能化服务创新并行，加快信息无障碍建设，引导帮助老年人、残疾人等特殊人群融入信息化社会。

推动服务数据互联互通。加快公共服务领域数据共享与流程再造，推动跨领域、跨部门、跨业务数据开放共享和融合应用。加强公共服务基础信息资源集中采集，推动医疗卫生、养老等公共服务领域和政府部门数据有序开放、交换共享。推进长三角地区政务服务"一网通办"，协同推进异地就医结算、残疾人"两项补贴"跨省通办、社会关系转移接续、流动人员人事档案信息化管理等便利服务。加强公共服务数据安全保障和隐私保护。

推动公共服务资源向基层下沉。拓展基层公共服务管理职能，打造专业化专职化的城乡社区工作者队伍。明确工作职责和业务流程，制定赋权清单，有计划、有重点、分层次、分阶段、多形式的组织实施培训。有机集成并精准对接医疗卫生、就业社保、养老托育、扶残助残、家政服务、物流商超、治安执法、纠纷调处、心理援助等便民服务场景，完善一站式便民综合服务站，推动社区综合服务中心等基层公共服务供给站点与以社区网格员为主体搭建的社会治理网络有机结合。支持高水平公共服务机构对接基层。

第四节 健全公共服务要素保障体系

强化财力支撑。建立与经济发展水平相适应的基本公共服务财政优先保障机制和支出动态调整机制，加大财政投入，确保基本公共服务项目及标准落实到位。推进省与市、县财政事权和支出责任划分改革，基本公共服务标准化建设所需资金按支出责任分担。完善财政、融资等优惠政策，将更多公共服务项目纳入政府购买服务指导性目录。增强经费使用的规范化和透明度，加强绩效管理，确保资金使用安全和效益。引导金融机构开发适合公共服务领域的金融产品。

创新队伍建设。健全公共服务从业人员教育培训制度，定期组织职业培训和业务轮训。引导和支持高等学校和中等职业学校开设公共服务相关学科专业，扩大公共服务领域急需人才培养规模。加强从业人员职业资格认定，健全职业发展通道，完善工资待遇、医疗保险及养老、住房保障等激励政策。推动公办与非公办公共服务机构在技术和人才等方面开展合作，支持非公办机构的人才培养、培训和进修。引导鼓励公共服务人才向基层流动，加快农村公共服务和治理人才队伍建设。建立健全志愿者服务人才库。

加强用地保障。将公共服务机构和设施用地纳入相关规划和年度用地计划优先予以保障，农用地转用指标、新增建设用地指标分配适当予以倾斜。符合条件的公共服务设施和机构建设用地，可采取划拨方式予以保障。支持在社区综合服务设施开辟空间用于"一老一小"等公共服务，探索允许空置公租房免费提供给社会力量在社区开展助餐助行、日间照料等服务。支持各类主体利用存量低效用地和商业服务用地等开展公共服务，鼓励地方探索将老旧小区中的国企房屋和设施以适当方式转交政府集中改造用于公共服务基础设施建设，各地结合实际出台存量房屋和设施改造为公共服务场所的建设标准、指南和实施办法。

优化资源配置。细化完善公共资源与常住人口、服务半径挂钩制度，加强公共服务各领域专项规划与人口规划、国土空间规划衔接，加大公共服务资源向大别山等革命老区、皖北等欠发达地区倾斜力度，提高公共服务资源规划建设片区统筹能力。建立完善公共服务各领域软硬件标准，规范公共服务资源配置方式。加强公共服务供给水平和质量的有效评估监管，建立健全公共服务需求表达和反馈机制。

第五节　提高服务国家重大战略能力

促进人口长期均衡发展。对全面两孩政策调整前的独生子女家庭和农村计划生育双女家庭，继续实行现行各项奖励扶助制度和优惠政策，完善三孩生育政策配套支持措施。落实生育休假与生育保险制度，健全普惠托育服务体系，扩大优质教育资源供给，加强税收、住房等支持政策，保障女性就业合法权益，全面提高优生优育服务水平。

积极应对人口老龄化。着力发展养老事业，完善基本养老服务制度，持续提升养老服务标准化、管理信息化、队伍专业化水平，加快构建居家社区机构相协调、医养康养相结合的养老服务体系。发展壮大养老产业，多渠道、多领域扩大适老产品和服务供给，加快培育养老服务企业知名品牌，打造高质量的为老服务和产品供给体系。

统筹城乡区域协调发展。紧抓新型城镇化、乡村振兴战略契机，推动农村公共服务供给县乡村统筹，积极参与国家县乡村公共服务一体化试点示范，实现县乡村公共服务一体化、均等化。深度融入长三角区域一体化，协同推进长三角区域公共服务制度共济、成本共担、利益共享，推动实现长三角区域公共服务便利共享。

第八章　加大规划实施保障力度

第一节　加强党的领导

坚持党的全面领导，深入学习贯彻习近平新时代中国特色社会主义思想，切实增强"四个意识"、坚定"四个自信"、做到"两个维护"，坚决贯彻党中央、国务院及省委、省政府关于公共服务体系建设的各项决策部署，把党的领导落实到规划实施的各领域和全过程，建立健全规划实施机制，强化统筹协调和制度保障，形成推进公共服务体系发展、促进共同富裕的强大动力。

第二节　强化组织实施

省发展改革委要会同省有关部门建立健全基本公共服务标准体系建设厅际联席会议制度，加大对跨区域、跨领域、跨部门重大事项协调力度，推动重点任务、重大改革、重大项目落实落地。省有关部门要按照职责分工，依据本规划细化提出可衡量、可考核的具体任务，明确工作安排和时间进度，深化政策解读，强化宣传引导，健全分领域统计调查体系。各市要将公共服务体系建设纳入"十四五"经济与社会发展重点任务，细化落实举措，做好重大建设项目统筹协调，确保财力可承受、服务可持续。

第三节　完善监测评估

省发展改革委要会同省有关部门完善规划实施监测评估机制，做好规划实施情况动态监测、中期评估和终期评估工作，重大事项及时向省委、省政府报告。省有关部门要定期开展分领域公共服务发展情况监测评估，确保重点工作任务有效落实。

―――――――――――――― ◆◆ 附　录 ◆◆ ――――――――――――――

附录4　安徽省"十四五"城乡社区服务体系建设规划

社区服务关系民生、连着民心，不断强化社区为民、便民、安民功能，是落实以人民为中心发展思想、践行党的群众路线的应有之义，是基层治理现代化的必然要求。为进一步完善社区服务体系建设，夯实基层基础，做好人民群众天天有感的关键小事，让人民生活更加美好，根据《国务院办公厅关于印发"十四五"城乡社区服务体系建设规划的通知》《安徽省国民经济和社会发展第十四个五年规划和2035年远景目标纲要》《安徽省"十四五"民政事业发展规划》等，制定本规划。

第一章　发展基础

第一节　"十三五"期间发展成绩

"十三五"期间，省委、省政府高度重视、高位推进，紧紧围绕加强和创新城乡社区治理，积极推进基层治理现代化建设，统筹发展与治理，逐步探索形成具有安徽特色的基层治理发展路径。省级层面先后组织开展乡镇政府服务能力建设、城乡社区协商示范点培育、智慧社区建设、农村社区试点建设，多项工作走在全国前列，居民群众的获得感、幸福感、安全感不断提高。

党的领导全面加强。村（社区）党组织书记和主任"一肩挑"比例逐步提高，党领导下的基层民主深入推进。各级社区治理议事协调机构作用发挥显著，社区多元主体参与和"三社联动"机制有效建立，党建引领社区服务体系建设的体制机制逐步完善。

服务设施更加完善。全省街道（乡镇）社区服务中心和城乡社区服务站实现全覆盖，每百户居民拥有社区综合服务设施面积超30平方米。农村社区建设试点县（市）、一站式服务大厅实现全覆盖，综合服务设施面积平均超过300平方米。

服务功能不断优化。以就业、社会保障、医疗卫生、文化、教育、体育、法律、安全等为主的社区公共服务扩面提质，以老年人、妇女、儿童、残疾人等群体为主的特定服务更加丰富，城乡社区便民利民服务网络不断完善，城市社区"15分钟便民生活圈"建设持续优化，基层公共服务更加精细便捷。社区志愿服务活动广泛开展。

居民自治更加规范。开展三批省级城乡社区协商示范单位创建活动，形成蚌埠市"六事"协商机制等一批优秀社区协商工作法和基层协商议事特色品牌。完成全省村规民约和居民公约"大体检"。开展以自然村和村民小组为单元的村民自治试点，推动治理重心、管理、服务、资源进一步下移。

人才队伍建设有力推进。全省近1.8万个村（社区）同步换届，"两委"班子年龄结构和性别比例更加合理、文化层次明显提高。扎实开展省级示范培训、市级重点培训、县级普遍轮训、乡级日常教育培训，社区工作者能力水平显著提升。

信息化水平有力提升。颁布地方标准《智慧社区建设指南》。开展三批26家省级智慧社区建设试点，涌现出铜陵市"城市超脑"、合肥市包河区

"网格化+智慧社区"、黄山市黄山区"慧力生活"等一批试点经验,智慧社区建设取得较好成效。

新冠肺炎疫情防控成效明显。2020年初,全省18.6万名城乡社区工作者坚守在近1.8万个城乡社区,累计摸排居民信息3261万人次,发放各类生活物资2亿多元,为遏制疫情扩散蔓延、保障群众生活作出重要贡献。全省社区工作者始终坚守社区阵地,坚持"外防输入、内防反弹",扎实做好常态化疫情防控,坚决守牢疫情防控防线。

第二节 "十四五"时期面临形势和存在问题

"十四五"时期,是我省全面强化"两个坚持"、全力实现"两个更大"的关键时期。习近平总书记在扎实推进长三角一体化发展座谈会上强调,要多谋民生之利、多解民生之忧,在一体化发展中补齐民生短板,安徽要紧抓长三角一体化发展机遇,促进基本公共服务便利共享。《中共中央 国务院关于加强基层治理体系和治理能力现代化建设的意见》提出,要建立起党组织统一领导、政府依法履职、各类组织积极协同、群众广泛参与的基层治理体系。省第十一次党代会提出,要在高质量发展中促进共同富裕,对城乡社区服务体系建设提出了更高要求。人口老龄化程度的加深及三孩政策的实施,需要在城乡社区服务体系建设中加快完善"一老一小"服务,织密"一老一小"民生保障网。

面对"十四五"时期经济社会发展新形势、人民群众新期待、基层治理新任务,我省城乡社区服务体系建设还存在一些短板弱项,主要表现在:城乡社区服务体系发展不平衡不充分;社区服务的供给侧与需求侧协调机制尚不完善；服务项目数量相对有限，服务资金投入有待加强；服务供给模式有待优化，多元主体参与格局不够完善；社区服务专业队伍不够稳定，服务专业水平有待提高等。

加强城乡社区服务体系建设，是立足新发展阶段，不断夯实国家治理体系和治理能力基础的重大举措，是贯彻新发展理念，不断满足人民群众对更高生活品质新期待的重要途径，是进一步扩大内需、促进就业、拉动消费，不断推动构建新发展格局的重要抓手，必须以更高的站位、更大的决心、更实的举措，奋力谱写城乡社区服务体系建设新篇章。

第二章　总体要求

第一节　指导思想

以习近平新时代中国特色社会主义思想为指导，深入贯彻党的十九大和十九届历次全会精神，全面落实习近平总书记对城乡社区治理的重要指示和对安徽作出的系列重要讲话指示批示，认真落实省第十一次党代会精神，坚持和加强党的全面领导，坚持稳中求进工作总基调，坚持补短板、强弱项，以推动高质量发展为主题，以满足人民日益增长的美好生活需要为根本目的，以健全党建引领机制为关键，以改革创新和能力建设为抓手，加快推进城乡社区服务设施建设，构建政府、市场、社会多方参与格局，完善服务机制，增加服务供给，增强服务品质，为推进基层治理体系和治理能力现代化建设奠定坚实基础，让人民生活更加美好，让基层更加和谐稳定，让党的执政基础更加稳固。

第二节 基本原则

坚持党的全面领导，强化党建引领。坚持将党的领导贯穿于城乡社区服务体系建设的全过程各方面，以社区党建引领社区服务，健全党组织领导下的城乡社区服务体系，发挥党员服务群众模范带头作用，厚植党的执政基础。

坚持人民至上，强化精准服务。始终以居民服务需求为导向，以不断改善人民生活品质为目标，丰富社区服务供给，优化服务体验，增进民生福祉，努力做到群众有需求、社区有服务。

坚持政府主导，强化多元共治。强化政府在规划制定、政策支持、设施建设、资金投入、监督管理等方面的主导作用，拓宽居民、社会组织、企事业单位等各方力量参与渠道，推动社区服务多层次、多样化、精细化。

坚持城乡统筹，强化协调推进。科学把握城乡发展差异，推进社区服务制度衔接、要素共享、互通互融，推动城乡社区服务机制联动、基础设施配套、基本公共服务更加普惠均等。

坚持数字赋能，强化科技支撑。充分利用物联网、云计算、移动互联网等新一代信息技术，建设智慧社区，提升服务效能，为社区居民提供安全、舒适、便利的现代化、智慧化生活环境。

第三节 发展目标

到2025年，基本建成与全省经济社会发展水平相适应、广覆盖、高质量的城乡社区服务体系，党建引领社区服务机制更加健全，城乡社区为民、便民、安民服务功能更加完善，居民群众获得感更加充实、幸福感更可持续、安全感更有保障。

党建引领持续强化。充分发挥政府、市场和社会等主体作用，健全以社区党组织为核心、基层群众性自治组织为主导、社区居民为主体、社区社会组织和驻区单位共同参与的社区服务体系格局。

服务设施更加健全。补齐城乡社区服务设施短板，优化城乡社区服务功能布局，促进社区服务资源高效配置和有效辐射。

服务内容更加丰富。坚持以人民为中心，回应群众新期待新要求，不断扩大城乡社区服务有效供给，为民、便民、安民有效衔接的社区服务体系更加成熟，实现基本公共服务城乡社区均等化。

人才队伍不断壮大。以社区党组织、社区居委会成员和社区专职工作者为骨干、社区志愿者为补充的城乡社区服务人才队伍日益壮大。社区服务人员专业化、职业化水平进一步提升。

信息化建设取得突破。智慧社区建设有效推进，"互联网+社区服务"深入融合，资源共享、协同服务、便民利民、安全可控的社区服务信息化发展格局更加完善。

附表4-1　安徽省"十四五"城乡社区服务体系建设主要发展指标

序号	指标	单位	2025年	属性
1	农村社区综合服务设施覆盖率	%	100	预期性
2	城市社区综合服务设施覆盖率	%	100	预期性
3	社区商业和综合服务设施面积占社区总建筑面积的比例	%	≥10	预期性
4	每百户居民拥有社区综合服务设施面积	㎡	35	预期性
5	居民活动区域面积占社区综合服务设施总建筑面积比例	%	≥60	预期性
6	城市社区政务通用自助服务覆盖率	%	100	预期性
7	每万城镇常住人口拥有社区工作者	人	18	预期性

附　录

第三章　重点任务

第一节　完善城乡社区服务体制机制

1.健全党建引领下的社区服务体制机制。坚持和加强党的全面领导，建立健全乡镇（街道）党（工）委牵头、驻区单位党组织负责人参加的社区党建工作联席会议制度，压紧压实乡镇（街道）党（工）委责任。完善多元共治，深化村（社区）党组织引领，基层群众性自治组织主导，村（社区）居民为主体，群团组织、社区社会组织、社会工作者和驻区单位共同参与的体制机制，协同组织开展社区服务。全面落实党组织领导、村（居）民委员会主导的城乡社区协商制度，围绕群众关心的服务事项广泛开展议事协商。加强党群服务中心建设，拓展建设新时代文明实践站，整合社区资源，推进服务群众活动常态化。广泛开展干部下派、到社区报到工作，推动机关和企事业单位在职党员常态化参与社区治理。以基层党建为引领，依托邻里中心建设，着力打通宣传群众、教育群众、引领群众、服务群众的"最后一公里"。推动有物业服务的社区建立健全党建引领下的社区居民委员会、业主委员会、物业服务企业协调运行机制，强化社区物业党建联建，不断提升服务能力。乡镇（街道）党（工）委和村（社区）党组织加强对社区社会组织参与社区服务的领导，有效实现党的组织和工作全覆盖。

2.积极践行全过程人民民主。坚持人民主体地位，贯彻民主集中制，让居民参与到城乡社区民主选举、民主决策、民主管理和民主监督中，发展全链条、全方位、全覆盖的民主。开展多种形式的协商民主，坚持"有事好商量、众人的事情由众人商量"，将协商民主贯穿于社区事务决策前和决策实施中。以多样、畅通、有序的民主参与，有效保证全体居民依法通过各种途径管理社区事务。

3.推进基层群众性自治组织规范化建设。推动村（社区）党组织书记担任村（居）民委员会主任。村民委员会增设妇女和儿童工作等委员会，鼓励村（居）民委员会下设未成年人保护委员会。推进村（居）民委员会下设公共卫生委员会建设，注重发挥治安保卫等委员会在社区服务中的作用。积极探索在社区居民委员会下设环境和物业管理委员会。探索符合条件的社区居民委员会成员通过法定程序兼任业主委员会成员。培养居民主动参与意识，推进在基层公共事务中实现群众自我管理、自我服务、自我教育、自我监督。完善以村（居）民自治章程、村规民约（居民公约）为主要内容的民主管理制度，保障居民知情权和参与权。

4.完善多方参与社区服务格局。强化政府在基本公共服务供给中的主体地位，发挥村（社区）党组织、基层群众性自治组织作用，支持群团组织积极参与社区服务。组织开展社会力量参与社区服务行动，建立健全政策体系，推动社区与社会组织、社会工作者、社区志愿者、社区公益慈善资源等联动开展服务。鼓励驻区单位向社区居民开放停车场地、文体设施、会议活动场地等资源。支持社区服务企业发展，积极引导市场主体进入社区服务领域，鼓励开展连锁经营。

5.建立健全社区服务即时响应机制。推广接诉即办等基层经验，鼓励社区服务设施工作日延时开放和周六、周日常态化开放，群众关切项目可开展24小时线上服务，保留必要线下办事服务渠道，及时响应居民需求。加强社区应急服务能力建设，形成社区常态化服务与应急响应有效衔接的制度机制。加强对社区工作者、网格员和志愿服务应急队伍的培训，对重大事件、公共安全突发事件等加强演练。指导社区制定完善应急预案，确保及时妥善处置各类公共突发事件，提高社区应急处置能力和居民组织化参与能力（见专栏4-1）。

专栏4-1　社会力量参与社区服务行动计划

1.培育发展社区社会组织专项行动计划。开展"邻里守望"系列社区志愿服务、"共建共治共享"系列社区协商、"共创平安"系列社区治理、"文化铸魂"系列精神文明创建活动，培育一批突出的品牌社区社会组织和品牌活动项目，引导服务性、公益性、互助性社区社会组织广泛参与社区服务。

2.社区志愿服务行动计划。依托城乡社区综合服务设施、乡镇（街道）社工站，建立志愿服务站点，搭建志愿服务组织（者）、服务对象和服务项目对接平台，以留守独居老年人、留守儿童、困境儿童、残疾人等困难群体和特殊人群为重点，广泛开展志愿服务，大力开展邻里互助服务和互动交流活动。

3.社区社会工作服务行动计划。在乡镇（街道）设置面向村（社区）服务的社会工作站，依托社区综合服务设施建立社会工作室，打造特色服务品牌，广泛开展专业化、个性化、精准化社会工作专业服务。

4.社区基金会建设行动计划。加强社区基金会或社区治理基金培育和引导，鼓励支持社会资本参与社区治理，推动在有条件的地方成立社区基金会或设立社区治理基金。探索建立"政府+个人+企事业单位+基金会及慈善团体"的多元化资金投入模式，鼓励社会资本投资社企型组织，通过购买服务的方式，资助慈善机构将项目落到社区，为社区居民提供服务。

第二节 推动城乡社区服务高效便捷

1.提升社区为民服务水平。聚焦幼有所育、学有所教、病有所医、老有所养、弱有所扶和文体服务有保障,以县(市、区)为单位统筹用好各类政策及面向社区服务的各类资金、资源、项目等,推动基本公共服务资源向村(社区)下沉。做好居家养老服务,完善社区居家养老服务网络。开展城乡社区帮扶救助服务,落实落细兜底保障政策,走访、发现需要救助的困难群众,加强对困难群体和特殊人群的关爱照护。推进健康社区建设,协助开展城乡社区医疗服务,配合做好健康教育宣传、传染病及突发公共卫生事件报告和处理。在城乡社区设立就业创业空间,针对村(社区)居民中的失业人员、就业困难人员、高校毕业生、退役军人、农村转移劳动力、残疾人等重点群体提供服务。开展城乡社区教育服务,助力构建终身学习体系。扩大文体、科普等服务供给,加强新型婚姻家庭文化服务。适应农村经济社会发展,增加村和较大自然村基本公共服务供给。重点加强脱贫村和易地扶贫搬迁集中安置社区的公共服务资源配置。全面推行"一窗"受理、"一站"办理,实现政务代办服务村(社区)全覆盖。完善社区服务评价机制,落实群众满意度调查制度,推广社区服务"好差评"评价激励制度。

2.打造社区便民服务生活圈。全面推进城市社区"15分钟便民生活圈"建设,开展社区便民商业服务,完善社区基本保障类服务,鼓励发展特色休闲服务,满足社区居民多样化需求。完善政府购买服务机制,完善配套措施,鼓励基层群众性自治组织、社会组织承接服务事项。积极引导市场主体进入社区服务领域、社会力量发展社区托育、养老等服务业态,支持便民商业服务企业开展连锁化、品牌化经营、规范化发展。推动物流配送、快递、再生资源回收网点设施辐射符合条件的村（社区），鼓励发展社区物业、维修、家政、餐饮、零售等生活性服务业，支持相关企业在村（社区）设置网点。完善城市社区居委会职能，督促业委会和物业服务企业依法履行职责，改进社区物业服务管理，探索建立业主和物业服务企业双向选择机制。探索在无物业管理的老旧小区依托社区居委会实行自治管理。开展社区家庭服务，适应人口老龄化和生活节奏加快的趋势，重点扶持发展社区居家养老服务、托育服务、家政服务、基层卫生健康服务四种服务业态。加快推进农村生活服务便利化，依托村级综合服务设施、供销合作社等，强化农产品收购、农资供应等服务供给。

3.强化社区安民服务功能。深化城乡社区警务战略，推动警力下沉，健全完善群防群治、联防联治机制，提升村（社区）平安建设能力水平。结合创建综合减灾示范社区，完善村（社区）应急组织体系和工作预案，建设应急避难场所和救灾物资储存室，完善微型消防站（点）建设，开展社区防灾减灾宣传教育和演练，引导社会应急力量有序参与应急处置，提升社区应急管理能力。健全社区矛盾多元化解机制，充分发挥村（居）民委员会在基层矛盾纠纷化解中的重要作用。完善社区公共法律服务体系，推动普法宣传、人民调解、法律援助等服务城乡社区全覆盖。加强反邪教工作能力建设。强化社区矫正、社区戒毒、刑满释放人员帮扶和精神障碍社区康复服务，为遭受家庭暴力居民提供应急庇护救助服务。探索建立主动发现和家庭监督制度，加强未成年人保护工作。以留守独居老年人、留守儿童、残疾人为重点广泛开展志愿服务，大力开展邻里互助。开展社区社会工作服务，建立社区社会工作室，面向城乡社区居民开展社会工作专业服务。结合实际，探索建设各民族相互嵌入式的社会结构和社区环境，铸牢中华民族共同体意识（见专栏4-2）。

专栏4-2　新时代新社区新生活服务质量提升工程

1.社区固本强基行动计划。健全以党组织领导、基层群众性自治组织为基础的村（社区）组织体系，完善社区党组织领导基层群众性自治组织开展工作制度，健全"社区党组织+小区党支部+楼栋党小组"的组织体系。常态化组织机关、企事业单位在职党员到社区报到，参加以服务群众为主要内容的"设岗定责"活动，推行"群众点单、社区派单、党员接单"模式，力所能及为群众解决实际困难。

2.社区养老服务行动计划。支持20个区县建设连锁化运营、标准化管理的示范性社区居家养老服务网络，提供失能护理、日间照料以及助餐助浴助洁助医助行等服务，特殊困难老年人社区探访率达到100%。提升社区层面医养康养结合能力，优化65周岁以上老年人健康管理等服务。建成一批示范型城乡老年友好型社区，更好地满足老年人多方面的需要。

3.社区未成年人关爱行动计划。推进乡镇（街道）未成年人保护工作站、儿童友好社区建设，形成一批具有示范意义的活力发展城市和社区，推动儿童友好城市创建。依托社区综合服务设施，拓展社区托育服务功能，积极推进托幼一体化建设，因地制宜开展多种形式的婴幼儿照护服务试点。推动在社区普遍建立青年之家和校外实践教育场所，开展学龄少年儿童课后托管和寒暑假集中看护服务，在村（社区）推广建立家长学校或家庭教育服务站点。

4.社区助残服务行动计划。开展社区残疾人康复服务,做好康复训练、辅助器具适配等支持性服务。加强残疾人心理健康服务,为重度残疾人提供日间照料、居家服务等多种形式的托养和照护服务。健全精神障碍社区康复服务体系。推进社区无障碍环境建设和改造。实现村(社区)残疾人协会全覆盖。

5.社区就业服务行动计划。依托社区综合服务设施,加强基层公共就业服务,培训基层公共就业服务人员,有针对性地为村(社区)居民中的登记失业人员、就业困难人员、高校毕业生、退役军人、农村转移劳动力、残疾人等群体提供服务。

6.社区卫生服务行动计划。大力推行"优质服务基层行",全面提升基层卫生、医疗机构服务能力,促进基层卫生健康事业发展。加快推进社区医院建设工作,科学规划布局,结合群众需求,突出服务特色。

7.社区教育行动计划。创新发展社区教育,推动开展学习型社区、学习型家庭等各类学习型组织创建活动,加强社区教育资源建设,持续推进社区教育四级网络建设。优先扩大老年教育资源供给,打造具有安徽特色的老年教育发展格局。

8.社区文化服务行动计划。持续推进村(社区)综合性文化服务中心建设,引导各类文化资源向城乡基层倾斜,鼓励各地结合老旧小区、老旧厂区、城中村等改造,打造一批新型公共文化空间。丰富社区文化生活,增强社区归属感。

9.社区体育服务行动计划。整合社区体育服务资源,统筹建设全民健身场地设施,推动学校体育设施向居民开放,实现社区"15分钟健身圈"全覆盖。

10.社区科普服务行动计划。依托社区综合服务设施、社区图书馆等拓展科普服务功能、开展科普活动,支持开展社区科普设施流动巡回服务,加大流动科技馆、科普大篷车进村(社区)服务力度。

11.平安社区建设行动计划。深入推广社区"一区一警两辅"和农村"一村一辅警"模式,加强社区警务工作保障,推动警务室与村(社区)"两委"同址办公,加强村(社区)综治中心建设,配齐必要装备设施,开展平安社区(村)建设活动。

12.法律服务社区行动计划。推进村(社区)法律顾问工作全面升级,健全村(居)法律顾问制度,引导社会力量参与公共法律服务,充分发挥一村(社区)一法律顾问作用。发挥人民团体和社会组织在法治社会建设中的作用。发展壮大法律服务志愿者队伍,不断充实村(社区)人民调解队伍,进一步深化普法宣传教育、法律援助和人民调解工作。

13.社区应急服务行动计划。健全完善基层应急管理组织体系,整合社区公园、广场等场馆服务资源,逐步将各类适宜场所确定为应急避难场所,强化大型体育场馆等公共建筑平战功能转换,推进综合型应急避难场所建设。推进应急信息化建设,完善应急广播体系,定期开展应急避险知识宣传和应急避难场所演练活动。全省所有村(社区)均设置1名灾害信息员。

14.社区心理服务行动计划。采取第三方购买服务等方式,支持引导各类专业组织、机构在社区开展心理服务,尤其面向困难群众、老年群体、困境儿童、社区矫正人员、失独家庭、社区戒毒人员等社区特殊群体提供心理科普、心理疏导、心理援助、矛盾调解、危机干预协助、社区心理文化活动等综合社会心理服务。

15.社区共建共治共享行动计划。优化完善社区共建共治共享治理格局,建立居民需求、服务资源、民生项目"三项清单"工作制度,实现社区服务供给侧与需求侧精准对接,推动社区居民共享治理成果。

第三节 强化城乡社区服务设施建设

1.加快补齐社区服务设施短板。实施村级综合服务设施提升工程，完善村级综合服务设施网络，统筹利用益农信息社等村级服务站点，增强村级综合服务功能。实施社区综合服务设施补短板工程，通过换购、划拨、租借等方式，整合利用闲置场地提供社区服务。推广社区"两级中心"和睦邻馆建设，完善城市社区"15分钟便民生活圈"配套设施建设。推动易地扶贫搬迁集中安置社区综合服务设施建设，确保2025年实现全覆盖。鼓励有条件的地区，探索开展城市社区综合体建设，提升城市社区生活品质。加强养老、托育服务设施建设。实施社区居家适老化改造工程，引导有需求的特殊困难老年人家庭开展居家适老化改造。

2.持续优化社区服务功能布局。将综合服务设施建设纳入国土空间规划，推进新建社区综合服务设施标准化、规范化建设，确保新建社区商业和综合服务设施面积达标。根据社区人口结构，按照老年人、未成年人、残疾人优先的原则，合理布局社区医疗卫生、养老、文体等基本公共设施，明确县（市、区）社区服务指导中心、乡镇（街道）社区服务中心、社区服务站、居住小区服务点服务功能和事务范围，促进服务功能差异互补、服务内容衔接配套。建设智能快递箱（信包箱）和邮政快递末端综合服务站等配套设施。支持家政企业在社区设置服务网点。推动社区卫生服务中心与社区养老服务机构毗邻建设，推进社区设施适老化、适儿化改造和无障碍建设。充分利用社区现有综合服务设施，切实提升服务设施运转效率。精简整合办公空间，推行开放式办公，减少固定空间和陈列展示空间，增加居民活动空间。

农村应合理规划群众举办红白喜事等活动的公共场所，统筹考虑布局公益性安葬服务设施（见专栏4-3）。

专栏4-3 城乡社区服务设施完善工程

> 1.提升村级综合服务设施。统筹政府财政投入、村级集体经济收入、社会资助资金，整合村级组织活动场所等现有设施和场地，按照有关规定采取盘活现有资源或新建等方式，完善综合服务设施，推进标准化建设。
>
> 2.完善易地扶贫搬迁集中安置社区综合服务设施。巩固脱贫攻坚成果，整合使用中央财政衔接推进乡村振兴补助资金，支持易地扶贫搬迁集中安置社区综合服务设施建设，确保到2025年实现综合服务设施全覆盖。
>
> 3.完善城镇老旧小区社区服务设施。结合城市老旧小区整治改造，推动社区公共服务均等化向老旧小区延伸，因地制宜补齐城镇老旧小区社区服务设施短板，提升设施综合利用率和社区服务水平，完善城市宜居宜业功能。

第四节 加快城乡社区服务数字化建设

1.整合信息平台。依托全国一体化政务服务平台，推动"互联网+政务服务"向乡镇（街道）、村（社区）延伸覆盖，推广政务通用自助服务一体机，完善政务服务网络。统筹社区综合信息平台建设，推进"互联网+基层治理"，完善乡镇（街道）、村（社区）地理信息等基础数据，根据需求向村（社区）开放数据资源。加强信息平台整合共享，打通数据共享壁垒，畅通数据流转和应用，实现信息的高效互通和共享。加快整合部署在不同层级、不同部门、分散孤立、用途单一的各类社区信息系统向社区一口式办理平台迁移或集成，最大限度整合基层业务应用系统、服务终端和管理台账，实现数据互通，消除信息和数据孤岛。

2.加强智慧社区建设。加快部署智慧社区信息基础设施，鼓励多方参与建设，将社区协商议事、政务服务办理、社区养老、家政、卫生、托育等网上服务项目纳入智慧社区建设内容，推动"互联网+"与社区服务的深度融合，逐步构建私密安全、服务便捷、管理精细、环境宜居、设施智能的智慧社区。充分考虑老年人、残疾人习惯和特点，开展智慧社区应用适老化及无障碍改造。大力发展电子商务和智慧医养。做好全国基层政权建设和社区治理信息系统数据维护，推广应用中国智慧社区服务网。以县（市、区）为单位，组织开展智慧社区、现代社区服务体系试点等。开展生活类信息消费，提供家政、维修、餐饮、娱乐、购物、教育等社区服务信息搜索、预约、支付、评价功能，重点开展面向社区生活的线上线下融合服务（见专栏4-4）。

专栏4-4　城乡社区服务信息化建设工程

1."互联网+基层治理"行动。综合利用乡镇（街道）、村（社区）地理信息、人口、资源环境、社会经济、民生保障等数据资源，集约建设开发智慧社区信息系统和简便应用软件，推动基层治理数据资源共享，全面提升社区治理服务智能化水平。

2.智慧社区建设试点。依托"数字江淮""加快5G发展"等重点工程和项目，持续推进智慧社区建设，每年选择10~20个单位进行智慧社区建设试点，力争在五年内探索出智慧社区建设安徽路径。促进社区综合管理平台与现有部门业务应用系统实现数据互通，力争社区所有公共服务进入政务服务事项"一窗口"办理平台，探索建立无人物流配送系统，为居民提供便捷、高效、智能的社区服务。

> 3.现代社区服务体系试点建设。丰富数字生活体验,积极争取国家现代社区服务建设试点,并组织开展我省试点,运用现代信息技术改造社区设施、环境和文化,推动购物消费、居家生活、旅游休闲、交通出行等各类场景数字化,努力构建现代社区服务形态。

第五节 加强城乡社区服务人才建设

1.加强社区工作者人才队伍建设。选优配强社区"两委"班子成员。积极推行社区党组织书记通过法定程序担任社区居民委员会主任、"两委"班子成员交叉任职,优化社区"两委"班子配置。全面落实村(社区)"两委"班子成员资格联审机制,建立健全村(社区)党组织书记后备人才库。综合考虑服务居民数量等因素,合理确定社区工作者配备标准,到2025年末实现每万城镇常住人口拥有社区工作者达到18人。支持社区工作者参加社会工作者职业水平证书考试和学历教育,对获得社会工作者职业水平证书的给予职业津贴。健全社区工作者职业体系,建立岗位薪酬制度并完善动态调整机制,落实社会保险待遇,城市社区工作人员劳动报酬不低于上年度所在县区城镇非私营在岗职工平均工资水平。完善社区工作者考核激励机制,增加居民代表、驻区单位代表在社区工作者年度综合考评中的打分权重。按照一定比例从社区党组织书记和社区居委会主任中招录公务员和事业编制人员,把优秀社区党组织书记和社区居委会主任选拔到乡镇(街道)领导岗位。鼓励高校毕业生、退役军人到村(社区)就业创业。加强社区工作者教育培训,建立能力指标体系,依托省内高校、专业培训机构和各类干部网络培训平台，对社区工作者有计划、有步骤、有针对性地进行分级分类培训，特别是注重加强做好民族工作的能力，逐步提高专业理论素养和服务水平。开展农民工职业技能培训，引导做好社区服务业工作。

2.加强社会工作专业人才建设。推动城乡社区配备和使用社会工作专业人才，面向特殊困难群体提供专业服务。推进驻社区法律顾问、专职人民调解员、灾害信息员、社会体育指导员、社区教育人员、家政服务人员、就业服务专业人员等专业人才队伍建设。鼓励有条件的社区探索社区健康师等创新型社会服务项目，为居民提供运动营养、科学健身、伤病防护、心理调适等社区服务。探索建立社区规划师制度，培育社区活力，有效改善社区环境和公共空间，提升居民生活品质。

3.推进社区志愿者队伍建设。建立完善经常性招募与应急性招募相结合、社会化招募与组织化招募并举的招募机制，鼓励和动员社区居民参与组织化、规范化、常态化社区志愿服务。积极培育宣讲、文明实践、治安防范、应急、医疗、消防、救援、科技、禁毒等各类专业志愿者队伍。将评价激励机制建设作为推动志愿活动的关键环节，实行志愿服务打卡积分制，结合服务时间和服务质量，对志愿者进行激励回馈，定期组织最美志愿者和最佳志愿服务项目宣传推选（见专栏4-5）。

专栏4-5 城乡社区服务人才队伍建设工程

1.新时代社区工作者主题培训行动计划。采取集中培训、辅导讲座、在线学习等多种形式，综合运用专题研讨、现场教学、典型示范、案例分析、情景模拟等方式方法，加大城乡社区工作者的培训力度。

> 2.社会工作专业人才队伍建设行动计划。依托各级党校、行政学院、高等院校和培训机构等现有资源，重点扶持发展社会工作专业人才培训基地和实训基地。推动乡镇（街道）社会工作站建设，将社会工作纳入城乡社区工作培训内容，鼓励城乡社区工作者参加全国社会工作者职业资格评价。
>
> 3.志愿者队伍建设行动计划。依托全国志愿服务信息系统，为有意愿、能胜任的社区居民进行登记。推动志愿服务站点建设，力争到2025年在社区综合服务设施中的覆盖率达80%。

第六节 推进长三角服务一体化发展

1.共建长三角社区服务联动对接机制。聚焦长三角社区服务一体化发展，积极探索建立社区服务资源共享、政府购买服务项目开放、智慧治理平台对接、社区对口见学、社区工作者挂职交流、社区社会组织发展联动、社会工作联盟体等联动对接机制。落实城乡社区服务目录制度，促进城乡社区服务标准衔接和区域统筹。

2.加强长三角社区服务领域协同合作。发挥结对帮带作用，推动搭建长三角社区服务高质量一体化发展平台。在社区养老、救助、医疗、慈善、社会组织等领域拓展服务合作。推进便民服务事项"跨省通办""一网通办"。积极融入长三角区域的城市大脑集群，围绕城市精准治理、惠民服务等领域，搭建智慧社区等应用场景，全面提升社区管理服务智能化水平。

3.推进长三角基层治理共建共治共享。加强和创新基层治理，提高基层治理法治化、智能化、专业化水平，共同建设平安长三角。健全区域性重大灾害事故联防联控机制，完善总体应急预案及相关专项预案。联合上海、江苏、浙江继续共同举办长三角民政论坛，共享基层治理的经典案例和先进治理经验（见专栏4-6）。

专栏4-6 推进长三角服务一体化发展工程

长三角对口援建行动计划。积极贯彻落实《沪苏浙城市结对合作帮扶皖北城市实施方案》，加强皖北城市与沪苏浙城市社区人才交流，探索搭建社区工作者和专业人才共享平台，分批选派优秀干部到社区挂职，注重安排优秀年轻干部参加，共同培训培养社区服务人才。探索搭建社区资本与项目对接平台，按照市场化机制梳理重大项目清单，推动社区项目和资本高效对接。推动优质教育、医疗、康养等领域资源共建共享。

第四章 保障措施

第一节 加强组织领导

强化省社区治理工作领导小组统筹协调作用，加强与相关职能部门沟通协调，推动部门之间工作对接、信息共享，形成工作合力，共同协商解决城乡社区服务体系建设重大问题和重大工作，明确各部门指导和监管责任、行业部门主管责任、市及县（市、区）属地责任、乡镇（街道）主体责任，统筹推进城乡社区服务体系建设，形成上下贯通、区域统筹、条块协同、上下联动的组织领导机制。市、县人民政府要做好资金统筹、推进实施等工作，乡镇（街道）要做好具体落实工作。各级民政、发展改革部门要牵头推进规划的落实实施，制定规划实施年度任务清单和工作台账，将重点指标纳入当地经济社会发展规划体系，落实情况纳入政府工作议事日程和各级人民政府目标管理绩效考核。

第二节 强化政策支持

将城乡社区服务体系建设相关经费统筹纳入市、县（市、区）政府年度预算，完善城乡社区服务投入机制，加大政府购买社区服务力度，更好发挥财政资金使用效益，确保村（社区）组织有钱为民办事，确保管理服务有效覆盖常住人口。切实保障城乡社区综合服务设施建设用地，优先用于社区养老、托育、助残等服务。鼓励通过慈善捐赠、设立社区基金、成立社区基金会等方式，引导社会资金投向城乡社区治理领域。鼓励制定社区服务资金标准，集中拨付社区工作经费，保障社区工作正常有序开展。探索城乡社区通过"以场地换服务"、优惠租赁等方式，依托社区综合服务设施为社会组织、企业提供服务场所。落实城乡社区服务税收、公用事业收费、用工保险和社会组织登记等优惠政策，对提供社区相关服务的企业符合条件的收入免征增值税，社区服务网点水、电、气、热执行居民生活类价格。

第三节 加强法治支撑

贯彻落实《中华人民共和国村民委员会组织法》《中华人民共和国城市居民委员会组织法》。聚焦城乡社区服务体系建设，推动完善地方配套法规，加强政策协调，形成较为完善的全省城乡社区服务地方性法律法规和标准体系。严格落实社区工作事项准入制度，鼓励制定以县（市、区）为单位的社区准入制度及社区工作事项清单，按照权随责走、事费配套的原则，明确准入工作项目的授权内容、对象、权限、时间和工作经费，减轻社区工作负担。落实社区服务质量综合评价相关标准和推进社区服务相关认证，组织开展社区服务质量等级评定，建立完善以群众满意度为衡量标准的社区服务评价体系。加快推进智慧社区标准化建设,促进系统互通、信息共享,加强居民隐私保护。加强村(社区)服务档案建设,提高档案管理信息化水平。落实农村社区服务站建设标准,强化村级综合服务功能。

第四节　强化监督评估

发挥省社区治理工作领导小组监督考评作用,确保各级各部门严格按照规划内容落实相关工作。建立健全规划监测机制,实行动态监测评估,定期开展综合评估和专项评估,及时发现和解决问题,做好跟踪指导和分析研判等工作,重大事项及时向省委、省政府报告。实行动态考核,建立健全与市、县(市、区)及乡镇(街道)职责相适应的考核奖惩机制体系。各地将规划实施中的好经验好做法,及时报省民政厅,省民政厅将会同省发展改革委等部门做好跟踪指导,总结推广经验做法。

附录5　安徽省推进城市一刻钟便民生活圈建设试点三年行动实施方案

为贯彻落实商务部等12部门《关于推进城市一刻钟便民生活圈建设的意见》（商流通函〔2021〕176号）及省第十一次党代会有关精神，扎实推进全省城市一刻钟便民生活圈（以下简称"便民生活圈"）建设，结合我省实际，特制定本实施方案。

一、总体要求

以习近平新时代中国特色社会主义思想为指导，落实新发展理念，顺应人民群众日益增长的美好生活需要，按照"政府引导、市场主导，以人为本、保障基本，集约建设、商居和谐，创新驱动、多元发展"的原则，重点围绕科学优化布局、补齐设施短板、丰富商业业态、培育市场主体、创新服务能力、引导规范经营等方面，加快推进一刻钟便民生活圈建设，将便民生活圈打造为服务保障民生、推动便利消费及扩大就业的重要载体。

二、工作目标

按照"试点先行、逐步推开"的思路，以城市为实施主体，围绕便利消费与便民服务，总体上各市主城区按社区居民出家门步行5分钟左右可到达便利店、10分钟左右可到达农贸市场（菜市场）、15分钟左右可到达超市的基本要求，加快推进一刻钟便民生活圈建设。2022—2024年三年试点期间，每年合肥市在主城区选择不少于10个、其他地级城市在主城区选择4个左右商业业态较为齐全、商业设施和服务功能较为完善的社区开展便民生活圈示范建设试点。在巩固提升试点建设、总结经验的基础上全面推开，力争到2025年底，各市实现建成区80%以上一刻钟便民生活圈覆盖，社区商业便利化、标准化、数字化、品质化水平全面提升，社区区域居民满意度达到80%以上。

三、重点工作

（一）科学规划布局

1.加强顶层设计。开展全省城市社区商业情况摸排，摸清城市社区商业网点底数以及社区人口结构、收入水平、消费习惯、消费需求等，结合当地"十四五"发展规划，依据市、县国土空间规划，制定与城市中心城圈建设、旧城改造与城市更新等相衔接的便民生活圈建设实施方案，明确工作目标、重点任务、实施步骤、保障措施等。市、县可以根据需要编制商业网点布局专项规划，并与详细规划做好衔接，主要内容纳入详细规划，专项规划批复后纳入同级国土空间基础信息平台，叠加到国土空间规划"一张图"上。鼓励有条件的社区商业和住宅相对分离，商业设施与社区风格相协调，推动商居和谐。（省商务厅、省自然资源厅、省住房和城乡建设厅、省发展改革委、各市人民政府按职责分工负责）

2.明确配置标准。严格落实国务院关于新建社区商业和综合服务设施面积占社区总建筑面积的比例不得低于10%的要求，合理配置商业设施，确保商业面积、商业业态、建筑规格等满足需求。统筹考虑当地电子商务、即时配送等在线商业发展水平,做到实体门店配置与在线商业发展相协调。各地可参照《社区商业设施设置与功能要求》等社区商业相关国家标准和行业标准,结合本地发展实际和不同社区商业发展形态,因地制宜制定便民生活圈商业设施建设管理地方标准,明确设置规模、功能要求、配置标准、业态组合等。(省自然资源厅、省住房和城乡建设厅、省商务厅、省市场监管局、省民政厅、各市人民政府按职责分工负责)

3.分类建设布局。根据不同社区情况,加强分类指导。按照便利居民原则,优先选择地理位置优越、交通便利、人流相对集中的区域,可结合社区服务中心、卫生中心、文化中心等公共设施、交通枢纽或沿居住区主要道路布局设置,确保居民步行15分钟可到达。鼓励有条件的老旧社区统筹利用闲置厂房、仓库、公有物业划拨等方式,重点补齐商业设施短板和提升现有设施水平。新建居住区应坚持相对集中原则,优先考虑发展集聚式商业形态,重点建设社区商业综合体、社区购物中心、便民商业中心等,与住宅同步规划、同步建设、同步验收和同步交付。商业设施配备相对齐全的社区应重点优化调整业态组合,注重引进新业态、新服务,拓展商业功能,提升服务水平。(省商务厅、省住房和城乡建设厅、省自然资源厅、各市人民政府按职责分工负责)

(二)丰富商业业态

1.优先配齐基本保障类业态。鼓励各地结合发展实际,明确不同基本保障类业态的属性,建立类公益性、公益性社区商业设施目录或清单,并将其纳入城市公共服务设施目录或城镇老旧小区改造支持内容。加快推进社区农贸市场(菜市场)、生鲜店(菜店)标准化建设,进一步丰富农产品品类、保障食品安全、提升管理水平、优化购物环境，鼓励增加配送上门等增值服务，提供更多便民服务。通过引进品牌企业、扩充现有网点功能等方式，优先配齐便利店、综合超市、菜市场、生鲜超市（菜店）、早餐店、洗染店、美容美发店、药店、家政服务点、维修点、快递服务点、再生资源回收点等基本保障类业态，支持基本保障类业务网点的服务叠加，提供'一点多能'服务，更好就近满足居民日常生活必需。（省商务厅、省住房和城乡建设厅、省发展改革委、省文化和旅游厅、省民政厅、省邮政管理局、各市人民政府按职责分工负责）

2.因地制宜发展品质提升类业态。根据社区发展基础和居民消费需求，积极引进品牌连锁企业，渐进式发展品质提升类业态。优先发展对居民生活品质提升最迫切需要的老年康护、特色餐饮店、社区食堂、运动健身、书店书吧、教育培训、幼儿托管、休闲娱乐等业态。支持有条件的社区改造提升商业中心、邻里中心等各类综合服务设施，完善"一站式"便民服务功能。鼓励有条件的物业服务企业向养老、托育、家政、邮政快递、前置仓等领域延伸，推动"物业服务+生活服务"。鼓励发展可移动商业零售设施，引入自助售卖机、箱式移动餐饮售卖车、智能生鲜自提柜等进社区，提升消费便利化、品质化水平。（省商务厅、省发展改革委、省住房和城乡建设厅、省民政厅、省邮政管理局、各市人民政府按职责分工负责）

（三）培育市场主体

1.推动品牌化连锁化发展。鼓励提供闲置资源和优惠政策，吸引品牌连锁企业进社区开新店，发展社区直营连锁。引导大中型商贸企业输出品牌、标准、管理和服务，积极发挥以大带小作用，开放供应链、物流渠道及门店资源，为传统夫妻店、杂货铺提供集采集配、统仓统配等服务，通过商业特许经营方式，对小商店、杂货店、副食店、社区菜店实行连锁化改造，促进品牌化、规范化发展。支持品牌连锁企业完善门店的前置仓和配送功能，推动线下线上融合、店配宅配融合、末端共同配送及店仓配一体化运营。鼓励连锁药店利用专业力量拓展老年康护、保健养生咨询或培训等项目，开展高质量便民服务。（省商务厅、省发展改革委、省民政厅、省市场监管局、省邮政管理局、各市人民政府按职责分工负责）

2.鼓励发展社区商业运营主体。鼓励和引导商贸流通、健康养老、商业地产开发等领域的企业在便民利民的原则下参与便民生活圈投资建设和招商运营。鼓励引入、发展社区商业专业运营商，对社区商业整体规划、统一招商、统一运营、规范管理，提升运营水平。类公益性社区商业设施的建设，要充分发挥政府引导、市场主导作用，探索"政府建设、企业运营"、"企业投资、政府补贴"等市场化驱动模式。（省商务厅、省发展改革委、各市人民政府按职责分工负责）

（四）提升服务能力

1.引导企业延伸服务功能。鼓励社区综合服务中心、各类社区商业网点提供多样化便民服务，搭载代扣代缴、代收代发、打印复印、家政预约、旧物回收等项目，实现"一店多能"。鼓励商户提供网订店取、线上下单、配送到家、服务上门等多样化服务，推广"中央厨房+冷链+餐厅""中央厨房+外卖"等模式，创新服务品类、延伸服务链条，满足居民个性化消费需求。鼓励社区便利店、药店延长营业时间，有条件的可24小时营业。（省商务厅、省市场监管局、各市人民政府按职责分工负责）

2.推动智能设施应用。鼓励运用互联网、物联网、大数据等现代信息技术，整合智慧社区服务平台、家政网络平台、养老服务信息平台，向周边居民提供养老、托育、家政、购物、餐饮、休闲等信息服务，打造线上线下融合便民生活圈综合服务平台。支持品牌连锁企业（便利店、药店、家政服务站、美容美发店等）数字化转型，通过微信小程序、APP等提供信息查询、社区团购、线上购物等各类服务。推进智能快递柜、自助售卖机等智能设施进社区、进门店、进楼宇，提高社区商业智能化水平。（省商务厅、省民政厅、省邮政管理局、各市人民政府按职责分工负责）

（五）引导规范经营

引导商户规范经营。发挥多方协同作用，整合街道、社区、物业、商户等各方力量，完善管理制度，加强环境整治和自律规范，引导守法诚信经营。加强商业设施日常管理，规范引导性标识标牌，商户店招店牌应做到协调、整洁、美观。在鼓励举办形式多样的促销活动同时，加强消费者合法权益保护，打击消费欺诈、假冒伪劣行为，落实商品和服务明码标价规定，促进社区商业健康有序发展。充分发挥行业协会作用，指导相关行业协会开展技能培训，提升服务水平。（省商务厅、省民政厅、省市场监管局按职责分工负责）

四、保障措施

（一）加强组织领导

加强组织领导与部门联动，省级建立由省商务厅、省住房与城乡建设厅为组长，省直相关单位为成员的联席会议机制，充分发挥各职能部门作用，落实相关支持政策，统筹推进全省城市便民生活圈建设工作。各市人民政府要实行分管领导负责制，建立市、区、街办、社区四级联动机制，把便民生活圈建设工作纳入保民生重点工程，作为扩大内需和做好"六稳"工作、落实"六保"任务的有效手段，制定实施方案，在用地、用房等方面落实支持政策，加快推进便民生活圈建设进程。（各市人民政府，省直有关部门按职责分工负责）

（二）强化政策保障

1.落实新建社区商业和综合服务设施面积占社区总建筑面积比例不低于10%的规定，做到社区商业设施与住宅同步规划、同步建设、同步验收和同步交付。结合旧城改造和城市更新，做好与国土空间规划衔接，推动土地复合开发利用、用途合理转换，盘活存量房屋设施，增加商业网点用房供给，有条件的商业网点周边要实行人车分流，完善无障碍设施。把智能信包箱（快递柜）纳入社区公共服务设施建设。（省自然资源厅，省住建厅，省邮政管理局，各市人民政府按职责分工负责）

2.加大支持微利业态经营力度，清理规范用电环节不合理加价行为，鼓励各地结合实际制定房租减免、补贴政策。对符合条件的企业按规定给予失业保险稳岗返还。（省发展改革委、省住房和城乡建设厅、省商务厅、省市场监管局、省财政厅、省人力资源和社会保障厅、各市人民政府按职责分工负责）

3.落实国家关于养老、托育、家政等社区家庭服务业税费优惠政策。落实生活性服务业增值税加计抵减及普惠性减税降费政策。引导银行保险机构加大普惠金融支持力度，对行业主管部门推荐的为老服务、应急保供等名单企业（含信用信息）依法依规提供信贷、保险优惠政策，创新消费信贷服务。落实推动品牌连锁便利店加快发展的有关政策。（省民政厅、省财政厅、省商务厅、省税务局、安徽银保监局、各市人民政府按职责分工负责）

（三）优化营商环境

1.持续深化商事制度改革，优化企业开办服务，推广电子证照应用，加大住所与经营场所登记改革力度；简化社区店铺开业程序，装修施工、招牌设置实行备案承诺制，公众聚集场所投入使用、营业前消防安全检查实行告知承诺制。实施"包容审慎"监管，坚持处罚与教育相结合，对违法情节轻微、无违法后果或后果较轻的，在法律法规允许的幅度范围内给予适当从轻、减轻或免予处罚，指导和帮助市场主体整改。（省市场监管局、省住房和城乡建设厅、各市人民政府按职责分工负责）

2.加强规范和监管，维护公众利益和社会稳定，督促平台企业落实主体责任落实社区团购"九不得"规定，维护线上线下公平竞争的市场环境。畅通投诉举报渠道，完善消费纠纷解决机制和消费者反馈评价机制。（省市场监管局、各市人民政府按职责分工负责）

致　　谢

历经近一年半的时光，几经修改，终于完成了学术著作《安徽公共服务发展水平测度与实践创新研究》的定稿。

自2022年加入"宿州学院中部地区中等规模城市群治理与城乡一体化发展研究院"以来，在研究院张雁凌院长、刘从虎副院长的带领下，渐渐萌发了撰写本书的想法。在与研究院同人的深入交流中，撰写本书的思路也日渐清晰。在研究院领导和同人的关心和支持下，我们组织了专门的课题组进行了大量的调查研究和数据采集工作，正式开启了本书的撰写历程。几经研讨几经修改，终于完成了本书的撰写。

本学术著作得到了宿州学院中部地区中等规模城市群治理与城乡一体化发展研究院（项目号：XM042303）的资助支持，同时也得到宿州学院学术技术带头人后备人选项目（2024XJHB03）、安徽省教育科学研究项目"城乡数字教育协同发展的现实挑战与实现路径研究"（JK22125）、安徽省教育科学研究项目"双减背景下安徽省小学弹性离校服务的合作博弈路径研究"（JK22088）等的支持。

感谢宿州学院大泽学者唐亚林教授，感谢张雁凌院长、刘从虎副院长对本书撰写的悉心指导和提出的宝贵意见。感谢2021级人力资源管理班张俊兰同学、2022级人力资源管理班赵宇同学、2022级物业管理班李子豪同学在资料收集、数据整理方面提供的帮助。

在本学术著作撰写中，郭强在课题研究资料收集中给予了大力支持，并参与"第一章导论""第五章安徽省义务教育数字化教学能力和教学资源共建共享水平分析"和"附录"部分的撰写工作字。周冲对各章节内容进行设计、组织研讨、撰写和修改完善等。

希望本书能为促进安徽公共服务水平提升、助力安徽省经济社会持续健康发展作出贡献。

周　冲

2024年1月宿州市东二铺